艰难的跋涉

未成年人司法“海曙模式”的探索与创新

A TOUGH TRUDGE

THE EXPLORATION
AND INNOVATION OF JUVENILE
JUSTICE— HAISHU MODE

孙卫华 傅 勇 张丹丹 张炳生/主编

中国法制出版社
CHINA LEGAL PUBLISHING HOUSE

编委会

序

青少年是父母的希望，是国家民族大任的担当者，是人类之未来。

1900年梁启超痛心疾首于国家之衰败，政府之腐朽和社会之颓唐，遂著《少年中国说》振臂疾呼青少年之于国家民族的责任："故今日之责任，不在他人，而全在我少年。少年智则国智，少年富则国富，少年强则国强，少年独立则国独立，少年自由则国自由，少年进步则国进步，少年胜于欧洲，则国胜于欧洲，少年雄于地球，则国雄于地球。"李大钊也曾说过："青年要'为世界进文明，为人类造幸福，以青春之我，创建青春之家庭，青春之国家，青春之民族，青春之人类，青春之地球，青春之宇宙，资以乐其无涯之生'。"1957年毛泽东在访苏期间热情洋溢地对接受会见的留苏学生说："世界是你们的，当然，我们还在，也是我们的，但是归根结底是你们的。你们青年人朝气蓬勃，好像早晨八九点钟的太阳。中国的前途是你们的，希望寄托在你们身上。"习近平对青少年的成长更是寄予眷眷深情和殷殷期盼。在纪念中国共产党成立95周年大会的讲话中，他深切提出："青年是祖国的未来、民族的希望，也是我们党的未来和希望。"

仰观中外，俯察古今，无论社会制度如何变迁，社会生活如何变化，也不管历史文化有何差异，对青少年的教育观有何不同，都应该重视对青少年的教育，倾力对青少年的保护，跨越文化与制度之差异，穿越古代与今日之隔离，成为人类的共同课题，是国际社会和国家政府的共同责任。

国际社会对青少年权利普遍重视，形成了大量的保护青少年的重要国际公约和国际组织，譬如：联合国《世界人权宣言》〔1948年12月10日，联合国大会通过第217A（Ⅱ）号决议并颁布，中国为起草委员会成员国〕，规定儿童有权享受特别照料和帮助；《儿童抚养义务法律适用公约》（1956年第8届海牙国际私法会议制定，1962年开始生效。）《儿童抚养义务决定的承认和执行》、联合国《儿童权利宣言》（联合国大会1959年11月20日第1386（XⅣ）号文件通过），明确规定儿童应享有的基本权利和保障措施；《关于儿童保护和儿童福利，特别是国内和国际寄养和收养办法的社会和法律原则宣言》（联合国大会1986年12月3日第41/85号决议通过）《儿童权利公约》（1989年11月20日联合国大会通过。1990年9月2日起生效，中国于1990年8月29日签署）等，集政治权、文化权、经济权、社会权和民权于一身，全方位关注儿童；联合国《关于在青年中培养民族间和平、互相尊重及彼此了解等理想之宣言》（联合国大会1965年12月7日第2037号决议通过），提出了青年权利的6项基本原则，成为联合国系统颁布一系列专门青年政策的先导；联合国《到2000年及其后世界青年行动纲领》（1995年第五十届联合国大会通过，中国是《行动纲领》的起草国之一），提出了新千年世界青年的行动纲领；《联合国少年司法最低限度标准规则》（1985年第四十届联合国大会通过，也称《北京规则》），敦促对触犯法律的少年给予有效、公平、合乎人道的处遇，保护青少年的健康成长，维护社会的安宁；《联合国保护被剥夺自由少年规则》（1990年第四十五届联合国大会通过），要求在司法运作的各个阶段，将少年与成年人区分开来。《联合国预防少年犯罪规则》（1990年第四十五届联合国大会通过），规定了预防少年犯罪的六项基本原则等。《到2000年及其后世界青年行动纲领》中关于青少年犯罪问题中提议各国政府，要优先重视少年违法和少年犯罪的各种问题，应特别注意预防政策和方案；为了预防暴力和犯罪，应制订资助性社会政策，在法律框架内促进社会结构的发展，特别要诉诸青年组织和社区的参与；预防措施应正视犯罪的根本原因，向有犯罪历史的人提供改造服务和方案，而且应保护被监禁的青年人的人权等。

中国共产党和中国政府对青少年的健康成长和权利保护始终高度重视。

有关法令、条例、指示、通令、通告、政策也无遗漏地涉及青少年保护、教育的规定。其中1991年《未成年人保护法》与1999年《预防未成年人犯罪法》的颁布实施，形成了我国青少年法律特别保护的制度体系，具有里程碑意义。

《未成年人保护法》系统规定了未成年人保护法的宗旨，未成年人保护的原则，未成年人的家庭保护、学校保护、社会保护，尤其关于未成年人的司法保护，就违法犯罪的未成年人或继承、离婚等民事案件中涉及的未成年人的特别保护，规定司法机关应承担的义务。

《未成年人保护法》颁布后，国家司法机关和司法行政部门等积极响应，制定了大量的司法解释和规定，落实和执行《未成年人保护法》规定的未成年人权利和部门责任，在规范体系和具体执行上形成严密、具体、可评估的未成年人保护环境。

2020年10月17日，此法被作出重大修改，进一步充实未成年人权利保护的内容，落实未成年人保护的法律责任。

《预防未成年人犯罪法》是一部专注于未成年人健康成长和权利保护的法律。该法规定了预防未成年人犯罪的基本方略、政府职责；预防未成年人犯罪的教育；对于未成年人不良行为的预防和矫治；未成年人对犯罪的自我防范；对未成年人重新犯罪的预防以及对预防未成年人犯罪各主体的法律责任。该法对于不同层次的未成年人不良倾向或不良行为规定社会各方面的义务，以期达到预防、矫治的目的。

《民法典》同样以鲜明的态度、凸显出对青少年的关心和关爱，无论是监护制度、婚姻家庭制度，还是侵权责任制度，都一以贯之坚持对青少年保护的原则。

但是，未成年人犯罪问题是整个世界必须严肃面对的问题。成年人世界出现的各种犯罪，严重侵入少年儿童的生活，青少年涉毒、性侵、抢劫、杀人等恶性刑事犯罪时有发生，校园霸凌、街头滋事更是层出不穷。

有相关数据显示，我国未成年人犯罪数量长年维持在较高水平。从国家统计局发布的人民法院判处的未成年犯的数据看，从2000年的41709人上升到2008年的88891人，从2009年开始未成年人犯罪占刑事犯罪的比例有所下降，未成年人犯罪人数呈现逐年递减，未成年人犯罪人数从2009年的77604人下降到2016年的35743人。在年龄结构方面，未成年人犯罪以15岁和16岁为主。未成年人犯罪呈现出低龄化趋势。2013年调查数据显示未成年人犯罪平均年龄为17岁，2017年调查数据显示未成年人犯罪平均年龄为16.6岁。在文化程度方面，在所调查的未成年犯中，小学的占26%，初中的占63.9%，中专或高中的占9.9%，本科的占0.2%。可见，未成年犯的文化程度普遍偏低，以中小学为主，其中文化程度为初中的未成年犯所占比例最高，比成年犯高出10.4个百分点。在性别结构方面，未成年人犯罪以男性为主，男性未成年犯占绝大多数。在所调查的未成年犯中，男性占97.6%，女性占2.4%。调查数据表明，在罪名上，未成年犯体现出一定的性别差异。男性未成年犯的主要罪名是抢劫罪（46.8%）、故意伤害罪（17.5%）、强奸罪（14.5%）、盗窃罪（10.6%）等；女性未成年犯的主要罪名是贩毒罪、抢劫罪、强迫组织卖淫罪、故意伤害罪、诈骗罪等。总体分析，男性未成年犯的罪名中暴力犯罪类型居多，女性未成年犯则呈现出非暴力性的特点，主要是毒品犯罪和性犯罪。①

绽放的花蕾结出了毒果，父母掌中的明珠摔成了碎片，风华正茂挥斥方遒的翩翩少年成了囚服加身牢狱度生的苦役罪犯。这是父母心头永难愈合的痛，是社会难以面对的灾难。罪错少年必须承担责任，接受惩罚。但少年犯罪不只是犯罪少年的个人问题，追究其个人责任既非刑罚之目的也非解决社会问题的根本之道，青少年犯罪之所以成为社会问题，必然是社会出了问题，社会难辞其咎，难脱其责。

2005年我作为研究生毕业论文答辩小组的组长，读到宁波市海曙区人

---

① 路琦、郭开元、张萌、张晓冰、胡发清、杨江澜：《2017年我国未成年人犯罪研究报告》，载《青少年犯罪问题》2018年第6期。

民法院（以下简称海曙法院）刑事审判庭庭长张丹丹法官题为《未成年犯缓刑制度研究》的毕业论文，阅读之余，掩卷长思，情不能已。不只是佩服作者对浩繁资料慎密梳理的功夫，也不只是认可作者细致入微的文字组织和精练赅要的语言表达，文章的学术性、实践性都值得关注，答辩组所有老师都对文章赞誉有加，“优秀论文”自然也是名至实归。但我更感动的是，她在字里行间流露的超越于法官职业之上的对罪错少年的情感，以及对她为完成这个课题所作的一般人难以坚持的努力。她的文章触动了我隐秘多年却时常作痛的神经。我曾经接触过这么一个案件。有一对外来打工且重组家庭的夫妇，他们在重组家庭前都各自有一个孩子，男方儿子16岁，女方女儿12岁。一家4口租了一个不足5平方米的车棚安身，其居住之局促与生活之尴尬不想也知。一张类似学生用的高低床，父母睡下边，儿子、女儿睡上边。两个懵懂无知的少年误入“禁区”致妹妹怀孕，而父母的忙碌与孩子的无知，至孩子临盆方始发现。按律此系重案，如何处理？当地司法机关认为虽情有可宥，但法不容恕，应当按强奸罪论处。我对此案始终有种遗憾，看了张丹丹法官的文章，有一种他乡遇故知的温暖或林深见星光的激动。自此以后，张丹丹法官与她所在法院所进行的针对青少年犯罪的研究和制度创新便总能引起我强烈的兴趣和高度的关注。我组织我们的学生参加到我院的实践课题之中，在法官们的指导下参与调研等工作，2016年建立了“宁波大学法律专业研究生教育创新实践基地”，经过3年多的共同努力，取得了丰硕的成果，不仅让学生们在实践锻炼中学习了“少年司法”法律适用的专业技能，体会到法官工作的艰辛和法官的责任担当，更重要的是，还让学生们领会到法官的胸怀和情怀。他们养成的职业精神和执业操守是在课堂与书本中所不能学到的“真经”。

海曙法院对未成年人司法的探索创新累积十余年之功，惠及数千的当事人及其家属，完成了数以百计的案件，经过2年多的梳理、总结和提炼，终于形成了此成果。

本书呈献的并非理论探讨，也非单纯的经验总结，而是海曙法院10多年来坚持不懈地探索和创新的实践成果。海曙法院对青少年的关心与关爱之初心矢志不渝，对未成年人司法的创新与探索从未停止。10多年的研究，10多年的探索和总结，形成了“未成年人审判模式”“未成年人刑事司法模式”“未成年人家事审判模式”“未成年人权益保护行政诉讼模式”“未成年人审判‘三合一’模式”“未成年人法制宣讲‘海法护航’模式”的系列改革成果，在现行法律规定和制度框架下，形成了颇具特色的创新性制度体系，规范严密的工作机制，科学合理的评估机制，与时俱进的完善机制和积极有效的推广机制，扩大了社会影响力，并取得了卓越的社会评价。通过司法活动，形成对未成年人教育、帮助、矫正、保护的“海曙模式”。

著名法学家哈罗德·伯尔曼说过：“没有信仰的法律将退化成为僵死的教条，而没有法律的信仰将蜕变成为狂言。”未成年人司法制度的探索者——海曙法院的法官们，就是这样一批信仰法律且勇敢实践着法律的英雄，他们坚守法律，但绝不让法律成为教条，他们坚守信仰，但绝不让信仰迷失心智而失去正确的判断和理性的选择。在法治的道路上，他们是法律的虔诚信奉者，更是法治实践之路上的勇敢的探索者。

向这样充满力量和智慧、富有精神和情怀的法官们致敬！

是为序。

张炳生

目　录

第一章　未成年人审判"海曙模式"的历程与由来 / 001

第一节　海曙法院未成年人案件（综合）审判庭的发展历程和工作成效 / 003

一、在探索中寻求创新 / 004

二、在创新中谋求发展 / 006

第二节　域外未成年人司法制度的启示和借鉴 / 009

一、德国未成年人司法制度 / 009

二、英国未成年人司法制度 / 010

三、美国未成年人司法制度 / 012

四、日本未成年人司法制度 / 014

第三节　国际规则标准下的未成年人司法制度 / 016

一、处遇个别化原则 / 016

二、非刑化原则 / 018

三、教育、平等及保障诉讼权利原则 / 021

四、专门化原则与共同参与化原则 / 022

第二章　未成年人刑事司法“海曙模式”的实践与思考 / 027

第一节　社会调查制度 / 029

一、建章立制、规范流程 / 030

二、社会调查制度的成效 / 034

三、对社会调查制度进一步优化的设想 / 035

第二节　引入司法心理学 / 037

一、“海曙模式”中的心理鉴定制度 / 037

二、“海曙模式”下心理鉴定制度技术方案选择的历史沿革与合理性分析 / 039

三、心理干预制度融入“海曙模式” / 040

四、对未成年被害人建立心理救助制度 / 042

五、司法心理学在“海曙模式”运行中存在的问题与合理建议 / 043

第三节　公益代理人制度 / 044

一、“海曙模式”中的公益代理人制度 / 044

二、公益代理人制度在未成年人审判中初显成效 / 046

三、“海曙模式”下公益代理人制度运行的考察 / 050

第四节　缓刑听证制度 / 053

一、“海曙模式”中的缓刑听证制度 / 053

二、“海曙模式”下缓刑听证制度的运行模式 / 054

三、“海曙模式”下缓刑听证制度运行的考察 / 056

第五节　个性化帮教制度 / 059

一、“海曙模式”下个性化帮教制度初探 / 059

二、“海曙模式”下企业帮教基地的探索创新 / 063

三、“海曙模式”下企业帮教基地制度的反思与建议 / 065

第三章 未成年人家事审判的改革路径和实践探索 / 067

第一节 未成年人家事审判的改革方向 / 070

一、域外未成年人家事审判的改革路径 / 070

二、我国未成年人家事审判的改革过程 / 072

第二节 海曙法院未成年人家事审判的实践发展路径 / 074

一、完善未成年人家事审判的配套制度 / 075

二、构建未成年人家事审判的多元化调解机制 / 076

三、创新未成年人家事审判工作机制 / 077

第三节 海曙法院——家事调查官制度的运行实践 / 079

一、家事调查官制度运行的基本情况 / 080

二、家事调查官制度运行成效 / 083

三、家事调查官制度运行中存在的困难与不足 / 087

四、完善家事调查官制度的对策 / 094

第四节 未成年人家事审判工作目前存在的问题 / 097

一、缺乏和未成年人家事审判相适应的实体保护和程序保护专门法律 / 097

二、未成年人家事审判的受案范围和审判组织归口不一 / 098

三、未成年人家事审判法官配置待加强 / 099

四、未成年人家事案件审理中配套措施的完善度不够 / 100

第五节 对未成年人家事审判工作的建议 / 101

一、单独制定家事诉讼法 / 101

二、构建合理的未成年人家事受案范围和审判组织 / 102

三、配置、培养专业的未成年人家事审判人员 / 103

四、完善未成年人家事案件审判的配套措施 / 104

第四章　未成年人权益的行政诉讼保护 / 107

第一节　涉及未成年人行政诉讼案件情况 / 109

一、行政诉讼领域占比较少 / 109

二、涉及未成年人行政诉讼保护之必要性 / 118

第二节　涉及未成年人行政案件司法审查 / 121

一、行政诉讼一般原则 / 121

二、针对未成年人行政诉讼的特有原则 / 124

第三节　未成年人行政诉讼启动上的特殊保护 / 128

一、未成年人行政公益诉讼制度 / 128

二、未成年人行政公益诉讼程序构建 / 129

三、未成年人权益侵害法律援助机制 / 133

第五章　未成年人审判“三审合一”模式的运行考察与转型路径 / 137

第一节　历史变迁：未成年人审判“三审合一”模式的由来与发展 / 139

一、萌芽阶段 / 139

二、创立阶段 / 139

三、低谷阶段 / 140

四、重塑阶段 / 140

第二节　现状考察：海曙法院未成年人审判“三审合一”模式的运行情况 / 141

一、总体情况 / 142

二、案件审理情况 / 143

第三节　困境剖析：未成年人审判“三审合一”模式运行的困难和问题 / 145

一、机构保障有所缺失 / 145

二、程序保障并不到位 / 146
三、受案范围有所欠缺 / 147
四、案件数量偏少 / 149
五、人员配置专业化程度不足 / 150
六、法官业绩考评评价体系不健全 / 151

第四节 当前选择：从“三审合一”走向“未成年人 + 家事”审判模式 / 152
一、“三审合一”模式发展的可能选择 / 152
二、从“三审合一”向“未成年人 + 家事”审判模式转型的动因分析 / 154
三、从“三审合一”向“未成年人 + 家事”审判模式转型的制度设计 / 157

第六章 开展“海法护航”，防范不良行为 / 167

第一节 普法宣传 / 169
一、开展普法宣传的缘由：矫治不良行为，预防未成年人犯罪 / 169
二、目前我国普法宣传存在的问题 / 170
三、我国普法宣传的发展方向 / 171

第二节 “海法护航”的内容、形式及成效 / 174
一、“海法护航”的内容及形式 / 174
二、“海法护航”取得的成效 / 176

第三节 “海法护航”附录 / 178
一、法治课堂讲义 / 178
二、法制游园方案 / 185
三、模拟法庭剧本 / 192
四、法制辩论赛 / 205

附　录　海曙法院出台的相关规程、规定、办法 / 207
宁波市海曙区人民法院未成年人刑事案件审判规程（试行）/ 207
宁波市海曙区人民法院外来青少年犯缓刑适用“同城待遇”操作规程（试行）/ 218
宁波市海曙区青少年缓刑犯联合帮教（监管）实施办法（试行）/ 222
宁波市海曙区人民法院加强外地未成年人司法救济操作规程（试行）/ 224
宁波市海曙区人民法院公益代理人制度实施规程（试行）/ 230
宁波市海曙区公益代理人参与未成年人犯罪刑事诉讼程序实施规程（试行）/ 233
宁波市海曙区关于缓刑青少年参加公益服务的规定（试行）/ 237
宁波市海曙区人民法院未成年人犯罪记录封存暂行办法 / 239
宁波市海曙区人民法院未成年人刑事案件心理干预工作规定（试行）/ 241
宁波市海曙区关于刑事案件被告人通知辩护的操作规程 / 246

第一章

未成年人审判『海曙模式』的历程与由来

第一节　海曙法院未成年人案件（综合）审判庭的发展历程和工作成效

很多国家或者地区最初建立未成年人司法制度，都是源于未成年人犯罪问题日益突出。新中国成立以后，在计划经济体制下，经济结构单一，劳动就业固定，城乡壁垒森严，社会成员的地区性流动受到严格管制，社会处于“超稳定”状态。整体社会犯罪率比较低，相应地，未成年人犯罪亦较少，未成年人犯罪的预防和矫治问题并不突出。自改革开放以来，一方面国家经济快速发展，社会财富迅速增长，社会文明高速推进；另一方面原有社会结构体系不断被解构，社会剧烈转型，个人及家庭财富差距不断拉大，社会矛盾加剧，犯罪率上升趋势明显。未成年人犯罪也“水涨船高”，甚至比成年人犯罪更为突出，引起全社会和国家的高度关注。1988 年，最高人民法院在上海第一次专门召开全国法院审理未成年人刑事案件经验交流会议中，明确指出：“成立未成年人法庭是刑事审判领域的一项改革，有条件的法院可以推广。”后又正式下发《最高人民法院关于办理少年刑事案件的若干规定（试行）》（失效时间为 2013 年 1 月 18 日）确立未成年人刑事案件审判工作的基本原则和办案程序。随后，最高人民法院、国家教育委员会、共青团中央委员会、中华全国总工会、中华全国妇女联合会联合下发《关于审理少年刑事案件聘请特邀陪审员的联合通知》（失效时间为 2013 年 1 月 18 日），最高人民法院、最高人民检察院、公安部、司法部联合下发《关于办理少年刑事案件建立互相配套工作体系的通知》（失效时间为 2013 年 1 月 18 日），进一步确立和强化未成年人刑事司法的相关工作制度。在此期间，

1991 年 9 月 4 日第七届全国人民代表大会常务委员会通过了《未成年人保护法》，根据 2012 年 10 月 26 日第十一届全国人民代表大会常务委员会第二十九次会议《关于修改〈中华人民共和国未成年人保护法〉的决定》修正，2020 年 10 月 17 日第十三届全国人民代表大会常务委员会第二十二次会议第二次修订《未成年人保护法》，自 2021 年 6 月 1 日起施行。1992 年《妇女儿童权益保障法》颁行。上述法律、法规、政策文件的制定和实施，为保护未成年人的合法权益提供了明确的法律依据和充分的制度保障，从法律层面明确了司法机关办理未成年人刑事案件应遵循的工作方针和原则，也为人民法院未成年人审判机构的建立、发展和有效运转提供了政策依据和法律保障。

在全国未成年人犯罪的司法保障工作推进和发展的同时，海曙法院开始在未成年人刑事审判工作中逐步树立创新工作理念，建立创新工作机制，探索创新实践方式，形成具有“海曙特色”未成年人审判的“海曙模式”。

海曙法院未成年人审判工作的发展改革，虽然起步较晚，但经过长期的探索和不懈努力，取得了显著成效，在浙江省范围内率先推出缓刑听证、社会调查、心理鉴定、公益代理人、帮教基地、关爱妈妈、前科封存等内容的特色制度，形成了独具特色的未成年人刑事审判“海曙模式”，积累了一些可复制、可借鉴、可推广、可传播的宝贵经验，为养成未成年人的良好道德品质、预防和减少未成年人犯罪、维护未成年人的合法权益、推动中国未成年人司法制度的发展作出了积极的贡献。

一、在探索中寻求创新

海曙法院对未成年人审判工作的探索，起初是从刑事司法审判开始的。2005 年，时任刑事审判庭庭长的张丹丹在审理刑事案件过程中，敏锐地感觉到在刑事审判中存在着一类需要重点关注的特殊群体——犯罪的未成年人。为了更好地研究未成年人犯罪这一课题，她将《未成年犯缓刑制度研究》作为自己研究生毕业论文的选题。在此期间，她查阅了大量的国外关于未成年犯缓刑制度的相关资料，了解到未成年人司法领域内国际上已有的先进理念和完善的法律制度。例如，日本在全国设置了50多所心理鉴别所，对于所有犯错的未成年人进行心理鉴定，然后根据每个人的不同情况予以区别对待；当时已有许多国家设立了专职的缓刑官，对未成年被告人的犯罪原因、家庭情况、社区环境等方面进行调查，附上自己的意见，并将调查报告提交给法官，供法官在量刑时参考，如果缓刑官的非监禁刑建议被采纳，未成年被告人被判处缓刑后的帮教由缓刑官予以跟进；国外比较重视对未成年犯的亲情教育，如果未成年犯的家庭教育不好，不适合其成长，会对父母判处罚金，然后由政府出资，把未成年犯安置到有良好教养的家庭，由这些家庭的父母代替亲生父母来对未成年犯进行亲情教育。这些全新的理念、制度让张丹丹深受启发，思考如何把它们借鉴过来，适应我国的国情，并走出一条有中国特色的法制路，这为海曙法院未成年人审判工作改革播下了一颗种子。

随后，海曙法院开始了对未成年人审判组织机构的探索，从最初在刑事审判庭内挑选专人审理未成年人刑事案件，到建立专门审理涉及未成年人案件的合议庭，再到独立的未成年人案件综合审判庭，从只审理未成年人刑事案件发展到综合审理涉及未成年人刑事、民事、行政案件的“三合一”审理模式。

在未成年人案件审判法官的队伍配置方面，根据未成年人案件审判工作的特点，特意将政治意识强、业务素质高，熟悉未成年人生理、心理特点、热爱未成年人审判工作并具有务实工作作风的复合型业务骨干，选调充实到未成年人案件审判队伍中。同时充分考虑年龄层次、专业学历、性别差异，以培养一批“法官妈妈”“知心姐姐”为特点的未成年人审判法官，锻造出一支政治责任感强、业务能力精的未成年人审判队伍。

在工作机制方面，创立了圆桌审判、缓刑听证、社会调查员、心理鉴定、公益代理人、帮教基地、关爱妈妈、前科封存等制度，逐渐形成了适合未成年人特点的“一个中心、两个延伸”的未成年人审判“海曙模式”，即以审判工作为中心，判前强化人格调查，判后落实帮教制度。未成年人审判的“海曙模式”被宁波市中级人民法院以现场会、新闻发布会的形式向全市法院推广，刑事审判庭先后被评为浙江省“青年文明号”、浙江省“青少年维权岗”，2010 年被最高人民法院、共青团中央联合授予“全国青少年维权岗”，2012 年又被最高人民法院和共青团中央联合授予“全国青年文明号”荣誉称号。2013 年海曙法院刑事审判庭被授予宁波市五一劳动奖章。2016 年再度获评“全国青年文明称号”，成为浙江省唯一一家获此殊荣的法院。

二、在创新中谋求发展

不断更新丰富未成年人刑事审判工作理念，要坚持刑罚个别化和“罪错”未成年人理念。刑罚个别化的要义在于刑罚轻重不仅取决于所犯罪行轻重，而且要充分考虑犯罪人的人身危险性。未成年人具有极强的可塑性。不仅要对那些主观恶性小、犯罪人格尚未形成的未成年人依法适用缓刑，进行教育、感化和挽救，更要密切关注他们的社区矫正成效。“罪错”未成年人理念旨在将有违法行为的未成年人与有犯罪行为的未成年人区别开来，将未成年人犯罪与成年人的犯罪行为区别开来。基于未成年人辨认能力与控制能力较低，心智发育尚未成熟，辨别是非能力弱和易受外界因素诱惑等特点，未成年人刑事审判通过提高未成年犯缓刑适用率，用教育、感化等方式，帮助他们重塑信心、回归社会。对于未成年人的偏差和错误行为，鉴于行为人本身人身危险性较小等因素，坚持特殊预防的刑罚目的，使大多数未成年犯通过缓刑后的社区矫正得以思想改造和行为方式转变，最终实现刑罚的教育目的，实现公平正义。

不断探索完善未成年人刑事审判工作机制，在全力教育、感化、挽救失足未成年人上下足功夫。通过以缓刑听证、社会调查、心理鉴定、公益代理人、曙光心理工作室[①]、帮教基地等为内容的未成年人刑事审判制度，通过考察未成年人成长环境和心理健康状况综合评价其人身危险性和再犯的可能性等，以此作为定罪量刑时适用缓刑的参考。在理论指导、实践探索、经验总结的基础上，逐步认识未成年人犯罪、审判、矫正、帮扶、回归的特点和规律，在此基础上制定统一、合理的规范性文件，完成个案、个人、个性到统一、标准、制度的转变和提升。先后制定了《宁波市海曙区人民法院未成年人刑事案件社会调查制度实施规程（试行）》《宁波市海曙区人民法院关于公益代理人参与未成年人犯罪刑事诉讼程序的实施规程（试行）》《宁波市海曙区人民法院未成年人案件心理鉴定制度实施规程》《宁波市海曙区人民法院外来未成年人缓刑适用"同城待遇"操作规程（试行）》等规范性文件。

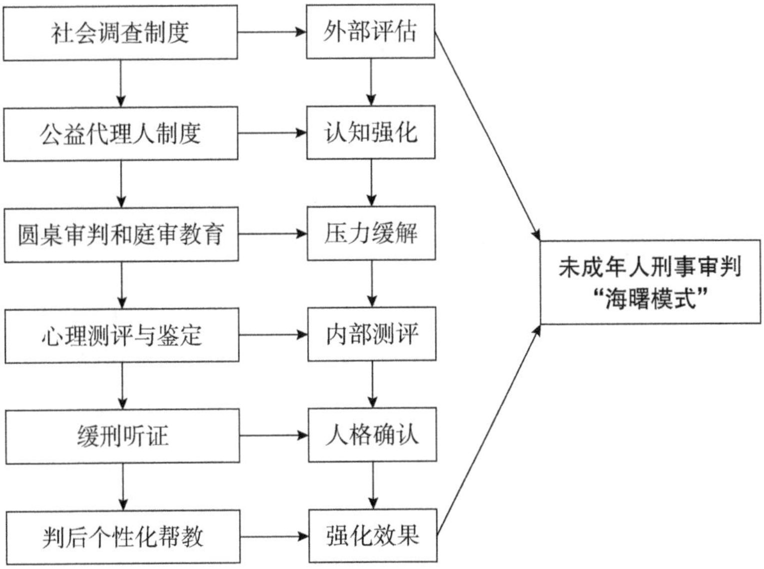

图 1-1 未成年人刑事审判"海曙模式"

① 该心理工作室为浙江首个法院心理工作室，由海曙法院与宁波大学合作建立，主要为未成年被告人提供心理鉴定和心理疏导的矫治工作。具体可参见网址：http://www.chinanews.com/fz/2013/05-28/4866698.shtml。

不断探索完善未成年人民事审判工作机制，在全面保护未成年人合法权益上下功夫。坚持重点保护，在审判工作中体现为“三个有利于”原则：从有利于未成年人健康成长、有利于未成年人权益保护、有利于父母子女关系融洽的角度出发，妥善审理好涉及未成年人的抚养关系纠纷、抚养费纠纷、人身损害赔偿纠纷以及探视权纠纷等案件，重点保护好未成年人的抚养权、人身权、受教育权和受探视权，在权益实现上重实效，在法律允许的范围内，实现未成年人权益最大化。

不断探索完善未成年人审判辅助体系工作机制，在全方位营造未成年人健康成长的良好氛围上下功夫。未成年人审判遵循“立足审判、前后延伸、主动配合、有效衔接、协调发展”的思路，切实加强与相关职能部门的通力协作，全力营造预防和减少未成年人犯罪，共同参与综合治理，促进形成未成年人健康成长的良好氛围。

未成年人法庭是衡量司法进步性、社会文明性的重要指标①。其重心是挽救和保护未成年人，其价值无法估量。学习先进理念，借鉴合理制度，参考成熟经验，是“海曙模式”的后发优势，虚心学习、努力探索、不断实践和大胆创新是“海曙模式”的基本经验；做出特色、做出成效，保护和挽救犯罪的未成年人是“海曙模式”的基本目标；制度成型、实践性强、当事人满意、社会认可是“海曙模式”的基本价值。紧跟时代脚步，适应社会变革，满足未成年人保护的新需求，打造健全的未成年人审判工作机制，是“海曙模式”的不懈追求。

---

① 蒋明：《为少年司法更辉煌聚智慧谋发展——“少年法庭改革与建设”论证座谈会发言摘登》，载《人民法院报》2016 年 11 月 2 日，第 5 版。

第二节　域外未成年人司法制度的启示和借鉴

一、德国未成年人司法制度

德国是较早建立未成年人司法制度的国家之一，早在1923年就制定了以教育思想为特征的《少年法院法》，并在此基础上建立专门的未成年人法院，形成了区别于普通刑事犯罪案件处理程序的未成年人司法制度。德国《少年法院法》是一部集实体法、程序法和组织法为一体的综合性未成年人法。德国《少年法院法》中规定对犯罪未成年人可以进行指导、训诫、移送教养机构等处理方式，在形式上与刑罚并列，但它们几乎都以教育为目的，有的直接以教育手段为名称。“教育刑模式”成为德国未成年人司法最突出的特色。

根据《少年法院法》的规定，未成年人的犯罪行为由未成年人法院审判，此处的“未成年人法院”并非专门的未成年人法院，而是指3种未成年人审判组织的统称：1.在区法院由刑事法官充任未成年人审判法官，处理较轻微的未成年人刑事案件；2.在参审法院，由未成年庭法官为审判长与2名未成年人参审员组成，共同审理未成年人刑事案件，且2名未成年人参审员为男女各一人；3.在地方法院设未成年人法庭（未成年人刑事庭），审理未成年人第一审案件和受理对区法院和参审法院的未成年人案件不服的上诉。未成年庭法官的职责除承担刑事法官的基本职责外，还承担对未成年人的教育任务。从形式上来看，“德国少年法院属于普通刑事法院的特别法庭”[①]。

① 刘南英：《英、法、德三国未成年人司法制度简介》，载中国台湾《法务通讯》第1102期，第36页。

根据《少年法院法》的规定，未成年人实施犯罪行为的法律后果：教育处分、科处惩戒措施或未成年人刑罚。所有措施的采用都必须从有利于未成年人的教育角度出发。而且自由刑最高不得超过10年。教育处分与惩戒措施都没有刑罚的法律效力。正因为这些关于未成年人犯罪法律后果的规定，德国未成年人违法犯罪的法律后果通常不是普通刑法意义上的刑罚（除未成年人刑罚外），而多被采取教育处分或者惩戒措施，与我国公安机关对那些违反治安管理规定的轻微违法未成年人的处理措施相类似。

此外，出于对未成年人的保护，未成年人法庭的审判与判决均不得公开。诉讼参与人如果有不利于被告人教育的情况，法官可以命令其回避。法庭辩论时如果不利于对被告人进行教育的，应让被告人暂时离开法庭；如果被告人的亲属、监护人、法定代理人到庭可能使被告人有所顾虑，也应该命令其暂时回避。未成年人法庭的判决结果告知被告人有可能对其教育产生不利影响的，可不予告知。为实现未成年人刑罚所追求的教育目的，未成年庭法官可对未成年人刑罚从宽执行，在适当的情况下，可进一步以自由的方式执行。

二、英国未成年人司法制度

19世纪的英国是资本主义的全胜时代，资本主义“私有财产神圣不可侵犯”的法律精神被贯彻执行。这个时期，儿童罪犯会受到与成年人罪犯一样的惩罚，并被关入成年人监狱。在这一社会环境下，对待未成年人犯罪，尤其是涉及财产的经济犯罪问题方面，强调科以严厉的惩罚，甚至处以极刑。随着未成年人犯罪不减反增的情况愈演愈烈，英国未成年人犯罪“问题”日益进入政治和媒体的视野，许多法律工作者认为，儿童犯法者的成人化行为是他们生活环境的产物，许多儿童犯法纯粹是因为生存压力。

19世纪中下叶至20世纪初，人们逐渐认识到，对未成年人犯罪的惩罚应该着眼于矫治预防，而非严刑峻法。因此，他们开始致力于调查，制定法律，最终 1908 年《儿童法》基本确立了预防未成年人犯罪、以教育而非重刑的方式来处理未成年人犯罪的模式。这是英国首次在法律上明确提出对未成年人犯罪与成年人犯罪应当加以区别处理。此后 1933 年、1937 年、1938 年、1952 年、1956 年、1963 年又分别制定了《儿童少年法》，进一步扩大了对未成年人保护与福利的待遇。未成年人罪犯不再被处以严刑，而是由劳动学校和感化院进行改造，学习劳动技能，获得生存的一技之长。即使犯罪，也可以快速审判，在单独的未成年人法庭审判。从惩罚观念、审判方式到审判法律，都发生了翻天覆地的变化。《1969 年儿童和青少年法》意味着完成了对未成年人儿童保护与福利待遇的扩大化，实质上是把犯罪视为一种潜在的混乱或病变的症状，认为个人不用为他们的行为负完全责任；违法儿童是被忽视、被虐待或被剥夺权利的人，未成年人司法的宗旨在于治疗他们或使之改过自新。

但是，后续的未成年人法制并没有直线发展，儿童罪犯的保护与福利待遇有后退的趋势。特别是 20 世纪中下叶，随着英国经济全面增强，未成年人经济实力进一步增长，他们的外在行为表现（如飞车党、摩登派、摇滚派等）与警察的对抗更为明显，未成年人犯罪问题日益严重，公众们越来越希望采取更强硬的刑罚。众多社会人士、学者、政党，甚至法官们一起反对《1969 年儿童和青少年法》，认为福利待遇对未成年犯和他们的家庭是一种有害的和不公正的干涉。这就出现了双重体系，即要求对那些实施严重犯罪和持续犯罪的未成年犯给予更多的监管，对那些实施了相对轻微犯罪的未成年犯进行改造让其改过自新。在这一背景下，英国于 1982 年出台了《刑事司法法》，仍倾向于实行个人责任刑罚和父母责任的观点。英国政府还提出了“不惜任何代价进行惩罚”的政策。这种“犯罪控制”模式忽视了社会存在的种种缺陷，认为犯罪行为的责任应由每个未成年人或其家庭来承担。基于公正处罚的考虑，确保罪刑相适应，英国出台《1991 年刑事司法法案》，并建立新的“未成年人法院”。1993 年 2 月发生的兜风事件——2 个 10 岁男孩将 1 个 2 岁男孩扔在铁路上并将其残忍地杀害——此案件引起了社会对未成年人道德的恐慌，促使《1994年刑事司法和公共秩序法案》把对未成年人罪犯在未成年人教养院的监管刑期延长，并明确规定“第一次机会往往就是最后一次”，只有一次警告而不会更多。

综观英国未成年人司法改革历程，英国相关委员会认为，现行未成年人司法体制代价高昂、不协调且又无效，呼吁重新关注犯罪预防，尤其针对“早期生活进行干涉”，建议要坚持减少未成年人犯罪，强调实行早期介入策略，因为预防比治疗效果要好。

三、美国未成年人司法制度

美国未成年人司法理念是以保护未成年人权利为基础，其未成年人司法制度的建立与美国19世纪儿童福利运动密不可分。美国儿童、家庭、国家的新观念和19世纪20—30年代人道主义改革运动结合成为儿童福利制度革新的主要思想源泉[①]。在国家亲权思想影响下的以拯救儿童为口号的儿童福利运动推动着美国罪错未成年人处理机构的改革与发展。受新思想影响的改革者们为未成年人法院的创立作出了巨大的贡献。当时在未成年人法院诞生地芝加哥的慈善家、儿童福利专家不断地进行积极而富有成效的活动，以推动儿童福利运动，并联合律师以及政界人士推动未成年人法院立法。最终于1899年作为增进儿童福利机构重大创新形式的未成年人法院诞生，可以说，这是美国未成年人福利观念变化的直接结果。未成年人法院不是司法性质的机构，不受美国司法正当程序的要求限制。它是在国家亲权思想指引下，为保护未成年人儿童，增进其福利，行使国家监护权的机构。与此同时，在美国伊利诺斯州通过了第一个关于未成年人法院的立法，明确未成年人法院对12—16岁的人享有管辖权，且该法规定的未成年犯不但包括触犯刑法的行为，还包括经常去赌场、恶习难改，逐渐发展成

① （美）玛格丽特·K. 罗森海姆、富兰克林·E. 齐姆林等编、高维俭译：《未成年人司法的一个世纪》，商务印书馆2008年版，第17页。

游手好闲、离家出走、游荡、犯罪等。该法的目的是在社会中治理和使未成年犯恢复正常生活，监禁只是最后的手段。未成年人法院一度变成了社会福利工作者的活动领域。社会福利工作者和未成年人法院的人员认为"未成年人法庭的法官不是审判和惩罚送到法庭来的未成年人儿童，而是为了未成年人儿童的最大利益行动，以便把未成年人儿童从犯罪生涯和道德败坏的深渊中解救出来。既然如此，自然没有必要采用对驳诉讼制度，也不需要有律师，更无必要由上诉审来复查未成年人法庭的处置以对未成年人法庭的权威进行质疑[①]"。可见，美国未成年人司法诞生的主导理念是保护理念，即在国家亲权观念下的对未成年人实行保护主义的思想。

第二次世界大战之后，美国社会对未成年人司法制度所带来的新体制产生了质疑。"许多青年人虽经慈父般的法官、称职的社会福利工作者给予规劝和教导，仍然不接受'拯救'并继续实行其反社会行为。"[②]进入20世纪50年代后，随着美国未成年人骚乱和暴力行为不断增多，社会公众逐渐对未成年人法院过于注重保护未成年人的做法表示不满。未成年人法院由于缺乏正当程序、法官的自由裁量权不受任何限制，也使检察官和律师们感到忧虑。因此，20世纪50年代后期至60年代，美国爆发了一场针对未成年人法院的大论战。美国相当一部分公众和学者对当时的未成年人司法制度提出了尖锐的批评，认为未成年人法院对逃学、不服从父母管教等身份犯罪的管辖权过于宽泛，缺乏程序保护会给未成年人带来致命的后果，对未成年人的矫正和再犯预防没有任何可见的积极影响。在这样的背景下，美国未成年人司法制度开始转变，趋向修正保护主义理念，增加未成年人的程序权利——既坚持传统未成年人司法的保护理念，又强调未成年人司法的正当法律程序，这是对传统国家亲权思想的修正。

---

① ［美］奥姆·W. 凯查姆：《美国未成年人审判的发展》，载北京大学法律系国外法学研究室编译《国外未成年人司法制度与日本保护未成年人条例选》，北京大学出版社1982年版，第185页。

② ［美］奥姆·W. 凯查姆：《美国未成年人审判的发展》，载北京大学法律系国外法学研究室编译《国外未成年人司法制度与日本保护未成年人条例选》，北京大学出版社1982年版，第185页。

美国是联邦制国家，各州都有立法权，其设置的审理未成年人案件的未成年人法院形式并不一致。但当有权审理有关未成年人案件的法官为了未成年人案而开庭时，它就是一个未成年人法院。美国未成年人法院的形式可以分为 4 种：

第一种形式是专门独立的未成年人法院。专门独立的未成年人法院有专门审理未成年人案件的法官、职员和各种配套设施，通常设立在大城市。美国有 3000 余所法院行使未成年人法院的职能，但只有其中一小部分是专门独立的未成年人法院。

第二种形式是独立的家事法院。家事法院除审理未成年人案件外，还负责审理离婚案件和抚养案件。

第三种形式是属于一审法院的专门未成年人法庭。此类未成年人法庭大多有独立的院舍和专职人员，属于司法系统的一审法院。

第四种形式是由一审法院指定专人审理未成年人案件。

未成年人法院在审判过程中，通常使用亲切、委婉的词汇来替代成年人刑事司法审判中的词汇，体现出与成年人司法的不同。例如，被指控犯某项罪行的未成年人不被称为“刑事被告人”，而是被称为“被申请人”；未成年人被申请人面临的不是“起诉”或者“刑事指控”，而是“未成年人违法行为之诉请”；用“听证”代替“审判”；法官作出的是“裁决”，而不是“刑事判决”；等等。未成年人案件审判过程的 2 个阶段，也有不同于成年人审判的称呼，分别被称为“司法意见听证会”和“处理听证会”。

四、日本未成年人司法制度

日本第一部《未成年人法》制定于 1922 年。依据《未成年人法》，未满 18 周岁为未成年人，未成年人违法犯罪时，对其处以刑事处分还是保护处分，检察官必须作出决定（检察官先议），被定为适合处以保护处分的未成年人将会被送往“未成年人审判所”这一行政机关接受审判。相对而言，刑事司法的色彩较强。

第二次世界大战发生之后，日本的司法制度受美国影响巨大。1948 年，日本以当时的美国未成年人司法制度为蓝本，在理念上吸收了美国未成年人法的国家亲权思想，对旧《未成年人法》进行全面修正，制定并公布了新《未成年人法》，这就是日本现行的《未成年人法》。与此同时，日本还制定了与《未成年人法》相配套的《儿童福利法》《未成年人院法》《未成年人审判规则》等未成年人法律，构建了现代日本未成年人司法制度，形成以未成年人的健康成长为基本理念，对罪错未成年人采取保护处分为主、刑罚为辅的处遇原则。虽在 2000 年和 2005 年未成年人法的修订有严罚的趋势，扩大和加重了对部分犯罪未成年人的刑事处分。但从司法实践中来看，未成年人法的保护主义理念和基本结构并没有发生根本变化，司法机关依然非常谨慎地对未成年人适用刑罚。现行《未成年人法》分为总则、未成年人保护事件、成年人刑事事件、未成年人刑事事件、杂则、附则 6 个部分。除附则外，正文共有 61 个条文，从实体处分和程序两个方面设计了一套完全区别于成年人的制度，是一部实体法与程序法合一的刑事特别法。

现行《未成年人法》第 1 条规定：“本法的目的是为了促进未成年人的健全发展，对实施了非行行为的未成年人，处以矫正性格和调整环境为内容的保护处分，同时对侵害未成年人以及未成年人福祉的成人刑事事件采取特别措施。”这是日本未成年人法对基本理念的宣告。他们认为未成年人的人格尚处于未成形阶段，其非法行为既有其自身的原因，也有家庭和社会的原因，其自身也是受害者，而未成年人又具有很强的可塑性，比起成年人更容易被教育和改善。因此，对未成年人的基本刑事政策不应该以给予作为报应的刑事处罚，而应该主要给予以教育为目的的保护处分。为了保证保护处分措施能得到最大程度的优先适用，现行未成年人法严格限制了检察官的权力，取消检察官对未成年人案件所具有的“先议权”，并规定全部未成年人案件应当移送家庭裁判所，由家庭法院首先决定案件的处理方式。对于未成年人的犯罪案件，原则上由家庭法院进行审理及判决，而家庭法院不能处以刑罚只能判处保护处分。如果家庭法院认为应当对犯罪未成年人判处刑罚的，则应当将案件返回给检察官，由检察官向普通刑事法院提起刑事诉讼，这时案件适用的是普通刑事司法程序而非未成年人司法程序。这种由家庭法院将案件返回给检察官的制度，称为“逆送”制度。在“逆送”情形下，采取“法定起诉主义”，即检察官必须将案件向普通刑事法庭起诉，而没有决定是否起诉的权力。

第三节　国际规则标准下的未成年人司法制度

自第二次世界大战以来，未成年人的犯罪问题已成为国际性的社会问题。如何针对未成年人罪犯的特殊性，建立一套适合他们的刑事诉讼程序，以便尽可能地减少刑事司法程序给他们带来的不利影响，有效地保障未成年人的正当权益，更有利于他们的健康成长和重新回归社会，是许多国家孜孜以求的目标。联合国及其下属的有关组织在对各国未成年人司法保护制度进行总结的基础上，陆续制定了一些国际性的未成年人司法保护文件，如《联合国未成年人司法最低限度标准规则》（又称《北京规则》）、《儿童权利公约》《联合国保护被剥夺自由少年规则》《联合国预防少年犯罪准则》（又称《利雅得准则》）等，这些法律文件提出了有关未成年人司法制度方面的一些国际性的基本原则。这些标准性规定是各国平等探讨、相互借鉴、取长补短形成的成果，代表了各国的共同见解，是对未成年罪犯司法保护的最低限度要求，理应被各国普遍认可和遵行。

一、处遇个别化原则

未成年人司法处遇个别化原则是指根据涉案未成年人的个人情况，有针对性地规定和适用相应的处置措施和待遇，以保护他们的权益，该原则不仅是未成年人司法的基本原则，而且是一项根本性的原则。[1]在《北京规则》第17条“审判和处理的指导原则”的解释性说明中，提到“制订审判少年犯的准则，其主要困难在于存在着未解决的哲理性冲突。如：（a）教改，或罪有应得；（b）帮助，或压制和惩罚；（c）根据每个案件情况做出反应，或者基于保护整个社会做出反应；（d）普遍遏制，或逐个瓦解”，认为“处理少年案件的这些做法之间的矛盾比在成人案件中的矛盾要大”。其实，这4对矛盾亦是困扰整个未成年人刑事司法的哲理性矛盾，可概括为：未成年人刑事司法中，给未成年犯罪嫌疑人和未成年犯的处置和待遇是严格按照违法行为情况即罪刑相适应原则做出，还是根据他们自身的个人情况即处遇个别化原则做出。

研读相关未成年人司法的国际司法准则，我们发现未成年人司法处遇个别化原则可体现为2个层面：第一个层面，是以宏观的整个人类包括成年人和未成年人为视角，确认刑罚个别化理论所主张的未成年人司法与普通刑事司法的二元分离。例如，《北京规则》第2条第3款概括性地规定“应努力在每个国家司法管辖权范围内制订一套专门适用于少年犯的法律、规则和规定，并建立授权实施少年司法的机构和机关……”《公民权利和政治权利国际公约》第10条第3款明确规定在刑罚的执行上，应将未成年犯与成年犯隔离。《北京规则》第12条、第22条及《利雅得准则》第58条规定了处理未成年人刑事案件的人员应该专业化并保持必要的培训。上述国际未成年人司法相关文件认为未成年人适用特殊的刑事司法制度，并要求在立法和司法上，制定专门的适用于未成年人的法律和程序，设置相应的专门机构和人员。第二个层面，是以未成年人这一群体内部为视角，要求根据每个未成年人的具体情况给出不同的处置和待遇。《北京规则》第1部分

① 盛长富、郝银钟：《论未成年人司法处遇个别化原则——基于相关国际准则的分析》，载《广西社会科学》2012年第4期。

总则的第 5 条规定“少年司法制度应强调少年的幸福，并应确保对少年犯做出的任何反应均应与罪犯和违法行为情况相称”。很多学者将该规定归结为“相称原则”，作为未成年人刑事责任原则之一，并认为它“实际上是大陆法系刑法中罪、责、刑相适应的刑法基本原则的国际化引申”。但是，罪责刑相适应原则并非未成年人刑事司法所强调的重点，在该规定的解释性说明中特别强调了罪犯的个人情况（如社会地位、家庭情况、罪行造成的危害或影响个人情况的其他因素）应对作出相称反应产生影响（如考虑到罪犯为赔偿受害人而作出的努力，或注意到其愿意重新做人过有意义生活的表示），相称原则在大多数情况下表现为视违法行为的严重性给予公正的处罚，作为限制采取惩罚性处分的一种手段。而《北京规则》分则的具体规定同样是对“个别化”的强调而非罪刑相适应，贯穿于未成年人司法程序的每个阶段，并设置了与其相配套的规定，且个别化内容已突破了刑罚的范畴，伴随更多的处置和待遇，刑罚的执行已被“非监禁待遇”和“监禁待遇”所取代。显然，这种个别化已不适合“刑罚个别化”原则。正因如此，王雪梅在探讨未成年人刑事责任原则时直接将之称为“个别化原则”[①]，姚建龙在论述未成年人刑法的基本立场时将其称为“未成年人刑法个别化”原则[②]。但因该原则并不仅仅局限于刑事责任原则，因此将其称为处置待遇个别化更为合理。

二、非刑化原则

未成年人司法非刑化是指在未成年人刑事司法中尽量采取反传统的刑事制度或措施，即尽最大努力做到非犯罪化、非司法化、非刑罚化和非监禁化，以更好地保护未成年人的权益。众多学者已经从未成年人身心的不成

① 王雪梅著：《儿童权利论》，社会科学文献出版社 2005 年版。

② 姚建龙著：《未成年人刑法与刑法变革》，中国人民公安大学出版社 2005 年版。

熟性、犯罪原因的特殊性、刑事化处置的负面影响等方面论证了其必要性。

在相关未成年人司法国际准则中，非犯罪化主要体现在2个方面。第一，限制最低刑事责任年龄，将该年龄以下的未成年人的违法行为认定为非犯罪，同时规定各国对这一年龄不能设定得过低。《北京规则》第4条规定“在承认少年负刑事责任的年龄这一概念的法律制度中，该年龄的起点不应规定得太低，应考虑到情绪和心智成熟的实际情况”。在对该条的解释性说明中提到：如果将刑事责任的年龄规定得太低或根本没有年龄限度的下限，那么责任概念将会失去意义。同时，国际社会对刑事责任年龄的起点认定也日趋统一。2004年通过的《国内法与国际法下的未成年人刑事责任决议》中明确建议：完全刑事责任年龄应该设定在18周岁。立法体系应当确定行为人达到何种年龄才可以适用特殊的刑事司法制度。这种刑事司法制度不应适用于犯罪时不满14周岁的人。而2007年制定的《〈儿童权利公约〉第10号一般性意见——未成年人司法中的儿童权利》规定：低于12岁的最低刑事责任年龄不是国际上可接受的水平。委员会鼓励各缔约国将其较低的最低刑事责任年龄提高到12岁为绝对最低责任年龄，并继续提高最低刑事责任年龄的幅度。第二，限制将不良行为和一般违法行为入罪。一些国家以保护未成年人权益的名义，将未成年人的不良行为和一般违法行为纳入了犯罪圈，即将未成年人不服管教、逃学、流浪街头、公共场所酗酒等行为也视为犯罪，尽管这样做的初衷是为了保护而不是惩罚，但以此给他们贴上犯罪的标签，就难以避免产生标签效应。因此，在《未成年人司法中的儿童权利》中明确规定“刑法甚为通常地列入一些条款，将犯有流浪、逃学、出走及其他行为的一些行为问题儿童列为罪犯，而这些问题行为往往是由于心理或社会经济问题所致。令人尤感关注的问题是，女孩和街头儿童往往沦为被当作罪犯看待的受害者”，《儿童权利公约》也禁止将不良行为犯罪化，规定“任何儿童不得以行为或不行为之对本国法律或国际法不禁止的行为或不一般都将刑事责任能力作为犯罪构成的要件之一行为之理由被指称、指控或认为触犯刑法”。

未成年人司法国际准则极其重视以非司法化方式处置涉罪未成年人。根据《儿童权利公约》第40条第3款第2项规定，在适当和必要时，制定不对此类儿童诉诸司法程序的措施，但须充分尊重人权和法律保障。《利雅得准则》第58条要求各国以此为目的培养致力于此的相关人员，为适应青少年的特殊需要，应培训一批男女执法人员及其他有关人员，尽可能地使他们熟悉和利用各种方案和指引办法，不把未成年人放在司法系统中处置。《北京规则》第11条用4个条款将其作为一项重要制度作了较为全面的规定：一般情况下，对刑事案件，公安机关只有立案侦查权、检察机关只有控诉权，都没有自行处置结案权，否则在形式上就有分割审判权之嫌。但在处理未成年人案件的警察、检察机关或其他机构按照各法律系统以此为目的规定的标准以及本规则所载的原则有权自行决定处置这种案件，无须依靠正式审讯。转向处置设有3个条件：未成年人自己同意、其父母或监护人同意、此种决定在执行前主管当局审查。最后规定：为便利自行决定处置未成年人案件，应致力提供各种社会方案，诸如短期监督和指导、对受害者的赔偿和补偿等。这些社会方案该条称之为观护办法。这就是“转处制度”，以非司法化的方式处理，不是对犯罪未成年人不做任何干预，而是要采取刑事诉讼以外的措施使其得到更好的矫正，同时也要注意受害者权益的维护。

非刑罚化能从根本上消除剥夺人身自由的消极影响，未成年人司法国际准则中很重视对此的规定，一般包括非羁押化和行刑的非监禁化。非羁押化就是在刑事司法中尽量不使用逮捕、拘留等羁押性措施，而尽可能采取替代羁押性措施的拘传、监视居住、保释等非羁押性措施。世界刑法学协会第十五届代表大会《关于刑事诉讼中的人权问题的决议》《公民权利和政治权利国际公约》《儿童权利公约》《哈瓦那规则》《未成年人司法中的儿童权利》等文件均对此进行了强调、规定。未成年人刑事司法国际准则研究规定，羁押的替代性措施应有审慎的适用方式而非成为扩大制裁未成年人的罗网，而且委员会建议缔约国保证儿童能够尽早地从审判前拘禁中获释，必要时可对此规定某些条件。行刑的非监禁化即行刑社会化，是指为了避免和克服监禁刑存在的某些弊端，使刑罚执行服务于罪犯再社会化的目标，在执行刑罚过程中，通过弱化行刑机构的封闭性，拓展罪犯、行刑机关与社会的互动联系，塑造罪犯符合社会正常生活的信念和人格，促使其与社会发展保持同步，最终促成罪犯顺利回归社会。

历来奉行儿童最大利益原则的未成年人刑事司法国际准则对被监禁未成年人的待遇更受关注，《北京规则》第 26 条第 1 款将“监禁待遇的目标”定为“提供照管、保护、教育和职业技能，以便帮助他们在社会上起到建设性和生产性的作用”。该规则接下来的第 28 条、第 29 条则规定了施行行刑社会化的 2 个重要具体措施，即假释措施和半监禁式的办法。对于假释措施，要求“尽可能采用并尽早许可”，且假释的未成年人应得到有关当局和社区的帮助及监督。对于半监禁式的办法，应努力提供帮助未成年人重获社会新生的半监禁式办法，如重返社会训练所、教养院、日间训练中心及其他适当的安排办法。

三、教育、平等及保障诉讼权利原则

教育原则是由未成年人享有受教育权以及他们具有较大的可塑性所决定的，是处遇个别化原则和非刑化原则在逻辑上的进一步深化和必然选择。通过教育矫正的方式使未成年人从内心真正认识到自己的错误和行为的危害性，进而树立正确的人生观、价值观和世界观，通过教授文化知识和职业技能使其健康成长，不但降低了处分和刑罚的痛苦性，而且达到了预防犯罪的治本目的。《刑事司法系统中儿童问题行动指南》中指出，应采取适当的步骤，在逮捕前、审判前、审判和审判后阶段，全国范围都可采用各种替代和教育措施，以防止重犯并促进儿童罪犯改过自新。《北京规则》则规定：应作出努力在诉讼的各个阶段为未成年人提供诸如住宿、教育或职业培训、就业或其他任何有帮助的实际援助，以便利推动改造的过程。对被监禁未成年人的培训和待遇的目标是提供照管、保护、教育和职业技能，以便帮助他们在社会上起到建设性和生产性的作用。《哈瓦那规则》《未成年人司法中的儿童权利》对此作了类似的规定，认为将未成年人接受相应的教育和职业培训作为对管理被剥夺自由未成年人应遵守的原则之一。

平等原则在《北京规则》中的定义，就是“下列最低限度标准规则应公平适用于未成年罪犯，不应有任何区别，如种族、肤色、性别、语言、宗教政治或其他见解、民族本源或社会出身、财产、血统或其他身份地位的区别”。《未成年人司法中的儿童权利》还要求对所有从事未成年人司法事务的专业人员必须进行培训，以及建立增强对未成年罪犯平等待遇和提供纠正、补救和补偿措施的规则、条例或程序。平等是人权的本质属性，是实现正义的底线，未成年人受平等对待的权利也是每个未成年人都享有其他权利的最基本的保证。

保障未成年人诉讼权利原则是指公安机关、检察机关和审判机关在处理未成年人违法犯罪案件过程中，应当充分保障他们的各项权利。由于未成年人身心不成熟，他们应受到特别照顾，所以在司法程序中他们应当享有比成年人更多的诉讼权利。《儿童权利公约》《公民权利和政治权利国际公约》《北京规则》《哈瓦那规则》《未成年人司法中的儿童权利》等文件中，均对未成年犯罪嫌疑人或被告人享有的诉讼权利予以规定，具有不受溯及既往的权利、无罪推定权、被迅速告知被控罪名权、获得法律援助权、要求相关机构迅速处理权、要求其父母或监护人在场权、沉默权、亲自参与诉讼权、免费获得翻译权、隐私权、上诉权。这些诉讼权利的保障，不但能使未成年人受到特别保护，保证他们得到公正处置，还能增强他们的尊严感和价值感，对他们的心理健康产生积极影响。

四、专门化原则与共同参与化原则

专门化原则是从未成年人刑事司法组织运行角度而言，为实现以上各原则的组织保证，未成年人刑事司法在组织运行上应设置专门的组织机构，配备专业化的司法人员，以促进和保证法律上的专门化。对此，未成年人刑事司法国际准则有明确的要求，《儿童权利公约》《北京规则》《利雅得准则》《国内法与国际法下的未成年人刑事责任决议》《未成年人司法中的儿童权利》等都有对应的条文规定，要求未成年人刑事司法的各个阶段都应有相应的专门机构，如未成年人警察机构、未成年人检察机构、未成年人审判机构、未成年人法律援助机构、未成年人监禁机构、未成年人教养机构、未成年人社区矫正机构等，这些专门机构可以在传统的机构内部设置，但这些专门机构都应配备具有有志于保护未成年人工作的事业精神和相应的专门知识特别是未成年人犯罪学、心理学、教育学的司法人员，并应经常组织多种形式的相关培训。

专门化原则并不意味着未成年人刑事司法机构和司法人员自我封闭，恰恰相反，在未成年人刑事司法中，各专门机构应当充分利用各种社会资源，如家庭、学校、社团组织、志愿者等，形成相互协调、共同参与的机制，这就是未成年人刑事司法共同参与的原则。防治未成年人违法犯罪是个复杂的、系统的社会工程。从组织运行上来看，专门机构的单方力量难以完成既预防又治理、既处罚又保护的任务，需要借助广泛而又多层次的社会力量。该原则在未成年人刑事司法国际准则中有着广泛的体现。

从再次犯罪角度而言，未成年人刑事司法是预防未成年人犯罪的一部分，而在历次的预防犯罪和罪犯待遇大会中通过的有关预防未成年人犯罪的决议中无不将其视为全社会的共同责任。《利雅得准则》更是全方位地规定了社会各种机构的责任；《北京规则》中规定应充分调动所有可能的资源，包括家庭、志愿人员及其他社区团体以及学校和其他社会机构，以便增加未成年人的幸福感，减少根据法律进行干预的必要，并在他们触犯法律时对他们加以有效、公平及合乎人道的处理；《未成年人司法中的儿童权利》指出：从许多缔约国的报告中可以明显看到，非政府组织已经在防止未成年人犯罪方面和未成年人司法工作方面发挥重要的作用。

基于上述原则，《儿童权利公约》《北京规则》《东京规则》及《利雅得准则》等国际法律文件形成了一个比较完整的未成年人司法保护标准制度体系，具体如下：

1. 教育感化和惩戒相结合

对犯罪的未成年人进行惩戒不是未成年人司法的唯一目的，更重要的是应该对他们进行教育和感化，寓教于审，惩教结合，使他们认识到自己的错误，帮助他们重新做人，从而便于他们回归社会后能健康地生活。

2. 建立庭前社会调查制度

基于未成年人的特殊性，未成年人法庭要审理好未成年人刑事案件，必须预先掌握未成年被告人的性格特点、家庭情况、平时表现、社会交往、成长经历等基本情况，这也是未成年人法庭对未成年被告人定罪量刑和教育、感化、挽救所需掌握的背景资料，是未成年人司法制度与成年人司法制度的一个重要区别。

3. 处理机构及人员专业化

应建立专门的实施未成年人司法的机构和机关，满足处理未成年人案件的特殊需要，并且指导和训练处理未成年人案件的专门人员，利用专业教育、在职培训、进修课程以及其他各种适宜的授课方式，使所有处理未成年人案件的人员具备并保持必要的专业能力。

4. 避免审前羁押

审前羁押是在有罪判决生效之前剥夺嫌疑人或被告人的人身自由的一种法律状态。审前羁押剥夺了嫌疑人、被告人的人身自由，是对基本人权的侵害，它不仅使“法律上无罪的人”受到了类似有罪的处罚，使被羁押者遭到不利的社会评价，还妨碍了基于人身自由才能享有的其他权利的行使。基于未成年人特殊的身心特点，审前羁押给未成年人带来的不利影响也将更大，因此，应尽可能地避免对未成年犯罪嫌疑人适用审前羁押。

5. 非监禁化

非监禁化要求数量上尽可能少地监禁未成年人，除非在没有其他适当办法时，不得不把未成年罪犯投入监狱；对于不得不投入监狱的未成年犯，应从时间上控制监禁的期限，多适用减刑、假释，以求在“尽可能短的必要时间”内矫正未成年犯；对于已经投入监狱的未成年犯，应尽量减轻对未成年犯的监禁程度，将剥夺其自由的程度限制在最低限度，并就监禁作出特殊安排，同时注意区别罪犯、罪行和监禁机构的种类。

6. 分管分押

分管分押已经成为世界各国未成年人司法制度共同性的基本原则，将未成年犯和成年犯分开关押管理的目的是避免未成年犯被成年犯“污染”而学坏以及被成年犯伤害，因此，不论在审前拘留中，还是在审判处理后的监禁中，未成年人和成年人都应分开看管。

7. 犯罪记录隐形化

未成年人的犯罪事实一旦为社会公众所知，社会公众往往会对其作出否定性评价，这种否定性评价可能伴随其终生。事实上，未成年人犯罪基于其身心特点，自我约束力、控制能力、辨别是非善恶能力较弱，易受外界诱惑，犯罪时盲目性、盲从性较大；而且未成年人犯罪多为初犯、偶犯，其主观恶性、人身危险性普遍不大。同时，未成年人正处于生理发育期、心理成长期，还未形成固定的社会人格，可塑性大，经过社会、家庭的帮教，他们完全可能改邪归正，重新做人。因此，如果对未成年人也如同成年人一样，将他们的犯罪事实广而告之并终身记录，使他们一生都背负着罪犯的“标签”是不公正、不合理的。

8. 迅速及时

与成年人相比，未成年人刑事司法制度更加注重迅速及时，这是由未成年人的身心特点决定的。未成年人具有较大的可塑性，越早进行矫治，效果越明显。而且，案件的拖延使未成年犯罪嫌疑人一直处于惊恐的等待之中，对情绪不稳定、意志不坚强的未成年人来说，无疑是一种煎熬。未成年人在诉讼阶段停留时间越长，矫正起来就越不容易，从而形成对未成年人的“二次伤害”。

第二章 未成年人刑事司法『海曙模式』的实践与思考

自改革开放以来，我国未成年人刑事司法经过前期准备阶段、未成年人法庭阶段及专门性立法阶段的发展，逐渐向现代化方向迈进，逐步形成具有中国特色的未成年人刑事司法制度模式。

海曙法院在未成年人刑事审判方面进行坚持不懈的探索，为我国未成年人刑事司法审判制度的改革、发展作出了积极努力。10 多年来，海曙法院以积极进取、百折不挠的改革精神和勇气，坚持在现行法律制度框架下，立足中国国情，充分考虑现有未成年人刑事司法国际规则，吸收借鉴国外未成年人刑事司法制度的有益经验和做法，大胆探索，不断创新，建立了缓刑听证、社会调查、心理鉴定、公益代理人、帮教基地等制度建设和实践探索，形成了独具特色的未成年人刑事审判“海曙模式”。为此，有必要对审判实践中的做法和成效进行全面梳理，对开展未成年人刑事审判工作将要面临的问题进行分析和思考，为今后未成年人刑事审判规范化运作、可持续发展乃至于立法完善奠定基础。

第一节　社会调查制度

“海曙模式”的社会调查制度主要是指以社会调查的方式对在宁波地区有固定居住地、有可能被判处 3 年以下有期徒刑或拘役的未成年人，聘请社会调查员开展调查并制作调查报告，并以调查报告结果作为量刑，尤其是是否适用缓刑的参考依据的制度。

最早涉及未成年人刑事案件社会调查的相关规定是最高人民法院审判委员会通过的《关于审理未成年人刑事案件的若干规定》。该规定提到“开庭审判前，审判人员应当认真阅卷，进行必要的调查和家访，了解未成年被告人的出生日期、生活环境、成长环境、社会背景以及被指控犯罪前后的表现等情况，审查被指控的犯罪事实和动机”。这是对社会调查粗线条的规定，与此时1997年刑诉法规定的“控辩式”审判方式不相适应，在实践中对调查主体、调查内容、调查方法等具体操作问题都亟待明确和改革。在此背景下，海曙法院借鉴国外做法及经验，在涉及未成年被告人的案件中突破性地设立了社会调查制度，并制定了相关的规范性文件。

一、建章立制、规范流程

为规范未成年人刑事案件中的社会调查工作，海曙法院为此建章立制，专门制定了《未成年人刑事案件审判规程（试行）》，其第5章与《未成年人刑事案件社会调查制度实施规程（试行）》进行衔接，对社会调查制度的对象、方式、内容、社会调查员的选任、权利、回避、奖惩等制定了详细的规则，加强了司法实践中的可操作性。

1. 社会调查的主体

2007年海曙法院在宁波市范围内首推了社会调查制度，明确以丰富社会经验和积极的人格特性作为检验社会调查员的选任标准。

就社会经验而言，1名社会经验丰富的社会调查员，能够打通未成年被告人所在的学校、社区、家庭的沟通壁垒，深入未成年被告人生活中的点点滴滴，全面而深刻地了解未成年被告人的成长经历和教育背景。在社会调查制度设立之初，海曙法院将社会调查员的人选定位在学生群体之中。但经过一段时间的运行，发现由于学生缺乏社会经验，到未成年被告人所在的学校、社区去走访调查时往往遇到障碍，当相关学校、社区拒绝提供与未成年被告人有关的材料时，学生不知道如何解决，使得社会调查工作无法顺利进行，进而无法提交具有参考价值的社会调查报告。因此，海曙法院在此后的社会调查员选任过程中，将社会调查员是否具有社会经验作为较为重要的选任条件。

就人格特性而言，海曙法院侧重于考察社会调查员的爱心与责任心，主要原因在于：大部分未成年被告人都存在一定程度上的心理问题，如道德意志薄弱、是非观念模糊，价值观念扭曲，自私自利、崇尚金钱，这些心理问题作用在未成年被告人身上，使其外在表现为非常典型的玩世不恭、自我放纵、叛逆拒劝、交流困难等行为特征。因此，如果社会调查员对未成年被告人缺乏爱心和耐心，就很难走入他们的内心，无法让他们敞开心扉讲述自己的成长经历和违法动机，社会调查员也就不可能提交一份客观、可信，对定罪量刑具有有效辅助作用的调查报告。

此外，虽然于2013年1月1日开始实施的《最高人民法院关于适用〈中华人民共和国刑事诉讼法〉的解释》第476条及第484条规定了法院作为制作未成年被告人社会调查报告的主体，同时规定了法院可以将社会调查报告的制作委托给未成年被告人居住地的县级司法行政机关、共青团组织以及其他社会团体组织进行调查，但海曙法院启用社会调查制度的举措早于该解释颁布的时间。对于委托对象，海曙法院经过实践发现，街道社工及关工委“银发护苗工作室”的委员具有丰富的社会经验及必要的法律知识，且有比较充足的时间保证，而宁波大学法学院的学生具有参与社会实践的积极性，且具有法律知识和写作能力的优势。海曙法院将两者结合起来，实行“1+1”的调查模式，即1名大学生和1名社工（或1名护苗工作室的同志）结对做社会调查，这样既发挥了大学生的优势，又融合了社工的社会经验，使调查报告更切合实际；同时因为未成年人被判缓刑后也由社工承担帮教责任，有利于判决和帮教工作的衔接。该创新模式比委托给未成年被告人居住地的县级司法行政机关、共青团组织以及其他社会团体组织更具有可操作性，使调查报告具有翔实、客观、理性的特质，而且建议意见既能反映特定被调查对象的个性因素，同时还契合法律的一般规定和刑事诉讼程序的普遍要求，易得到审判法官的认同和接受，对刑事判决起到了积极的辅助作用。

根据上述选任标准层层筛选后，海曙法院的第一批社会调查员最终由宁波大学法学院的学生、海曙区司法局下属的街道社工、海曙区关工委“银发护苗工作室”（由政法系统和机关部门退休的老同志组成）担任，是一支思想素质高、有社会责任感、有一定法律知识的社会调查员队伍。

2. 社会调查的程序

海曙法院在其制定的《未成年人刑事案件审判规程（试行）》与《未成年人刑事案件社会调查制度实施规程（试行）》2 个文件中，对调查程序进行系统规范，规定由合议庭或承办法官根据案件情况报庭长同意后启动，从学生调查员及社工调查员名单中各随机挑选 1 名，出具委托函参加调查，一般要求在一周内完成调查，并制作调查报告。调查员在程序上独立于控辩双方，只对法官负责。

为防止在调查过程中出现徇私枉法、掺杂个人情感等情况，避免报告的不真实性，要求与案件有利害关系的人实行回避制度。同时，社会调查员开展社会调查时，一般要求实地调查，由社会调查员直接到未成年被告人生活、学习、工作的所在地以及其他关系地进行调查。但考虑到案件的不同情况及不同的调查对象，为提高调查效率，也允许社会调查员采取谈话、观察、电话、书信等形式开展调查，必要时也可以以各种形式交叉使用。

3. 社会调查的内容

海曙法院规定社会调查中主要涉及的内容为：未成年被告人的成长经历、性格特点、社会活动、犯罪动机和悔罪态度等。然而，在实践操作过程中，发现社会调查与心理鉴定在显示未成年被告人性格特点这一内容时，会发生重叠，甚至出现截然不同的结论。例如，2012 年 7 月，对未成年被告人杨某所做的社会调查报告与心理鉴定报告出现了矛盾。根据社会调查员所做的犯罪人格报告，认为：“被告人虽有多次前科，并未形成犯罪人格，再犯的倾向比较低，而且被告人尚未成年，本案判决将对其未来发展产生巨大影响。本着教育与惩罚相结合的原则，调查员建议法院从轻处罚。”而相反的是，在杨某的心理鉴定报告中，根据心理鉴定师的分析，认为：杨某“个性倾外露，情绪较稳定”，但具有明显的反社会倾向，缺乏同理心，测验结果可靠。对同一个未成年被告人是否具有反社会倾向的问题上，社会调查员与心理鉴定师得出了相反的结论。对此，我们认为，就性格特点而言，法官在判断采取哪份报告意见时，应侧重采纳心理鉴定报告，理由如下：

首先，社会调查报告的主要目的和任务是全面、客观、公正地反映未成年被告人的成长经历、生活环境，深入细致地分析未成年被告人作案的主观原因、客观原因，为司法机关公正处理和教育、感化、挽救未成年被告人提供重要依据。因此，社会调查报告应具备的首要特征是客观性。而未成年被告人的性格特点，是社会调查员通过未成年被告人的谈吐、表达、神态分析得出的一个主观判断，所以在一份以记载客观事实为首要目的的社会调查报告中，未成年被告人的性格特点应当处于附带地位。

其次，心理鉴定本身是一项非常专业的工作，国家为了区分心理鉴定从业人员的资质专门颁发不同等级的心理鉴定师资格证书，可见不是所有人都可以对人的性格特点作出专业的判断，而社会调查员是从大学生、街道社工和关工委公检法退休的老干部中选任出来的，他们并非心理专业出身，不具备心理鉴定的专业技能，因此在社会调查报告中得出的未成年被告人的性格特点尤其是是否具有反社会性人格的结论，不能作为该未成年被告人是否具有反社会人格的最终结论。

综上所述，我们认为社会调查报告的内容，应当以全面、详细、客观地记载未成年被告人的相关情况为主，对未成年人的性格等主观评价内容为辅，如此才能更符合社会调查制度设立的初衷，形成的社会调查报告才能在未成年人刑事审判中起到应有的作用和效果。

4. 社会调查的形式

根据上述 2 个规程规定，社会调查员开展社会调查后，根据调查的情况、收集的资料，形成社会调查报告，提交给法院，供法官量刑时参考。

关于社会调查报告的法律定性，法律实务界和学术界一直争论不休，有人认为该调查报告具有证据属性，属于鉴定意见、证人证言、品格证据、专家证据或量刑证据，可以让社会调查员出庭接受询问；也有人认为不具有证据属性，仅在法官对涉罪未成年人量刑考量和法庭教育时作为参考。

海曙法院在制定社会调查制度、运用社会调查报告时，对此问题亦进行了认真研究和深入思考。我们认为，从社会调查报告的内容来看，其是对未成年被告人的成长经历、道德品行、个性特点、家庭结构、社会交往、管教方式、社会环境及案发后的态度表现变化等客观情况调查后出具的情况说明或者个人资料，上述情况对法官在量刑裁决时会产生一定的影响，特别是在适用监禁刑还是非监禁刑的刑罚执行方式选择上影响较大，控辩双方应有权被告知报告的内容，同时也有发表自己意见的权利，特别是当调查报告内容不利于被告人时，其有权对该报告的真实性、客观性进行辩解。因此，我们认为，社会调查报告实质上是一份有关量刑的证据，具有证据的属性。鉴于上述考虑，海曙法院在制定社会调查制度时，明确规定社会调查报告须在庭审前提交，先由合议庭对该报告的内容进行形式审查，然后在庭审法庭调查结束法庭辩论开始前的时间段，由参与制作报告的社会调查员出庭宣读该报告，并接受公诉人、辩护人及其他诉讼参与人对该报告相关内容的询问。在法庭辩论阶段，控辩双方也可就调查报告发表各自的意见，最终由合议庭决定是否采纳调查报告的有关内容。

二、社会调查制度的成效

自 2007 年 8 月海曙法院在全宁波市范围内率先推出了社会调查制度以来，共对 224 件未成年人刑事案件启动了社会调查制度，在法庭上对该 224 份社会调查报告进行了质证，其中有 201 份社会调查报告的建议被采纳。该制度的推行不仅弥补了法院办案案多人少、审判人员没有足够精力的缺陷，同时还发挥了社区社工等方面的优势，调动了大学生参与社会实践的积极性，不仅对量刑和刑罚执行方式确定起到了辅助使用，而且为服刑、改造罪错未成年人提供了第一手资料，对未成年被告人准确适用刑罚和教育改造发挥了积极作用。

例如，在审理一起未成年被告人小雨（化名）贩卖毒品犯罪案件中，开庭前承办法官了解到年仅17岁的小雨在侦查、审查起诉阶段都是保持沉默，神情冷漠，根本没有意识到自己触犯了刑法，面临的是刑事指控，更没有任何悔罪表现。承办法官接到该案后，认为虽然案件的事实清楚，证据确实充分，对于定罪量刑没有任何争议，但考虑到小雨只有17岁，她的人生还没有正式启航，其是否还有被挽救的可能，是否还能重新开启新的人生，具有不确定性。不确定性本身就意味着有转变和改造的可能，帮助、挽救罪错的未成年人，本是未成年人刑事司法特殊设计的目的所在。本着对每一个罪错未成年人负责和挽救的强烈责任心，承办法官决定对该案启动社会调查制度。经过详细的社会调查，社会调查员向法庭递交了一份厚厚的社会调查报告书，并当庭宣读。庭上，当社会调查员读到“被告人小雨从小被父母抛弃，跟着爷爷奶奶长大，小学成绩优秀却被迫辍学……”时，曾漠视一切的小雨突然泪如雨下。最后，小雨打开心扉，向法庭供述自己饱受苦难的童年和走上犯罪之路的主客观原因，并真诚悔改，愿意认罪认罚。

在冰冷的犯罪事实中，丝毫看不到未成年人被挽救的希望，而社会调查员出具的社会调查报告，将每个未成年人成长的轨迹更加真实地呈现在法官面前，实现了教育为主、惩罚为辅，突出对未成年人权益保护，实现审判法律效果和社会效果相统一。

三、对社会调查制度进一步优化的设想

司法实践中，尽管法院在对未成年被告人的社会调查中投入了大量的

人力、物力，但受参与人员较少、法律地位不明、刑事案件审理期限短等以下几个方面的限制，致使社会调查报告的内容或建议在量刑中无法充分予以体现。

1. 社会调查员的备选资源不足。当前社会调查员主要由大学生和社区矫正工作人员担任，这些人员的优势在于熟悉未成年人的成长环境并热心于未成年人事业，但劣势是大学生参与调查的时间受限，如寒暑假期间、考试周期间不能参与调查，而社区矫正工作人员的本职工作较忙。我们也考虑过扩大社会调查员的接受范围，但在吸纳时如何保证他们的人品、资质，在操作层面存在较多问题。

2. 对外地籍未成年被告人的社会调查，存在对社会调查的重视与配合度不够的情况。针对法院发送的部分委托调查函“石沉大海”，少数外省司法机关存在对开展社会调查的积极性不高，甚至相互推脱，未能充分认识到社会调查的重要性，存在消极拖延的现象。

3. 社会调查报告内容、形式不一。各地社会调查报告内容不一，部分社会调查报告流于形式，仅仅是对被告人的性格特点、文化程度、家庭背景、人际关系等方面做简单记录，未能真正如实反映未成年人的人身危险性和再犯可能性。

针对上述问题，提出如下建议：

1. 建立未成年人司法专业队伍及机构。未成年人刑事司法制度的完善不仅要有立法规范、组织与机构的构建，还要有专业人员。这些专业人员包括未成年人警察、未成年人检察官、未成年庭法官，而未成年人刑事案件的特殊性也对专业人员的素养提出了更高的要求，除需要掌握基本的办理未成年人刑事案件的业务技能外，还需要掌握一些基本的生理学、心理学、教育学、社会学、犯罪学等方面的知识。

2. 明确社会调查报告的法律地位。建议在立法上明确社会调查员的法律地位，可赋予其等同于证人的法律地位，享有和履行证人的权利与义务，出庭时站在证人席的位置，而调查员出具的调查报告可以作为一种新类型的证据形式，在庭审中接受控辩双方的询问和质证，以确保调查报告的真实性与权威性。

3. 社会调查工作需要专业化、系统化的工作机制。基层司法行政机构的工作人员都应具有较高的文化水平和较强的法律及相关专业知识，在对未成年被告人进行社会调查时，能从客观、专业的角度进行，同时建立管理和监督机制，确保社会调查的质量。

第二节 引入司法心理学

一、“海曙模式”中的心理鉴定制度

2007 年 6 月，海曙法院尝试引入心理鉴定制度，即法院在案件判决前邀请心理咨询师对未成年被告人进行心理测评，分析被告人的心理健康状况，如人身危险性、再犯可能性等，为法院对未成年被告人的正确量刑，尤其是是否适用缓刑，提供参考依据。

社会调查报告是对未成年人家庭、社会环境等外在条件进行一定的了解，针对个别心理有偏差的未成年人，如何更好地了解他们的内心世界，以便法院更准确地掌握其心理健康状况，如人身危险性、再犯可能性，作为是否适用缓刑参考，并为以后针对性地帮教提供依据，心理鉴定制度应运而生。2008 年海曙法院与宁波人和心理咨询师职业培训学校签订了《合作协议书》，确定了由宁波人和心理咨询中心为我院开展心理鉴定制度提供技术和人员支持，同时规定了《关于在海曙区未成年人犯罪审判中引入心理鉴定制度的技术方案》《心理鉴定与评估报告标准格式范例》《心理鉴定与评估同意书》《心理鉴定环境和设备图片》4 项关于规范心理鉴定制度的标准文本，为心理鉴定制度的规范化打下基础。后来基于对心理鉴定模式的优化与改进，我院又与宁波大学心理系暨研究所建立合作关系。

同时，海曙法院就心理鉴定制度在《未成年人刑事案件审判规程（试行）》第五章进行了专章规定，明确心理鉴定由具有国家职业资格的心理鉴定师在庭前进行，同时还规定了心理鉴定项目的设计和选用原则：1. 需要根据未成年人犯罪的常见类型和常见影响因素，如应激状态下激情犯罪、冲动控制犯罪等，选定鉴定项目；2. 针对传统纸笔和计算机心理测试项目经常出现的掩饰、敷衍、装坏、装好、趋中等心理现象，选用投射性测试工具和生理、心理反馈评估工具；3. 考虑到未来司法矫正的需要，鉴定报告既要具有评估功能，又应兼具心理矫治、辅导和训练功能。

心理鉴定制度的建立，给未成年人审判的量刑工作和判后针对性帮教带来极大的便利，通过实践摸索，也被吸收到新刑诉法等相关法律及司法解释中。如在《最高人民法院关于适用〈中华人民共和国刑事诉讼法〉的解释》和《最高人民检察院办理未成年人刑事案件的规定》中明确规定，人民法院和人民检察院经未成年被告人或未成年犯罪嫌疑人及其法定代理人同意，可以对其进行心理测评。

“海曙模式”心理鉴定制度具体分为以下几个流程：1. 法院提前 1 周将需要接受心理测试的未成年被告人名单、基本资料、进行心理测验的时间、地点等通知心理咨询师。2. 被告人或其监护人在心理咨询师的指导下阅读《心理鉴定与评估项目》，在了解鉴定目的与内容后，签署《心理鉴定与评估同意书》后方可鉴定。3. 心理鉴定的形式，除了书面做题、面对面地交流等方式，还采取做沙盘、玩游戏、画图画等轻松活泼的形式，使被测试者能够自然投入测试活动中，提高鉴定结果的准确性。4. 心理鉴定的内容主要是测试被告人的行为与其压力与情绪应对模式、基本人格特征、深层心理机制 3 个方面的关系，从而分析被告人的心理健康状况。5. 为确保测评的严谨性、真实性，鉴定在法院工作人员的陪同下进行。6. 鉴定结束后，心理咨询师应在 5 个工作日出具《心理鉴定与评估报告》，在开庭审理前或法庭教育阶段向法庭提交。

二、“海曙模式”下心理鉴定制度技术方案选择的历史沿革与合理性分析

心理鉴定项目的设计和选用原则可以说是“海曙模式”下心理鉴定模式区别于其他地区心理鉴定制度的精髓所在。在实践中，我们注意到传统心理鉴定所采取的问答、答题等模式存在着非常大的弊端，主要体现在：传统的问答题模式会较明显地反映出测试者设置问题的意图，当被测试者即未成年被告人感知或预感到心理鉴定结果将对其的量刑产生影响，那么他们将尽可能在测试过程中掩盖自己内心的真实想法，对心理测试题目进行“反侦查”，选择对自己有利的答案，使得心理鉴定结果产生误差，不能反映未成年被告人的真实心理，从而使心理鉴定不具有客观性。

海曙法院在引入心理鉴定制度初期，采用卡特尔 16 种人格因素测试表（Cattell’s 16PF test）对未成年被告人进行心理测试。由于 16PF 量表主要以问答做题的形式，一些机敏的未成年被告人很容易通过自我掩饰的方式来误导心理鉴定的结果，使心理鉴定结果造成误差而不具有真实性。因此我们逐渐放弃采用 16PF 量表来进行心理测评，多采取树木人格投射测验、心理沙盘等投射性测试工具和生理、心理反馈评估工具。其中心理沙盘作为目前最有效的测评工具，其更符合未成年被告人的年龄特点，能客观地反映未成年被告人的人格结构基本轮廓及人格缺陷，对找出犯罪原因及制订个性化的矫正方案收效显著。

沙盘游戏（sandplay therapy）主要是使用沙盘、沙，以及有关人或物的缩微模型（沙具）来进行心理治疗与心理辅导的一种方法，属通往无意识内容的积极技术。强调创造过程本身的自发性和自主性是沙盘游戏的基本特点，充分利用非言语交流和象征性意义是它的本质特征。将沙盘游戏应用于对未成年被告人的心理鉴定中，正是利用了其是一种非言语的、无意识层面交流的特征，能最大限度地激活鉴定对象的心灵，触及其情感核心

及深不可测的无意识领域，即各种心理原型，提高心理鉴定的准确性和有效性。

17岁的小阳（化名）因敲诈勒索中学生2700元被提起公诉。庭审前，我院根据心理鉴定制度，聘请心理鉴定师为他做心理鉴定，而正是这个心理鉴定，为小阳争取到了判处缓刑的机会。在本次心理鉴定测试中，心理鉴定师采取的就是心理沙盘的测试项目，在一个相对轻松的氛围中，小阳根据自己的想象画参天大树，并在沙盘里摆出一幅“外婆的澎湖湾”。心理鉴定师对小阳制作的沙盘进行了解读：大树阴影浓重说明小阳不敢直面现实的挑战，外婆、田野、蜡烛象征希望，大海象征未知诱惑，这两方面提示他潜意识中充满了矛盾和挣扎，需要外界帮助他抵抗诱惑。同时，小阳内心深处十分渴望得到亲情和关爱。通过心理鉴定，承办法官看到了小阳内心的苦楚和无助。在综合考虑小阳的犯罪事实、危害程度以及心理鉴定结果之后，法官最终对小阳判处有期徒刑1年，缓刑2年。在接到判决书的那一刻，小阳非常激动，表示愿意改过自新，其家人也表示愿意配合相关部门对小阳进行教育督导，不会让小阳再次走上犯罪道路。

由此可见，心理鉴定制度在未成年人刑事案件中起到了非常正面的作用，不仅能够让法官了解未成年被告人是否具有社会危害性，而且为其缓刑矫正提供了专业依据。

三、心理干预制度融入“海曙模式”

心理干预机制则是在心理鉴定制度基础上筛选出心理健康出现严重问题的未成年被告人，给予他们特别关注与特殊考虑。在司法实践中，我们发现虽然未成年人犯罪的原因多种多样，但大多由心态不良所引发。这种基于不良心态而导致的犯罪行为，是指未成年人犯罪前并没有发生品德的蜕变，而只是遭遇生活事件后处于冲动、激情、压抑等不良状态而引发的犯罪，如果只惩治其行为，而不加以心理疏导和干预，往往难以阻断再度犯罪的根源。从2008年开始，海曙法院在审理未成年人刑事案件时对涉案被告人进行了心理干预和疏导，并在司法实践中逐渐积淀并形成了相对独立的心理干预制度，即在未成年被告人审判中，通过对涉案未成年人和其他诉讼参与人的心理干预，尽量缓解未成年被告人的紧张情绪，并把握其负面或不良的心理状态，帮助其重新建立良好的心理秩序，促使诉讼活动正常开展，同时对合议庭正确定罪量刑、挽救未成年被告人提供科学的参考。

心理干预机制的运行程序主要分为：第一，启动程序。审判人员受理未成年人刑事案件时，联系未成年被告人及其法定代理人，告知他们如果认为涉案未成年被告人自身存在心理障碍，可以向法院申请心理学专家介入进行心理治疗；审判人员在案件审理过程中如果发现未成年被告人存在心理问题时，也可以建议未成年被告人及其法定代理人申请心理干预。第二，庭前疏导程序。在对涉案未成年被告人进行心理鉴定时，由心理鉴定师有针对性地做压力释放，以缓解被告人庭审前的紧张焦虑心理；在了解未成年被告人的成长经历、家庭情况、性格特点、学习状况以及在家和学校的表现时，根据获取的未成年被告人的个人信息，对其本人甚至法定代理人进行心理疏导，缓解诉讼程序中的紧张等情绪。第三，庭审教育程序。在法庭审理阶段，根据对涉案未成年被告人所做的社会调查报告、心理鉴定报告，审判人员、人民陪审员从心理、性格、行为认知等方面分析未成年人走上犯罪道路的成因，从责任承担、未来设计、判决心理预期等方面进行评析，使其真正认识到自己犯罪的根源，找准改过自新的着眼点。第四，庭后矫正程序。在审理未成年被告人刑事案件中，应坚持寓教于审的原则，而教育不能泛泛而谈，必须根据未成年被告人的自身情况，有针对性地进行心理干预，由心理专家对其进行罪因剖析、责任承担、未来设计、心理预期等方面的测评，从心理、性格缺陷等方面分析未成年人走上犯罪道路的不健康心理症结，找到犯罪的深层次原因，从而制订有针对性的疏导方案并进行心理干预，使其不良心理得到矫正。

四、对未成年被害人建立心理救助制度

近年来，未成年人作为被害人的刑事案件数量呈大幅上升趋势。2009年海曙法院受理的刑事案件中，被害人为未成年人的案件数占总数的0.14%，而到2019年该比例上升到了1.67%。且涉及的罪名相对集中在性侵犯罪，并呈现被害人低龄化的特点，最小的年龄只有4岁。相较于成年人，未成年人的心智尚未健全，他们所遭受的身体创伤和精神创伤将更难愈合，严重的甚至无法正常就学、生活。为此，海曙法院建立了对未成年被害人的心理救助制度。即审判人员会了解每个涉案未成年被害人及法定代理人因被侵害对其所产生的影响，询问是否需要提供心理救助，并明确该心理救助仅从帮助被害人及家庭尽快恢复正常生活为出发点，与案件无关。如果被害人及家庭提出申请，法院就会与合作的专业心理咨询师联系，仅提供被害人的基本身份信息，不让被害人在治疗时被贴上特殊标签，使其对心理专家产生信赖感，从而取得治疗成功。

在性侵害案件中，被害人所遭受的是一种严重违反人性、侮辱人格的性掠夺行为。与成年被害人相比，未成年被害人因身心尚未成熟，有的身体受损、精神创伤、学业受阻、情感和道德淡漠会对以后的学业、情感发展，影响巨大，甚至是一生的影响，很多遭受性侵害的未成年被害人甚至其父母害怕别人知道被性侵，都不愿声张、不敢报案。此外，受到性侵害的未成年被害人本身就比较畏惧熟人环境，对案件了如指掌的公安、检察、法院工作人员更是畏惧，并持有戒心，其很难对他们敞开心扉并接受心理咨询。我们在实践中考虑到此问题，将对涉案未成年被害人的心理救助放在与案件无关的专业心理咨询师处，让被害人在一个放松、舒服的环境中，接受专业的心理辅导，这样对被害人进行心理援助，就能够成功地解决他们的心理问题，使他们尽快恢复积极的心态，重塑健康人格，并且有助于被害人恢复良好的社会关系，促进他们重新走上社会。

五、司法心理学在“海曙模式”运行中存在的问题与合理建议

司法心理学在“海曙模式”运行中存在的问题如下：

一是法院的心理鉴定程序与看守所脱节，导致一些心理评估项目无法进行。根据多份心理评估报告分析发现，作为心理评估项目之一的压力与情绪应对模式都因为未成年被告人在看守所关押所以未进行测评，导致了心理评估报告“压力与情绪应对模式”一栏为空白。缺少了该项心理测评项目的心理测评报告显然是不完整的，该份心理测评报告是否还能够反映被测评人的真实心理特征，值得我们思考。

二是心理学专家人数不足。不管是心理鉴定制度，还是心理干预制度、心理救助制度，与法院合作的心理机构仅配备了一名具有专业技术资格的心理咨询师，明显存在人员不足的现象，同时在出具心理鉴定报告的时候仅有一名心理咨询师的签字，这就使得心理鉴定的客观性存有疑问，不利于心理鉴定报告作为一项可靠的资料让法官在量刑时作为参考。

三是进行心理鉴定的场所较小。海曙法院由于场地有限，对未成年人进行心理鉴定的场所比较小，空间比较狭窄和闭塞。较小的空间容易给被测评者带来紧张感，不利于心理测试的进行，甚至有可能对心理鉴定的结果造成影响。

针对目前心理鉴定制度运行过程中存在的问题，对心理鉴定制度的进一步优化提出以下建议：

一是加强司法各部门的统筹协调工作，为心理鉴定制度的顺利运行铺平道路。例如，法院与看守所进行协调，让心理鉴定能够在看守所进行，或者看守所能够将未成年被告人送至法院进行心理鉴定，使心理鉴定所需测评的项目完全进行。在有条件的情况下还要延长心理鉴定的时间和增加次数，通过加长测试时间和增加次数来加强和保证心理鉴定报告的准确性。

二是建立一支稳定的心理专家队伍。设立心理专家库，根据专家的不

同专长进行分类备案登记，在进行心理鉴定的过程中至少配备 2 名心理咨询师。同时加大对未成年人刑事审判法官的心理咨询培训，提升其心理学知识的储备和素养。设立“未成年人心理评估干预室”“未成年被害人心理救助室”，配备相应的软硬件。

三是加大司法心理学在未成年人刑事案件中的经费投入，扩建心理鉴定场所。宽敞、明亮的心理鉴定室能够让被测试者在一个较为放松的环境中进行心理鉴定，有利于心理鉴定报告的准确性。

四是抓紧制定颁布犯罪人格鉴定标准。建议在大规模深入调查基础上，由人格心理学家、社会学家、司法工作者共同制定《犯罪人格鉴定标准》，并由司法部颁布施行，以此指导并规范心理评估与干预。

第三节　公益代理人制度

一、“海曙模式”中的公益代理人制度

虽然我国相关法律法规对未成年人刑事案件中的法定代理人到场制度做过一系列规定，但在司法实践中，我们发现很多未成年被告人的法定代理人不到庭现象时有发生，究其原因，主要是路途遥远、经济困难、父母离异，甚至还有些未成年人顾虑到家庭的声誉，不肯告知自己的真实姓名、家庭情况。为切实保障未成年人的合法权益，避免因法定代理人缺位而产生救济盲点，海曙法院创造性地建立了公益代理人制度，制定了《公益代理人制度试行规程》，让公益代理人作为未成年被告人的代理父母参加庭审，弥补了法定代理人的缺失问题。

通过实践摸索，海曙法院又将该项制度前置到侦查、审查起诉阶段，拓展公益代理人的活动范围，让其尽早介入整个案件侦查、起诉阶段，让

更多法定代理人不能到庭的未成年被告人受益。为此，2011 年 3 月，由海曙法院牵头，与区检察院、公安局联合出台《海曙区公益代理人参与未成年犯罪刑事诉讼程序实施规程（试行）》（以下简称《规程》），明确规定在处理未成年被告人刑事案件时，对于其法定代理人正在服刑、藏匿、失踪、死亡或因经济困难、路途遥远无法出庭的未成年人，由受委托的热心未成年人工作的人员作为公益代理人代为行使未成年人法定代理人在刑事诉讼中的各项权利，包括在侦查阶段和审查起诉阶段，从而切实保障未成年犯罪嫌疑人、被告人的合法权益。《规程》同时就公益代理人的聘任与管理、权利和义务，公益代理的对象和内容、工作程序作了明确规定。

在对公益代理人的选任方面，采取单位推荐和社会公开招聘相结合的方式，经法院选拔后，对符合条件的人选，由法院下发聘任证书，聘期为 1 年，期满后，对时间充裕、工作热情高、能力强的公益代理人，在本人自愿的前提下，可以续聘。《规程》规定，公益代理人应当具备以下条件：

1. 作风正派，责任心强，热心从事教育、感化、挽救失足未成年人工作；

2. 具备一定的教育管理未成年人的生活经验和知识水平；

3. 由本人所在单位或社区推荐；

4. 身体健康，具有教育挽救未成年被告人和出庭担任公益代理人的时间和精力；

5. 具有较强的语言表达和分析判断能力；

6. 具备一定的法律知识。

《规程》还规定，公益代理人的日常管理由法院负责，实行量化考核，对参与公益代理工作 1 年以上、陪同接受讯问或出庭 3 次以上的公益代理人，或有其他突出表现的，在与公安机关和检察院协商，听取相关意见后，由法院授予“优秀公益代理人”称号；对无正当理由 2 次未按相关要求到场或出庭，或出现违法违纪行为的公益代理人，取消其公益代理人资格。

公益代理人依照《规程》享有权利和履行义务：1. 在侦查阶段、审查起诉阶段陪同未成年犯罪嫌疑人接受讯问；2. 可以申请办案人员回避；3. 为被逮捕的未成年犯罪嫌疑人申请取保候审；4. 可以为未成年犯罪嫌疑人、未成年被告人聘请律师或申请法律援助；5. 出庭参加庭审，享有参与辩护、发问以及未成年犯罪嫌疑人的法庭教育和判后延伸帮教工作的权利；6. 侦查、审查起诉阶段，如未成年被告人未委托辩护人，经办案单位许可，可以向办案单位了解未成年犯罪嫌疑人涉嫌的罪名和有关案件的情况，或查阅、摘抄、复制本案的诉讼文书、技术性鉴定材料；7. 为未成年犯罪嫌疑人提供法律咨询、代理申诉、控告；8. 申请收集、调取相关证据、通知证人出庭作证。

公益代理人还可以对未成年被告人的性格特点、家庭情况、社会交往、成长经历等情况进行社会调查，并可以向法庭提供社会调查报告。同时，公益代理人应当履行学习并掌握与工作相关的法律、法规；遵守刑诉法以及相关法律及司法解释的有关规定，切实保护未成年犯罪嫌疑人、被告人的隐私权和名誉权；依法保护未成年犯罪嫌疑人、被告人的人身权利、财产权利、诉讼权利以及其他一切合法权利；积极向被代理人的未成年犯罪嫌疑人、被告人宣讲法律知识，帮助其改过自新；因故不能到场或出庭的，应及时告知管理部门等义务。

公益代理人在审判阶段的具体运作程序：1. 法院受理未成年人刑事案件后，对于法定代理人不能出庭的未成年被告人，由法院工作人员通知公益代理人参与诉讼。2. 公益代理人享有阅卷、与未成年被告人会见、通信以及调查取证等与法定代理人同样的诉讼权利。3. 公益代理人负有在庭审前与未成年被告人充分交流、疏导心理情绪、加强法制教育的义务，并作为公益代理人陪同未成年被告人出庭接受询问、配合法院做好对未成年被告人的思想教育工作。

二、公益代理人制度在未成年人审判中初显成效

2014 年 5 月 6 日，《东南商报》刊登了一篇《“代理妈妈”真情感化未成年人犯》文章，该篇文章是对我院审理的一起未成年人刑事案件的真实

写照，公益代理人在庭审及判后帮教中发挥了重要作用。

2014 年 3 月，16 周岁的小强（化名）因盗窃车内财物被警方抓获。小强来自国内某省份，案发后，始终无法联系到其父母。法庭上，出庭的是他的“代理妈妈”岑女士。关进看守所后，岑女士经常去看望小强，与他谈心。8 月 21 日，小强即将刑满释放。为他今后的生活着想，岑女士还替他找好了工作。昨天，在看守所，记者现场见证了这段没有血缘关系的亲情。

（一）“代理妈妈”亲似生母

昨天上午 10 点多，岑女士提着一包衣物到了看守所。几分钟后，管教民警把小强带了出来。见到岑女士的一刹那，小强很激动：“前几天您刚来过，没想到您又来看我了。”

岑女士给小强带去的是衬衣、裤子、袜子等衣物，全是新的。“21 日我要出差。你出去后就去那个饭店找经理，我都给他说好了的。”“你还那么年轻，以后的路长着呢。一定要记住这次教训，好好工作……”

虽然才 16 周岁，但小强看上去很结实，个子也挺高。尽管如此，还是无法掩饰他脸上的稚气。听着岑女士的话，他不停地点头。

不知道的人还以为，他们是感情深厚的母子俩。其实，他们毫无血缘关系。岑女士认识这个问题未成年人，还是在今年 7 月的海曙法院法庭上。

（二）交友不慎成了问题未成年人

小强出生在一个贫穷的山村，有个哥哥。因为淘气，他自小就不讨父母的喜欢，经常遭到父母的责骂，也挨了哥哥不少打。初中还没毕业，他就辍学在家。15 岁不到，他就跑到宁波自谋生路。

刚开始，他在慈溪一家打火机厂找了份工作，每天工作 10 多个小时。2 个月后，一次工作中，他被火烧伤了脸，耳朵也被烫伤。老板随后就辞退了他，不但医药费没着落，工资也没拿到。

因为年纪小，他不懂得维权，就这样离开了那家公司。后来他又在一家电子厂找了份装配工的活儿，每个月有 800 多元，日子还算过得去。

那年春节后，他从慈溪来到了宁波市区，在江东一家快餐店做服务员。后因同厨师打架，他在快餐店就待不下去了。就是在这个时候，他结识了一个老乡，开始跟着这个老乡混。

老乡带着他吃喝玩乐，没有经济来源的他开始跟着老乡一伙人小偷小摸。渐渐地，他们开始撬盗车内财物。在某次作案时，他被海曙警方抓获。

（三）公益代理人出庭做代理妈妈

案发后，警方试图同小强的父母取得联系，但始终没有成功。这样一个有问题的未成年人，判刑之后怎么办？出来后又该如何帮教？岑女士就是在这个时候出现的。

2019 年 9 月初，海曙法院向全市招募公益代理人，当时很多热心市民踊跃报名。3 个月后，海曙法院向 10 位市民颁发了聘书，岑女士就是其中一位，目前从事教师职业。

7 月初，岑女士接到法官的电话，说有个未成年人案件要审理，让她以公益代理人的身份出庭。

岑女士向记者回忆了当时的整个过程。

接到这个电话，我心里也挺忐忑不安的。很多人一听罪犯二字，几乎都有一种本能的排斥，本能地想离得越远越好。我很理解这种心理，所以当初申请公益代理人的时候，也是瞒着家人的，怕他们一时接受不了。罪犯，对我来说，是非常陌生的一类人，如今我却要以妈妈的身份去面对。

那天晚上我一夜都在想象着我将面对的是有罪的“儿子”。他做了什么坏事？我该跟他讲些什么？他能否管教得好？在我心里，他毕竟还是个未成年人，我担心的不是我如何面对，而是我是否有能力让他回归正常的生活。

到法院后，法官给了我检察院的起诉书。了解了整个案情后，我提出在开庭前见见他。法官把我带到羁押室，他穿着囚服，戴着镣铐，长得比我想象中要高大。我们隔着铁栅栏，我告诉他，你爸爸妈妈没有联系上，所以法院让我做你的代理妈妈。他乖乖地点点头，说知道了。不知怎的，我那时流泪了，就像他真是我的儿子。我忍不住像妈妈一样责备他，为什么要去偷别人的东西。

开庭了，他戴着镣铐站在被告席上，认罪认罚，时不时朝我坐的方向看。那眼神分明是未成年人的眼神，有一种依恋，有一种期盼。

法院考虑到他作案时系未成年人，归案后主动交代，认罪态度很好，作出了拘留 5 个月的从轻判决。

（四）给未成年人找好工作　准备再报培训班

完成了公益代理人的程序，岑女士的心里却无法平静：他还是个未成年人，父母又不在身边，今后的人生之路该怎么走？多少次，一想起小强在法庭上看她的那种期盼的眼神，她就决定：一定要帮他。

8 月 3 日到看守所看望了小强后，岑女士就在考虑一个问题。他出来后身无分文，工作又没有着落。如果没人照管，任其自生自灭的话，后果可想而知。

岑女士知道，像这样的问题未成年人，找工作是他们的一道坎，岑女士到处托人，在小强还未出狱之前，已给他联系好了一家餐馆。

得知岑女士为自己操了那么多的心，小强哽咽，“不知该叫您阿姨还是叫您干妈。”“不管你叫我阿姨还是叫我干妈，我都会引着你走向新生。”岑女士说，接下来，她还打算让小强抽空上个培训班，提升他的技能。面对母亲似的关爱，小强承诺，出去后一定好好做人，无论工作多累多苦，他都会好好地干下去，否则就对不起包括岑阿姨在内的那么多热心人士的关心和帮助。

“从小到大，还没有人对我如此真诚地说话。”小强告诉记者，父母不喜欢他，即使知道他犯事了，父母也不会露面的。那天，听说岑阿姨要做他的代理妈妈，他真的很惊喜。进了看守所后，看到有的人总有家人送来东西，他好羡慕。虽然他也知道父母不会来，但他还是盼望奇迹会出现。没想到，

8月3日那天，奇迹终于出现了，看管民警叫他，说有人来看他，给他送东西来了。他喜出望外，出来一看，愣住了：前来看他的不是亲生父母，而是他的代理妈妈岑女士。那一刻，他真的很想流泪，但忍住了。在看守所里，岑女士给他讲了好多做人的道理。虽然会面的时间不长，但对小强的震动却不小：“从小到大，还没有哪个人如此真诚地同我说这么多的话。那时，我有了一种温暖的感觉。”

本案中，小强由于不受父母喜欢、被哥哥打骂，独自外出谋生，交友不慎又误入歧途，走向犯罪的道路。但是在海曙法院的公益人代理制度下，“代理妈妈”岑女士的出现拯救了他。岑女士的关爱给了他一种从未体验过的温暖的感觉，在岑女士的帮助下，小强迷途知返，重新回归社会。

就法律层面而言，公益代理人代为行使法定代理人的各项权利，避免了未成年犯罪嫌疑人、被告人因法定代理人缺位而产生的救济盲点，而且代理人的社会经验比较丰富，能够较好地理解诉讼过程，帮助未成年人行使其享有的诉讼权利，以充分维护未成年人的合法权益。

就教育感化层面而言，大部分的未成年人犯罪究其根源是家庭教育不当，如许多父母文化程度不高，经常打骂未成年人，缺乏耐心细致的说服教育；子女染上恶习，父母没有及时纠正；父母离异导致未成年人得不到有效的监管等。公益代理人充当“代理父母”“关爱妈妈”的角色，能够稳定未成年人的情绪，克服紧张心理，为未成年人提供心理上的支撑。公益代理人坚持对未成年人教育和保护相结合的原则，给予未成年犯罪嫌疑人、被告人关爱，对其进行正确的引导和教育，坚持判后帮教，帮助误入歧途的未成年人更好地回归社会。

三、“海曙模式”下公益代理人制度运行的考察

2010年至2014年8月，公益代理人参加诉讼的案件已达25件，且已有不少成功的案例。为了进一步提高公益代理人队伍的整体素质，2014年海曙

法院与海曙区关工委联合成立了“银发护苗工作室”，聘请从当地公安、法院、检察院、司法局等专业机构退休下来的老同志以及部分高校老师担任公益代理人，成为全省首个由专业人士组成的公益代理人队伍。但在实践中，该制度在运行过程中还存在一定的缺陷和问题。

1. 没有深入了解，缺乏沟通基础

在通常情况下，未成年人与公益代理人见面前是两个互不认识的陌生人，公益代理人不熟悉未成年人，也不知道该从哪方面着手来帮助他（她），而未成年人也往往会产生“他（她）是谁，他（她）是否会帮我”的困惑。虽然两者会进行一定的沟通交流，但交流非常简单，甚至多数情况下只是办案人员向未成年人说明一下公益代理人的来意，双方相互点下头就算认识了，根本不可能达到互相了解、互相信任。此外，大部分案件的办案时间紧张、工作量大，往往出于案件效率的优先考量，公益代理人和办案人员对于没有明显情绪问题的未成年人，不会再单独留出大量的交流时间。

2. 缺乏精准对接

由于公益代理人数量有限，与未成年人的对接尚不能做到完全匹配，会存在需要其到场参与诉讼时因临时有事、找人替换等情况，致使 1 个公益代理人并不能一直跟着一个未成年人至案件的结束，而接替人员又往往是随机指派、临时上阵，缺乏对未成年人具体情况的了解，不能很好地保障未成年人权益。

3. 未成年人的选择权无法体现

在司法实践中，公益代理人是否参与未成年人刑事案件的启动权属于办案机关，因为当未成年被告人的法定代理人、近亲属等无法到场或不愿意到场时，就会启动公益代理人制度，而不需要考虑未成年被告人的意见。办案人员从公益代理人员库内挑选后直接把公益代理人带到讯问地点，并不需要提前询问未成年被告人意见。

4. 缺乏有效的考核机制

公益代理人在未成年被告人被讯问时到场、参与庭审，但因缺乏对其的考核机制，难以正确评价他参与刑事诉讼的作用是否真正发挥，同时缺乏监督机制，活动的开展只能有赖于公益代理人有充足的时间以及对未成年人司法保护工作持续的热情，但随着时间的拉长，这种热情必定会下降，从而程序化、机械化地走过场现象日趋严重。

针对目前公益代理人制度运行过程中存在的问题，笔者就进一步优化该制度提出以下建议：

1. 尊重未成年被告人的选择权

在未成年人刑事案件的诉讼程序中，当未成年犯罪嫌疑人、被告人的法定代理人、近亲属不能到场或者不愿意到场的情况下，办案机关启动公益代理人制度时，可以告知未成年人，询问其意见。同时可以赋予未成年人申请变更公益代理人的权利，即当未成年人认为公益代理人未尽责保障其权益时，可以向办案机关申请变更公益代理人，但必须说明理由，且该权利仅限使用 1 次。

2. 规定提前沟通的强制程序

保障公益代理人与未成年犯罪嫌疑人、被告人的审讯前沟通十分必要，特别是在未成年人初次接受讯问时。在未成年人初次见到公益代理人时，通过适当的沟通交流有利于两者增进了解、缓解未成年人的紧张情绪、初步建立相互信任的关系，对公益代理人之后的参与诉讼效果有直接的影响，具有底线意义。因此，有必要在规范性文件中对公益代理人与未成年人之间在审讯前沟通交流的最低时间、具体操作流程和相应的约束性条款等作出规定，以便减少未成年人在交流过程中的心理障碍，使其能展现自己的真实想法，主动求助，取得沟通的实效。

同时在理想条件下，未成年人与公益代理人的沟通应保持到刑事诉讼结束之后，使得公益代理人能够完整地发挥其在教育未成年人方面的作用，帮助未成年人更好地成长，使其重新回归社会。

3. 逐步实现公益代理人的专职化

面对公益代理人数量不足，无法实现精准对接的情况，应适当扩大公益代理人的选任范围，在满足选任标准的前提下，把未成年人保护组织的代表、致力于保护未成年人的志愿者、社区矫正机构的人员等都包含进来，这也是保证公益代理人的数量以及未成年人的选择权的必然之路。同时，新加入的公益代理人均应接受就职前的专门培训，以保证其作用的充分发挥。

第四节 缓刑听证制度

一、“海曙模式”中的缓刑听证制度

自 2006 年 4 月，海曙法院在未成年人刑事案件中推行缓刑听证制度，即在审理未成年人刑事案件时，在查明案件事实和量刑情节的基础上，以未成年被告人的利害关系人为主体，邀请检察机关、社区代表、派出所等单位的代表，以听证会的形式围绕未成年被告人是否适用缓刑展开讨论，在参照评议结果的基础上，法院作出是否宣告缓刑决定的制度。

听证制度源于英美，是正当程序的必然要求，即指权力的行使必须合法、公正，对公民权利的限制和剥夺必须充分听取当事人的意见。听证程序在我国最初应用于行政法领域，后将其引入刑事审判对量刑进行听证即缓刑听证程序。虽然司法界对缓刑听证制度存在不同的声音，反对者主要是从司法成本角度质疑该制度的必要性和正当性，甚至从无罪推定的角度予以批判，但总体来说，在实践中对缓刑听证制度多数还是持支持态度。从效果上来看，缓刑听证制度也可以起到定分止争、减少缓刑对刑法正义冲击的效果，使得被判处缓刑的被告人更容易融入社区。而《刑法修正案（八）》的立法规定将为缓刑听证制度的广泛开展提供更大的立法根据和适用空间。从落实立法规定的需要来看，最好的方式无疑是促使被害人和社区的参与，重构缓刑裁量的参与权。由此观之，缓刑听证制度在立法推进和司法实践

不断成熟的基础上，运用也会更加广泛。

海曙法院经过充分论证后，为准确了解未成年人的性格特征、犯罪原因、其所处的家庭及社区环境，精准量刑和更好地衔接判后帮教工作，于2006年4月在浙江省范围内首先设立对未成年被告人量刑时适用缓刑听证的制度。

二、“海曙模式”下缓刑听证制度的运行模式

过去，我国的刑事审判制度过于强调审判机关的独立性和专有性，在考虑未成年犯的缓刑问题时，往往忽视被害人、社区等多方的意见和诉求，对缓刑的适用只着眼于法官裁量权，在实践中造成了学界和民众对法官自由裁量权过大的批判，甚至造成对缓刑价值的怀疑。

在此背景下，海曙法院首次设立的未成年犯缓刑听证制度，率先在未成年人刑事审判的司法实践中展开探索，使未成年犯的缓刑程序更加透明，使量刑结果更加准确，同时为判后延伸帮教工作提供了参考，能够在最大程度上减少其再犯的可能性。

经过实践探索，海曙法院为规范缓刑听证制度，制定了《缓刑听证规则》。制定该规则时遵循了以下原则：第一，严格保障未成年被告人的合法权益原则。因未成年被告人处于弱势地位，在启动对其是否适用缓刑听证程序时，应确保其得到相关听证事项通知的权利，有申请相关听证参与人回避的权利，有陈述、申辩的权利，有委托辩护人参加听证的权利，有对听证笔录进行审核的权利等。第二，司法中立原则。该原则要求法官不得偏听偏信，平等、客观地对待各方当事人所表达的意见，不得在一方不在场的情况下听取另一方的意见，同时在听证过程中也应保证被告人及其他听证参与人平等地享有通知、发表意见等权利。

该规则的主要内容有：一是规范适用范围。可以适用缓刑听证的未成年被告人一般需要符合以下条件：可能被判处3年以下有期徒刑或拘役；有固

定的住所。二是规范听证时间。缓刑听证会一般应在案件开庭审理结束后、宣判前召开。三是规范参与主体。参与听证的人员一般包括：案件承办法官或合议庭组成人员、公诉人、未成年被害人的法定代理人、被告人就读学校代表、居住的社区、村委会代表、公安机关的片警以及对被告人承担帮教责任的其他单位或组织代表等。四是规范听证内容。缓刑听证会上，主要就未成年被告人犯罪情节、悔罪表现，再犯可能、社区改造环境、家庭责任、配合考察单位或基层组织责任、缓刑考察期间的义务是否能切实履行等内容进行调查核实。听证结束后，由案件承办人与合议庭成员综合听证情况和案情进行分析、评估、判断，最终作出对未成年被告人是否宣告缓刑的决定。

在规范听证会参与人员时，未将未成年被告人列入名单，主要是由于参加听证会的人员与未成年被告人或是以前在生活中有所认识了解，或是在案发后对其有接触了解，故未成年被告人应当回避，以保证参会人员能够如实表达自己的缓刑意见，公正评价未成年被告人。关于人员的选择，主要考虑到以下几点：第一，未成年被告人的老师、父母。这类人员与未成年被告人关系密切，往往掌握了解未成年人的日常行为表现、家庭状况和教育状况，能够在一定程度上反映未成年人的性格、心理状况及犯罪的成因等情况，必定会对法官在量刑判断时产生影响。第二，公安机关和社区人员。这类人员能够反映、评析未成年人的犯罪行为对社会、社区造成的影响，同时能够对其犯罪心理作出一定的解释，并对未成年人适用缓刑、进行社区矫正的效果作出一定程度的预估，并以此作为是否对其宣告缓刑的考量因素。第三，检察人员。因检察人员需要对听证程序的合法性进行监督，通过对法律适用的解读和把握，对听证会上各方提出的意见进行合法性的审核，既是保证缓刑建议权威性的需要，更是保证量刑建议合法性的需要。在此基础上，海曙法院在确定缓刑听证会参与主体时，把检察人员、未成年被告人户籍所在地公安机关、社区居委会干部、学校老师及法定代理人作为主要参与主体。

在设定缓刑听证的内容时，一般以被告人是否有悔罪表现、有无再犯罪危险及对所在社区有无重大影响等作为主要内容，从而判断未成年被告人是否“具有悔罪表现”和“不再危害社会”。因为在检察机关移送的卷宗材料中，法官很难得知未成年被告人的家庭情况、自身表现、周围环境、性格特征、回归社会的难易程度、矫正的条件等。而这些信息多半是从社区代表口中获得。因此，海曙法院在设计缓刑听证内容时，将听证的内容主要围绕未成年被告人的犯罪情节、悔罪表现、再犯可能、社区改造环境、家庭责任、缓刑考验期间的义务是否能切实履行等展开，然后据此作出是否对未成年被告人宣告缓刑的判决。

三、“海曙模式”下缓刑听证制度运行的考察

通过几年的实践摸索，我们发现缓刑听证制度在未成年人刑事审判中起到了积极的作用。

一是限制法官的自由裁量权，保障缓刑裁判的公正性，更好地保护未成年人的健康成长。在传统的司法实践中，缓刑裁判更多地是依靠法官的主观认知进行自由裁量，通过对该未成年被告人的个人了解程度，结合法官的自身素质作出判断。但由于司法力量的不足，侦查机关、检察机关对量刑情节事实调查的认识不到位，案卷中往往缺乏有关未成年被告人的成长经历、家庭教育、交友情况、犯罪成因等材料，无法反映其的人格、心理、性格等特征，法官无法全面了解未成年被告人。虽然存在社会调查制度和心理鉴定制度，但对未成年被告人是否适用缓刑以及对其进行社区矫正会遇到的困难均无法得到直接的信息或预判，在此情况下，增设缓刑听证制度，让熟悉未成年被告人及将对其进行帮扶矫正的相关人员充分表达各自的想法，各抒己见，不仅可以大幅度地提高缓刑适用的精准度，使得缓刑适用成为真正的“阳光操作”，降低法官个人行为对案件的影响程度，起到约束法官自由裁量权、有效防止司法腐败；还能更好地实现对未成年被告人

判后的矫正效果，保障他们的合法权益。

二是保障民众的知情权与参与权，实现法律公正。对未成年被告人适用缓刑是为了让他（她）在社会中接受教育改造，重新回归社会。而对未成年被告人的量刑情况，直接关系到被害人、相关社区民众等群体的利益。在原先的制度设计中决定是否适用缓刑时将上述人员完全隔离在外，没有知情的途径和参与的可能性，无法保障他们的合法权益。缓刑听证制度的设立，让被害人、社区、检察机关等不同群体在法官进行缓刑裁决前充分发表各自的意见，全面反映未成年被告人的人格、社会危害性、犯罪成因、矫正回归可能性等情况，为法官是否对未成年被告人适用缓刑提供参考，同时兼顾各方群体的利益，维护法律的公正，实现法律效果与社会效果的最大化。

三是保证社区的参与，增强社区的安全感并促进未成年犯重新融入社区。一方面，由于缓刑是将未成年犯放在社区接受社区矫正，但对于其是否会重新犯罪存在很大的不确定性，因此，未成年犯对接受矫正的社区仍然存在一定的威胁，让社区代表参与缓刑听证会，从一定程度上来说，尊重被执行缓刑的社区居民的知情权。此外，社区也可以对未成年犯执行过程中的表现进行监督，减少社区与未成年犯的对立，促使其重新回归社会。

迄今为止，海曙法院共举行了30多次缓刑听证会，都落实了对被判缓刑的未成年犯的相应帮教措施，重新犯罪率为零。如被告人马某、周某强奸一案，被告人马某与被害人小花系男女朋友关系，两人在宾馆约会时，马某不顾小花的反抗，要求好友周某帮助，强行与小花发生了性关系。案件在法院审理期间，两被告人的辩护人提出本案的2个被告人和被害人均是在校学生，马某与被害人又是男女朋友关系，在约会过程中马某强行与被害人发生性关系；而周某作为马某与小花的好友，仅知道两人系男女朋友关系，并不知道马某的行为构成犯罪，作为被害人的小花在案发后也未报警，而是跟着马某到篮球场，看马某打篮球。本案系因小花的父亲从他人处得知才报案的，本案两被告人的行为与普通强奸案件有所区别，主观恶性也比较小，被告人在实施犯罪行为时并未考虑后果，且两被告人到案后对自己的犯罪行为供认不讳，希望法院根据“教育为主、惩罚为辅”的原则，对两被告人适用缓刑。为此，合议庭启动缓刑听证程序，邀请被告人户籍所在地的公安机关、检察院、社区居委会干部、学校老师、被害人法定代理人及未成年被告人的父母参加听证会，全面了解2名未成年被告人的家庭环境、学校表现、判后帮教实施条件及被害人法定代理人对量刑的处理意见等情况。

在听证会上被害人法定代理人看到了两被告人的悔罪态度，了解了他们的成长经历、家庭环境，改变了之前一直坚持不谅解的态度，从1名学生家长的角度表示对2名未成年被告人感到惋惜、表示谅解，希望法院给2位年轻人一次机会；2名未成年被告人的法定代理人从家庭教育、自身存在的问题反思了对未成年人教育存在的问题，表示如果法院给两被告人一次机会，他们会珍惜机会，并积极做好对未成年人的家庭教育工作；学校代表表达了会积极配合帮教，但也提出在判后帮教中存在的困难及问题，如两被告人回归学校后，因校内对两被告人涉案情况已有谣传，是否会对两人造成心理影响，不利于改造，为此法院联系了心理咨询师对该问题进行了评估，同时也对两被告人进行了心理辅导和疏导；社区代表也表达了愿意为2名被告人顺利回归社会尽一份力；检察人员从风险评估等方面，也给出了缓刑建议。最后，合议庭在综合上述意见的基础上，最终决定对2名未成年被告人均适用缓刑，并同时落实了判后的帮教人员和具体帮教措施。截至目前，2名未成年被告人已顺利回到学校，矫正效果极佳。

当然，在缓刑听证制度运行过程中，我们也发现了一些问题：1. 现有的司法资源难以支撑缓刑听证制度的运行。开展一次缓刑听证会，往往需要法官消耗大量的时间和精力去联系参加听证会人员，安排和协调会议，在追求司法效率的情况下，法官往往不会轻易启动该程序；因此我院创设了社会调查制度，委托社会调查员对被告人的成长经历、家庭环境、帮教条件等情况进行调查，并提出是否判决缓刑的建议，供法官在量刑时予以参考。现在仅对那些社会调查报告做得不够详细，被告人与被害人的情绪比较对立，法官对是否判处缓刑难以决择的案件，启动缓刑听证程序，作为对社会调查制度的有力补充。2. 缓刑听证结果的证据效力不足。缓刑听证的本质是因为社会调查成效不足所产生的需要进一步了解未成年被告人的社区改造环境、家庭责任等信息，其证据效力事实上是依赖于社会调查报告的证据效力，在社会调查报告的证据效力未被严格规范的前提下，缓刑听证的结果效力也有待商榷。

第五节　个性化帮教制度

一、“海曙模式”下个性化帮教制度初探

在司法实践中，我们发现每个未成年被告人的个性特征、犯罪原因、家庭情况及人际交往等方面都存在差异，如果不予区分，实行“一刀切”模式开展帮教工作，就有种重拳捶在棉花上的无力感，流于形式。特别是对处在青春期的未成年犯来说，如果考察帮教落实不够，仍然处于原先的环境中，很容易导致再犯。因此，根据未成年犯的自身特点，制订有针对性的帮教考察方案，让个性化考察帮教符合教育、感化、挽救涉罪未成年犯的方针。海曙法院通过整合各种社会资源，建立未成年犯个性化帮教制度，注重对未成年犯尤其是缓刑犯的帮教工作，及时了解未成年犯改造情况，为未成年犯改过自新、重归社会提供良好的环境。

（一）建立动态化的帮教制度

为了对未成年犯进行有效的跟踪帮教，海曙法院将帮教工作纳入制度化

轨道，对未成年犯实行动态管理，使他们在既约束又相对宽松的环境里改过自新，避免其因脱管失控而重新走上犯罪道路。一是建立帮教档案。由承办法官负责判后帮教，及时记录帮教情况，实行一人一档信息管理。内容包括未成年犯的基本情况、被判罪名、刑罚期限、帮教责任人、改造进程等。二是坚持定期回访。每年组织法官、公益代理人、“关爱妈妈”等到省未管所进行“同在蓝天下，感受司法阳光”的回访帮教活动。对他们进行法制教育、思想觉悟和行为规范引导，并赠送学习用品、生活用品，使他们走上改过自新之路。对缓刑未成年犯每季度进行一次回访，听取帮教责任人的汇报，了解帮教对象的工作、生活及其思想状况。同时，加强法制教育，解答心理疑惑，督促缓刑犯加强自我约束，避免出现反复。三是强化动态分析。根据未成年犯的思想动态以及日常表现，进行阶段性分析，综合考察帮教得失，以便及时发现和处理、解决问题。对帮教进展缓慢的，及时调整工作计划，增强措施的针对性。

（二）开展个性化的帮教活动

为帮助未成年犯重新树立生活信心，尽快融入社会，海曙法院根据以人为本的原则，认真研究确定帮教对策，提供个性化矫治方案。一是建立监管令制度。为避免未成年缓刑犯因家长疏于监护，重新走上犯罪道路，除在审理案件过程中通知法定代理人到庭参加诉讼外，还实行监管令制度，即在对未成年被告人宣告缓刑时，向家长一并送达《监管令》，要求其切实履行起对未成年犯的教育和监护责任。同时，与家长保持联系，对监管令的执行情况进行监督，将监护人对监管令的执行作为回访考察的内容，督促家长尽到应尽的责任。二是聘请社会关爱员，我们也亲切地称呼她们为“关爱妈妈”。海曙法院与宁波市律师协会关爱妈妈工作委员会签订了《关于合作开展帮教活动的协议》，聘请了 12 名有爱心、愿意帮助未成年犯的女律师担任“社会关爱员”。根据协议，女律师要对未成年犯进行思想道德、法律法规、服刑制度等方面的教育，帮助帮教对象解决一些生活及工作中遇到的具体困难，引导其重新回归社会。三是建立同龄人交流平台。与宁波大学法学院合作开展结对帮教活动，为每个未成年缓刑犯与 2 名学生党员志愿者结对，在法官的指导下进行二对一的帮教活动。大学生定期与未成年犯进行交流，共享成长过程中的心得，组织开展了“走进心灵，播撒阳光”的系列帮教活动，通过谈心会、联欢会、励志讲座、读书立品、暑期实践等多种形式寓教于乐、陶冶情操。

（三）建立多元化的帮教基地

依托社会各界力量，建立形式多样的缓刑帮教基地，每个基地都成立帮教工作小组，在法院的指导下对未成年犯进行思想教育、日常监督和行为矫治，既为未成年缓刑犯接受判后教育提供平台，又帮助未成年缓刑犯解决求学、就业等实际困难。主要有 3 种形式：一是以企业为平台的帮教基地。由企业为未成年犯提供工作岗位，培养劳动技能，给予适当报酬，同时承担相应的监护和帮教责任，定期向法院反馈。二是以学校为平台的帮教基地。对尚未完成学业或有求学愿望的未成年缓刑犯，积极联系相关学校，帮助其获得继续学习的机会，并在学校这一相对单纯的环境里认真改造。三是以社区为平台的帮教基地。在社区建立帮教点，由辖区民警、社区干部负责考察帮教，深入未成年缓刑犯的家庭和生活，进行全方位的教育。未成年缓刑犯还附带相应的服务义务，如每月到社区进行一定数量的公益劳动，使其在为他人提供服务的过程中，增强社会责任感。

为避免帮教工作流于形式，海曙法院注重基地的事先考察以及日常指导。一是重实地考察。成立考察小组，对拟选基地是否具备帮教条件进行 2 次以上的实地考察。主要看是否有利于未成年犯改过自新、是否有利于落实帮教措施，如企业经营管理是否规范，学校校风学风是否良好等。二是重协议约束。帮教开始前，法院和有关方面签订详细的帮教协议，明确规定帮教基地的权利和义务，并要求制订合理可行的帮教计划，保证帮教工作的有始有终、有序进行。

（四）发动多部门的联合帮教机制

海曙法院与区人民检察院、区司法局、区公安分局联合颁布《未成年人缓刑犯联合帮教（监管）实施办法（试行）》。该办法使得帮教基地规范化、系统化，主要内容有：一是帮教监管对象，是指被判处缓刑的25周岁以下的青少年；二是进行联合帮教的部门，由法院、检察院、司法局、公安局参与联合帮教，同时由4个部门的业务分管领导、具体部门负责人成立评审委员会，对联合帮教中出现的重大问题进行研究、决策；三是明确各帮教部门的具体职责，法院作为监管帮教工作的责任部门，负责提供帮教监管对象材料、送达相关法律文书、组织各方加强协作配合、召集评审委员会会议、制订帮教方案、确立考察制度、定期回访，收集、整理帮教经验和做法；公安机关作为帮教监管工作的执法部门，负责法律文书的流转、建立帮教档案；司法局作为缓刑监管帮教工作的执行部门，负责制订矫正方案，落实监管方案；检察院负责对缓刑监管帮教进行全程监督；帮教基地负责对未成年缓刑犯的直接教育管理，包括组织未成年缓刑犯学习、劳动，对其进行心理矫正、报送表现、考评材料等；四是程序规范，法院在判决生效后及时将未成年缓刑犯的生效判决（裁定）书、执行通知书及相关矫正材料送达公安机关和司法局，公安机关收到后应逐人建档，司法局制订矫正方案并提供给帮教基地。在帮教过程中，帮教基地应将未成年缓刑犯的监管帮教情况形成书面材料，及时按月抄送给法院和检察院。对于那些在监管期间内表现良好、成绩突出的未成年缓刑犯，由帮教基地将其相关表现、考评材料报送给司法局、公安机关，经公安机关核实后报送检察院，由检察院审核后抄送给法院。最后，由法院组织召开评审委员会会议，经评审委员会评议决定后向中级人民法院报送减刑申请或给予其他表彰奖励。未成年缓刑犯在缓刑期满后，司法局会同公安机关向未成年缓刑犯本人及帮教负责人宣布缓刑期满，并由公安机关签发“缓刑期满证明书”。

二、“海曙模式”下企业帮教基地的探索创新

未成年被告人正处于人生生理发育和人格形成阶段，行为的可塑性较强，矫正的可能性较大。若矫正得当，能有效地减少再犯率，从而降低社会整体犯罪率。特别是对于大量偶发、初发的轻微刑事犯罪的未成年被告人，适用缓刑，予以考察监管是各国公认的较好方式之一。然而，我国刑事法律在缓刑考察方面的规定略粗疏，操作性较弱，加上实践中的诸多因素，导致缓刑的适用率极度低下，尤其是对异地籍的罪犯更是如此。针对上述情形，海曙法院开始尝试建立缓刑帮教基地，针对每个未成年犯的不同情况、不同需求，建立了以企业、社区、学校为载体的多元化帮教基地，特别是企业帮教基地的建立，是“海曙模式”的一种大胆探索和创新，从一定程度上解决了缓刑期间对未成年犯考察流于形式、缺乏效力的问题，从而使异地籍未成年犯适用缓刑具有现实依据。

企业帮教基地是以具有相当资质的企业作为帮教基地，由企业作为主体，参与对犯罪情节较轻、主观恶性较小的被判处缓刑的未成年犯的帮教活动，协助司法机关管理帮教对象。“海曙模式”的企业帮教以单独帮教为其特点，即法院不设置专门的一家或几家企业作为对未成年缓刑犯进行集中管教的帮教企业，而是根据未成年犯的自身特点、需要，帮其对接相应的帮教企业，消除了未成年犯的身份标签，让其能像普通人一样生活学习，但又不脱离管教，有利于顺利回归社会。

首先，对企业帮教基地的选择。未成年缓刑犯根据自己的个人爱好、特长、知识水平以及对自己职业的规划等情况，向法院申请理想对口类型的企业。法院依托宁波民营企业发达的优势，根据当地的企业资源与相关单位进行沟通，选择负责人对未成年帮教工作具有较大热情和社会责任感且具备帮教条件的企业作为该未成年缓刑犯的帮教基地。

其次，企业拥有制订帮教方案的主动权。企业接受帮教对象后，设立

帮教小组，制订有利于本企业实施的帮教计划，开展全面的帮教工作，为帮教对象提供工作岗位和支付报酬，传授劳动技能、提供学习生活的基本条件。同时，企业在帮教过程中，应全方位、真实地反映帮教对象的行为动态和思想变化，及时向司法执行机关反馈相关情况。

再次，帮教措施应人性化并具有现实性。帮教企业在开展帮教过程中，应保护帮教对象的隐私。除企业帮教小组成员外，帮教对象的身份对企业其他人员应予保密，且未经法院许可，企业不得接受任何媒体的采访报道。在工资待遇方面，实行同工同酬。企业根据帮教对象的特点安排工作，不以低等、苦脏累的工作惩罚性地对待帮教对象。帮教对象享有与同企业工人无差别的劳动报酬、福利待遇。

最后，企业帮教制度使思想改造与行为规制同步。在帮教过程中，重塑未成年缓刑犯的劳动观念，将劳动技能培训与思想道德教育同步进行，使其在接受劳动教育的同时，获得了赖以生存的劳动技能和对社会发展的现实体验，减少甚至消除了他们今后再社会化的障碍。

实践证明“海曙模式”个性化企业帮教基地成效显著。如因盗窃同寝室同学电脑而被判刑的大二学生小赵，其父母经营着一家小型加工作坊，家庭经济条件还不错，但他因迷恋网络游戏，父母又不同意给他买电脑，才将同寝室同学的电脑偷走。承办法官接触小赵后，联系了学校及老师，发现他其实是个不错的小伙子，仅因为这件事被休学实在太可惜，但因学校为正校风，在案发后不久已将他开除学籍，再无复学的机会。承办法官跟小赵深入沟通后，根据他的申请，帮他联系了一家加工企业。企业负责人是位人大代表，不仅有爱心，还很有社会责任感。一开始联系沟通时，小赵根据自己的情况申请的是到车间做工人，但负责人提出车间工人组成人员来源复杂，文化水平不高，一方面小赵上过 2 年大学，有较高的知识修养，下放到车间会导致其产生曾因犯罪而被贬低的自卑心理，不利于小赵重建生活信心；另一方面也不利于其发挥知识特长，经考虑再三，负责人将他安排到办公室做文秘工作。而小赵的父母则到企业附近租房，照顾他的日常生活。后因小赵表现优秀，缓刑考验期间结束后，被企业留用，成为一名企业骨干。

三、“海曙模式”下企业帮教基地制度的反思与建议

虽然“海曙模式”下的企业帮教基地制度取得了良好的成绩，已有60多个企业帮教基地，但并不意味着不存在问题和缺陷。事实上，根据现有的数据资料可以发现，企业帮教基地制度的适用率较低，这不免让人深思。结合制度设计和操作流程，不难发现该制度适用率低下主要存在以下几个方面原因：

1. 缺乏政府的支持。企业帮教基地完全凭借法院、甚至是承办法官个人与相关单位的沟通建立。显然，若没有法官个人的沟通协调以及帮教企业负责人的同情心和社会责任感，帮教基地很难建立、更无法长期存在下去。

2. 没有科学的标准。是否决定适用企业帮教制度往往凭借审判人员对未成年犯的认识理解和个人的情感倾向，由于存在着认识上的随意性，缺乏科学性的界定，也致使审判人员在实践操作中持审慎态度，严格限制适用的数量。

3. 缺乏有效的监督。没有专门的法律法规对企业帮教基地制度的运行规定有效的监督机构。在实践中，企业帮教基地的运行基本靠企业自我约束。虽然在确定企业帮教基地时，首先考察企业的社会责任感和法制精神，但因企业的本质是追求利益最大化的经济实体，如果没有强有力的监管机构，仅凭企业自我控制，则不免会引发一些侵犯公民合法权益的事件。如相关媒体报道，企业为了更好地监管控制帮教对象，扣押部分工资延期再发。因此，若不能建立合法有效的监管机制，企业帮教基地制度不可能走得太远。

针对上述情况，为规范企业帮教基地制度的运行，保障其长期、有效地为未成年犯帮教工作作出积极的贡献，我们建议：1. 政府加大对企业帮教基地的支持力度。帮教基地的正常运转，必然需要一定的资金来加以维持，

如为未成年缓刑犯提供食宿所需费用、聘请专业帮教人员费用，以及在被帮教期间致帮教基地工作人员人身、财产发生损害而又无力赔偿的费用等，为企业设立专项帮教经费解决他们的后顾之忧。此外，赋予建立帮教基地的企业优先获得政府扶持和奖励的权利。积极建立帮教基地的企业无疑为社会公益事业树立了榜样，政府对于帮教工作出色的企业应当给予表彰和奖励。同时，政府也应在经营活动上给予帮教企业在同等条件下的照顾和扶持，提高企业帮教积极性。2. 推进帮教基地社会化和专业化建设。针对企业帮教基地中存在帮教技能整体不高的现状，帮教基地应选取具备较高综合素质者作为帮教人员，并定期开展基础培训，促其掌握帮教技能。同时，为使帮教工作向专业化、系统化方向发展，还应聘请专业人员开展帮教工作。3. 建立对帮教基地的监管制度。明确具体的监管机关，防止帮教基地中出现侵犯帮教对象权益的现象，督促帮教协议落到实处，定期对帮教基地进行督促和检查。

第三章 未成年人家事审判的改革路径和实践探索

在法院处理的案件中，存在着大量涉及婚姻家庭纠纷的案件，包括身份关系纠纷案件、与身份有关的财产纠纷案件，以及家事非讼案件。以上3类案件在广义上统称为家事案件。[①] 家事案件不同于普通的民事案件，其中最明显的特征是在家事案件的处理中通常会涉及未成年人的利益。而法官的审理重点不仅仅是化解眼下当事人之间的矛盾，更要对当事人未来的人际关系作出调整，促进当事人继续维持和子女的关系，并在新调整的关系下继续履行子女抚养义务。未成年人是国家和民族的未来和希望，国家在法律上必须以特殊方式对其进行倾斜性保护，而未成年人利益最大化是法院处理涉及未成年人利益案件的最高价值标准和取向。我们可以尝试定义，未成年人家事审判，是指人民法院根据未成年人的生理和心理特征，对涉及未成年人的家事案件，坚持未成年人利益最大化的原则，查明案件事实，依法做出有利于未成年人健康成长的判决和裁定，同时进行判后观察、保护等审判延伸工作，对未成年人的健康成长予以特殊保护的民事审判活动的总称。[②]

---

① 刘敏、陈爱武著：《〈中华人民共和国家事诉讼法〉建议稿及立法理由书》，法律出版社2018年版，第1页。

② 沈志先编著：《未成年人审判精要》，法律出版社2013年版，第6页。

第一节 未成年人家事审判的改革方向

一、域外未成年人家事审判的改革路径

家事案件的特殊性要求国家对此类案件制定独特的审理规则。世界主要先进国家，均有其独特的家事裁判制度，力求圆满解决家事纷争，甚至扩张至未成年人事件。如有些国家建立了审理家事案件的实体规范，有些国家制定了专门的家事案件程序法，一些国家在家族法中针对家事纠纷特点建立了特别的程序规则。在司法机构的设置上，许多国家成立家事法院，有的国家设置了审理家事案件的法庭，专门负责处理家事案件。为了贯彻子女利益最大化原则，各国在家族法中为司法者设置了审理家事纠纷的标准。例如，在监护权归属和变更、探望权行使方式、抚养费给付等方面要求司法者遵循一定的认定标准。[①]

（一）美国

美国法院有联邦和州两个法院系统，多数民事案件由州法院受理，其中包括家事案件。美国是最早设立未成年人法院的国家：1899年，美国伊利诺斯州制定了世界上第一部《未成年人法院法》，建立了第一个未成年人法院。在美国，很早就设立有特别裁判所及特别程序，合并处理未成年人事件及有关家庭事件。各州也针对家事案件通过不同的形式规定了家事诉讼程序。20世纪60年代，美国掀起了成立独立的家庭法院运动，不仅在于有关家庭事件由家庭法院集中管辖，更强调在家庭法院的特定理念下，依

① 陶建国著：《家事诉讼比较研究——以子女利益保护为主要视角》，法律出版社2017年版，第2页。

据特别组织及程序作出裁判。较之普通法院，家庭法院所采用的程序规则更为灵活可变通，对抗性较少。同时美国联邦法及各州法律中在家事案件审理中将“未成年人最佳利益”作为确定监护权归属、离婚后父母子女关系的最重要的标准。

（二）日本

日本的未成年人司法体系以美国为蓝本，未成年人司法机构有未成年人警察、未成年人检察、家庭裁判所（家事法院），另外还存在专门的未成年人矫治机构、保护机构。未成年人司法体系则以家庭裁判所为中心，管辖案件范围包括未成年人违法犯罪案件、被害人为未成年人的成年人犯罪案件、婚姻、继承家庭纠纷以及涉及未成年人抚养等民事问题。①1949年，日本开始设立家庭裁判所，其目的主要为个别地、具体地妥善处理家事事件与未成年人案件，因此，将家庭裁判所分为家事部与未成年人部分别处理相关案件。日本家事法院主要审理下列案件：1. 日本 2004 年出台的新《人事诉讼法》规定的案件（涉及身份关系的案件）；2. 2011 年修订的《家事事件程序法》规定的相关案件；3.《未成年人法》规定的审理未成年人保护案件的权限（主要是对 14 岁以下触犯刑法的未成年人行为的审理）；4.《未成年人法》第 37 条第 1 款列举的应该作为犯罪的第一审刑事案件；5. 对与户籍有关的案件、精神病患者的监护、未成年人院继续收容的决定以及未成年人院再次收容的决定等与家庭审判相关的案件。②

日本家事事件审理过程中注重把握未成年人的意思，并设立了未成年人程序监理人制度以保障未成年人的权利。《家事事件程序法》第 65 条明

① 成都市中级人民法院未成年人司法考察团：《日本韩国未成年人司法制度反思》，载《中国未成年人司法》2012 年第 1 期。

② 冷罗生著：《日本现代审判制度》，中国政法大学出版社 2003 年版，第 70 页。

确规定，家事法院应当努力通过听取子女的陈述、家事法院调查官的调查或以恰当的方式努力把握子女的意思，在审判时应结合子女年龄与发育程度考虑其意思。日本早在1951年于家事裁判所中设立了家事法院调查官，其主要职能为辅助法官进行事实调查。日本的家事法院调查官对于专业背景与选拔考核要求严格，调查官应当具备医学、心理学、社会学、教育学等专业知识，同时要经过专门的考试以及培训和训练，以保障调查官的专业性。《家事事件程序法》第58条对家事调查官的事实调查予以明确规定：家事法院可以让家事法院调查官进行事实调查；在紧急情况下，审判长可以让家事法院调查官进行事实调查；家事法院调查官须以书面或者口头方式向家事法院报告事实调查的结果；家事法院调查官可以在前款规定的报告中附以意见。

二、我国未成年人家事审判的改革过程

回顾我国未成年人家事审判的发展进程，要追溯到未成年人司法制度的改革。1984年上海市长宁区人民法院建立了中华人民共和国第一个专门审理未成年人刑事案件的合议庭（未成年人法庭），成为未成年人司法改革中具有里程碑意义的事件。虽然未成年人法庭在成立之初仅仅是在刑庭中建立一个专门的“未成年犯合议庭”，但这是一项重要的司法创新，中国未成年人司法制度发展由此迈出了巨大的一步。当时的合议庭仅仅是刑庭的附属组织，只审理刑事案件，未成年人法庭实际上就是未成年人刑事法庭。在随后较长的一段时间里，未成年人司法改革以审判未成年人刑事案件为中心。但是随着时代的发展，未成年人法庭逐渐从刑庭独立出来。1991年，江苏省常州市天宁区人民法院探索了未成年人综合庭模式，将涉及未成年人民事、行政、刑事案件均纳入未成年人法庭的受案范围。之前有关未成年人的家事审判案件都由家事案件的审判庭审理，最高人民法院于2006年选择18个中级人民法院开始全国性未成年人综合庭试点改革，将涉及未成

年人民事案件纳入未成年人法庭进行专门审理。为了规范未成年人综合审判庭的民事案件的受案范围，最高人民法院于2009年颁发了《关于进一步规范试点未成年人案件综合审判庭受理民事案件范围的通知》，将未成年人案件综合审判庭受理的民事案件范围规定为以下4类：一是当事人都是未成年人的人格权纠纷案件；二是婚姻、继承纠纷案件，包括涉及子女抚养的分割财产纠纷、子女归哪一方抚养纠纷、抚养费由哪方来出纠纷、变更抚养关系纠纷、监护权纠纷、探望权纠纷、收养关系纠纷、涉及未成年人的继承权纠纷；三是当事人是未成年人的特殊类型侵权纠纷案件；四是适用特殊程序的案件，包括申请确定未成年人监护人和申请撤销未成年人的监护人资格的案件。2013年最高人民法院又选择32个中级人民法院进行第二轮未成年人综合庭改革。

但是，我国对涉及未成年人民事案件进行专门审理的工作刚刚起步，部分涉及未成年人的民事案件仍由民事审判庭作为普通民事案件予以审理，加强和完善未成年人民事案件的审判工作迫在眉睫。2016年5月11日最高人民法院召开家事审判方式和工作机制改革试点工作的视频会议，在全国范围选择108个中级和基层法院，开展为期2年的家事审判改革试点工作，提出可选择家事和未成年人合并试点或分头试点的模式进行；在部分法院前期探索经验的基础上，又正式推出了以江苏省为代表的多个省份的家事审判改革。至此，未成年人审判工作迎来新的改革历程。宁波市海曙区人民法院的未成年人家事审判也步入初轨，并逐步发展，尝试探索家事调查官制度、多元调解等制度，摸索属于自己的未成年人家事审判之道路。

除审判组织的发展改革历程外，我国关于未成年人保护的立法中，《未成年人保护法》《义务教育法》《预防未成年人犯罪法》是最为公众熟知的3部专门针对未成年人权益保护的立法。在未成年人民事实体法律规范方面，我国《民法典》对未成年人的民事行为能力的年龄界限、监护及对未成年人相关的事宜作出了法律规定。在未成年人民事程序法律领域，《民事诉讼法》作出了对未成年人的法定代理人、诉讼代理人的相关规定，以及未成年人监护案件中的赡养费、抚养费、抚育费等相关的执行规定。从各国的家事裁判制度的发展来看，基本都注意到了家事纠纷的特殊性，都将家事案件作为一种特殊类型的案件适用特殊的程序进行审理，而我国在此方面存在差距。我国目前关于家事审判并未建立起特别的家事审判程序法，相关家事案件审判程序适用《民事诉讼法》。而现有的《民事诉讼法》是以财产性诉讼为基础建立起来的，并没有充分考虑到家事案件的特殊性，容易导致家事审判当事人的权利得不到有效保护，特别是针对未成年人的权利保护，在程序设计中没有过多的特殊性规定。目前，国内的专家学者也开始着手研究专门的家事诉讼法，如刘敏、陈爱武在研究基础上提出了《家事诉讼法》建议稿和立法理由书，认为针对家事案件的特殊性，需要建立专门的家事诉讼法，适用特殊的程序，笔者认为这是一项前瞻性的立法研究。

第二节　海曙法院未成年人家事审判的实践发展路径

海曙法院的未成年人审判和家事审判的改革紧密相连。对于家事案件的审判，无论是身份方面的争议还是财产方面的争议，传统上一直适用普通民事审判的规范和模式。开展家事审判改革就是要把家事审判从传统民事审判类型中分离出来，探索建立适合解决家事纠纷的审判程序和方式。2014 年，海曙法院经过深入调研，成立了家事审判合议庭和反家暴合议庭，正式拉开家事审判改革的序幕。此项改革旨在强调家事审判专业化，探索建立司法力量、行政力量与社会力量联合化解家事纠纷的新型家事纠纷综合协调解决机制；探索婚姻家庭纠纷的专业化、社会化和人性化化解方式；修复家庭关系，弥合情感创伤，保护妇女、儿童和老人权益，解决家庭关系和谐稳定的根源性、基础性问题。为此我院建立了未成年人家事案件审理的三大机制，注重未成年人家事审判对未成年人利益的保障。

一、完善未成年人家事审判的配套制度

（一）建立专业化的未成年人家事审判团队

为确保家事审判的专业化，海曙法院于2014年成立了家事审判合议庭和反家暴合议庭，出台了《宁波市海曙区人民法院家事审判合议庭操作规程》，家事审判合议庭一般审理家事案件中疑难复杂、新类型或矛盾冲突较大的案件。为进一步规范家事案件审理，海曙法院于2015年10月出台《宁波市海曙区人民法院家事案件审理规程》，对本院家事审判的审判组织、审判程序、证据规则进行详细规范，为全院家事审判改革的顺利推进提供有力的制度依据。对家事案件的人民陪审员的选定侧重于具有一定法律知识、熟悉家事案件当事人心理特点的人员，如优先选择妇联干部或具有教育学、心理学背景、婚姻咨询师资格的人民陪审员参与家事案件的审理。目前，家事案件由行政庭统一处理，其中涉及未成年人家事的案件由未成年人庭统一受理和处理。未成年人家事案件的统一处理有利于保护当事人和未成年子女等利害关系人的合法权益，防止作出矛盾判决。

（二）完善未成年人家事审判的硬件设施

海曙法院于2014年在审判庭二楼专门设立家事法庭，里面配置了沙发、花盆、玩偶、饮水机，墙上悬挂着温馨图画和暖色调窗帘。2017年，家事法庭和未成年人庭的硬件设施进行进一步整合，使家事审判环境得到进一步改善。目前未成年人家事案件在未成年人法庭审理，在环境氛围上进一步突出保护未成年人的福祉。未成年人的心理往往较为脆弱，我们在硬件设施上尽量做到消除未成年人的紧张和不安，尽最大可能消除案件当事人

之间情感上的对立。同时在未成年人家事案件审判中，以不公开审理为原则，将未成年人家事案件的影响限制于法庭之内，最大限度地保护未成年人的个人隐私。

（三）全市首设“家事维权工作室”

2018年9月7日，海曙法院与区妇联、区司法局联合在全市范围内首次设立家事维权工作室，第一批在古林镇兴园社区、石碶街道丽洲社区、白云街道安丰社区、南门街道万安社区4个社区设点，未成年人案件综合审判庭及3个人民法庭各派一名法官驻点。通过设立“家事维权工作室”，坚持和发展“枫桥经验”，创新法院法律服务载体，着力满足基层群众尤其是妇女儿童对法律服务的需求，进一步健全家事维权服务功能，切实维护妇女儿童的权益。

二、构建未成年人家事审判的多元化调解机制

家庭是社会的细胞，也是社会的基础。法院对家事案件的处理要更多着眼于情感修复、亲情弥合、维护好父母和子女，以及兄弟姐妹之间的亲情关系。家事争议案件中深层次的纠纷其实是当事人之间的情感纠葛，情感纠葛处理好了，很多矛盾也就迎刃而解。为了切实维护好未成年人的合法权益，真正化解父母和子女之间的矛盾，让父母和子女的关系即便在夫妻关系解体后仍然能在未来进行良好的延续，我们在未成年人家事审判中贯彻调解优先的原则。为此除法官自行调解外，海曙法院大力借助社区和其他机构的力量开展联合调解，促进案件效果最大化。

（一）委托专业机构调解

2015年，海曙法院和海曙区“宁静港湾”婚姻家庭服务中心建立合作机制，该中心是由宁波市妇联、海曙区妇联和中国人寿宁波市分公司共同

出资于2013年9月成立的社会公益组织，以妇女、儿童和家庭为主要服务对象。为此在未成年人家事案件中，我们将部分案件委托该中心，由该服务中心负责联络有关的人民调解委员会，指派合适人选参与、协助家事案件的调解。该中心本身也有专门的婚姻家庭咨询师、心理咨询师以及其他专业知识特长的志愿者，2015年至今共委托该中心对180余起案件进行调解，共有140余起案件调解成功，有力地保障了未成年人的合法权益。

（二）社区联动调解

对于当事人的基本情况，其所在社区或村委会相对更为了解。对此，海曙法院在部分未成年人家事审判案件中，如对未成年人抚养费、探视权的处理等双方当事人难以达成一致的案件，也会积极和社区或村委会对接，借助基层组织及社区调解员的力量联动调解。

三、创新未成年人家事审判工作机制

（一）探索建立家事调查官制度[①]

家事案件往往涉及未成年人的利益，而未成年人在父母离婚之诉、抚养权纠纷、探望权纠纷等案件中其诉讼地位往往又是缺失的。对此，在审理涉及未成年人的家事案件中，法院需要实行职权探知主义，以便更好地发现真实案件，切实维护弱势群体的权益。为此，海曙法院于2015年4月建立家事调查官制度。其主要做法是在家事案件审理中，法院委托公益组织指定合适人员作为家事调查官，开展社会调查、判后回访，以及在特定情形下作为限制民事行为能力人或无民事行为能力人家事案件当事人的代理人。2016年4月，海曙法院出台《家事纠纷案后回访操作规程》。

---

① 由于我国目前缺乏统一的立法，对于家事调查官制度主体名称各地不同，名称种类包括“家事调查员”“家事调查官”“社会观护员”等，但其职能与运行程序实际上大同小异，故本文暂定为“家事调查官”，有待统一之立法予以明确。

2017年5月，又在两年以来家事调查官实际运行的基础上出台了《家事调查官工作规程》，对该制度进行了进一步总结和规范。2018年至2019年家事调查官制度逐渐发展成熟，形成了分工合作的成熟运行机制。该项制度的运用有力地维护了未成年人的合法权益，受到社会广泛好评。

（二）实行疑难案件大陪审制

在家事纠纷中，海曙法院对于当事人之间矛盾激烈、对未成年人利益未能妥善安排和调处的案件实行“4+1”“3+2”“5+2”等大陪审制，在陪审员的选择上根据案件性质充分发挥其在事实认定方面的专长，如未成年人患病等情况选择专业的医护人员作为陪审员等，实现未成年人权益最大化。

（三）建立未成年人心理疏导干预机制

考虑到家事案件中的当事人有部分因家庭矛盾而陷入困境，会对未成年人造成一些心理问题，特别是离婚案件中，未成年人的心态很容易受父母的影响，且未成年人又处于敏感期，心理承受能力相当脆弱，甚至产生悲观情绪。为切实解决未成年人的身心健康问题，海曙法院于2015年与社会机构建立合作机制，引入专业的社会力量参与未成年人的心理干预机制。一是和海曙区“宁静港湾”婚姻家庭服务中心签订合作协议，该中心由专门的婚姻家庭老师组成，精通婚姻家庭和心理学，也有专门的心理咨询师入驻该机构，对法院委托的有心理疏导需要的未成年人提供专业的咨询和疏导服务，自合作开展以来，已有20余名未成年人在该中心接受过专门的心理辅导。二是和宁波大学心理工作室开展合作。法官将案件中存在心理问题的未成年人推荐至该机构，并由该机构的人员对其进行心理干预，通过干预和矫正塑造未成年人良好的心态，通过司法关注来改善自身的心理健康。例如，海曙法院于2017年审理的张某和妻子王某的离婚案件中，双方均已年过半百，且性格均较为刚烈，妻子王某于本院审理中一度在庭上晕倒被送至医院救治。在案件审理期间，王某告诉承办法官其二女儿是初二的学生，已有自主思想，父母亲闹离婚对她的打击非常大，在开庭当天晚上从学校出来后并没有直接回家，而是在附近的小河边徘徊，直到当晚11点才回家。女儿表示不愿意看到父母离婚，如果离婚了自己就会被同学看不起，且有轻生的念头。承办人还了解到在3个月前该女孩因父母要闹离婚的事情在家试图自杀，后经抢救未造成生命危险。考虑到未成年人的状况，承办人首先积极对原告、被告进行调解，让父母从女儿目前的精神状况出发考虑调解和好，并共同将女儿的状态调整好，父母双方接受承办人意见，但对未成年人的状况的调整表示担忧。因家庭成员之间不善沟通，双方与两个女儿的关系一直处于比较紧张的状态。为此海曙法院将该案委托"宁静港湾"婚姻家庭服务中心，由该中心对其二女儿进行心理疏导。该中心收到委托后，派心理咨询师进行了多次心理疏导，该女孩的状况得到了有效控制，性格逐渐开朗、乐观，最终正常回归校园。

第三节　海曙法院——家事调查官制度的运行实践

家事案件中的家事调查官制度借鉴自刑事案件中的未成年人社会调查制度。在刑事案件中，由社会调查员对未成年被告人的成长环境、性格特点、犯罪原因等进行调查，形成社会调查报告，为法官对被告人量刑时是否适用缓刑提供参考，而在涉及未成年利益的家事案件，特别是离婚案件中，父母双方更多地是从自身的利益考量，对于离婚后孩子由哪一方抚养更有利于未成年人的健康成长，需要客观的第三方出具调查报告供法院参考，于是，"家事调查官"应运而生。2015年4月，为进一步加强家事案件的未成年人权益保护，海曙法院探索出台了"家事调查官制度"。案件范围集中在家事案件；调查范围主要集中在"未成年人权益保障"运行过程中逐步扩大至"未成年人、老年人、妇女等弱势群体权益保障""夫妻感情是否确实破裂”“赡养义务履行状况”等。同年5月，我院与宁波大学签订了合作协议，借助高校人才优势，开展深度合作。同年10月，专门印发《家事案件审理规程》，进一步明确了家事调查官制度定位，完善了制度设计。2017年4月，全面修订完善了《家事调查官工作规程》，形成一整套科学、合理的家事调查官制度规范。该制度具体是指在家事案件审理中，法院委托相关公益组织，由其指定合适人员作为家事调查官，在家事案件审理过程中开展社会调查、判后回访等工作。

一、家事调查官制度运行的基本情况

（一）家事调查官制度适用的案件类型

在最初的探索中，家事调查官制度主要适用于离婚案件、变更抚养关系纠纷、监护权纠纷、探望权纠纷，后慢慢扩大至大部分家事案件，主要包括身份关系的案件类型（见表3–1）。随着制度的深入，适用的案件类型逐年增多。

表3–1　适用家事调查官制度案件的案件类型分析

年　份	案　由							
	离婚	变更抚养关系	探望权	婚姻无效	继承	同居关系	收养	宣告无民事行为能力或限制民事行为能力
2015年（4月至12月）	46	2	3		2			
2016年	45	4	4	1	8	2	1	4
2017年	19	1	2		3		1	3
2018年	26	4	2	1	6	2	1	3
2019年	21	3	1		7	4		4
2020年（1月至6月）	18		1		1		1	1
总计	175	14	13	2	27	8	4	15

（二）家事调查官的选任情况

选任的家事调查官一般符合公益性、专业性、文化程度高3个特征，主要由3支队伍组成：一是海曙区关工委下的“银发护苗工作室”的工作人员，目前受聘的人员是20名，主要由13位从海曙区公安、检察院、法院、司法局等专业机构退休下来的老同志，以及7位热心帮教未成年人的高校老师组成。二是社会公益组织“宁静港湾”婚姻家庭服务中心。三是由宁波大学法学院律风公益社团中的学生志愿者组成，他们都是宁波大学法学专业的学生，有20名固定的调查志愿者。家事调查官队伍实行“2+2”模式，即由工作室或中心各派2名成员和2名大学生组成调查团进行调查（见表3–2）。

表3–2　家事调查官的队伍构成

	队伍组成	擅长领域	平均年龄（岁）	队伍人数
1	“银发护苗工作室”	法律、教育，擅长调解、沟通	57	20
2	“宁静港湾”婚姻家庭服务中心	心理学、婚姻家庭，擅长调解、心理疏导	42	10
3	宁波大学律风公益社团	法学，擅长调研、撰写报告	22	20

（三）家事调查官制度的运行流程

1. 研判选定调查案件。法官在庭前通过与当事人沟通了解后，判断案件是否适用家事调查。如确定需要，法官告知当事人此案将会适用家事调查官制度；如当事人申请的，法院认为有必要的也可适用，并对另一方当事人进行告知和询问，对此制度相关情况作一定的介绍。

2. 办理委托手续。由法官制作案情简介书，具体内容包括当事人的基本情况、争议焦点、诉讼请求以及其他相关情况；由法官开具授权委托书，并记载委托调查事项，指定机构选定调查官后，该委托书作为家事调查官身份的证明；每件案件调查官由2位“银发护苗工作室”人员或“宁静港湾”婚姻家庭服务中心工作人员以及2位宁波大学法学专业学生组成。

3.介绍案情。家事调查官选定后，法官组织家事调查官召开案情介绍会，向调查官介绍案情以及注意事项。

4.家事调查官开展社会调查。主要程序如下：一是调查对象包括双方当事人、亲属以及社区单位，必要时可对相关学校、当事人工作单位等开展调查；二是调查形式主要为面对面访谈，时间一般为2—3个小时，由2位“银发护苗工作室”人员询问相关情况，2位大学生志愿者则主要负责制作询问笔录；在特殊情况下也可对相关调查对象进行电话采访，由调查官制作备忘录以便事后查证；三是调查期限一般为10天。

5.家事调查官完成调查报告并出庭。调查完毕后，调查官合议讨论得出调查结果并制作完成调查报告，共同签字后提交法官，法官将家事调查官呈交的调查报告于开庭前3天分别送达双方当事人，以便双方当事人了解报告相关情况。庭审之时，在法庭调查结束即当事人双方出示证据完毕之后，家事调查官出庭宣读调查报告，双方当事人就报告内容的争议点向其进行询问，家事调查官接受询问。最后由法官对调查官调查过程及当事人有异议之处进行询问（见图3-1）。

（四）调查报告采信情况

当前，家事调查官所作的调查报告以证据的形式展示，由法官对其真实性、合法性以及关联性进行审查，并进行认定是否采信。同时在民事判决书的“本院认为”部分，对是否采信调查报告进行表述。当事人对调查内容有异议、但调查官程序得当、调查充分的，法官一般对调查报告及结论予以采信。

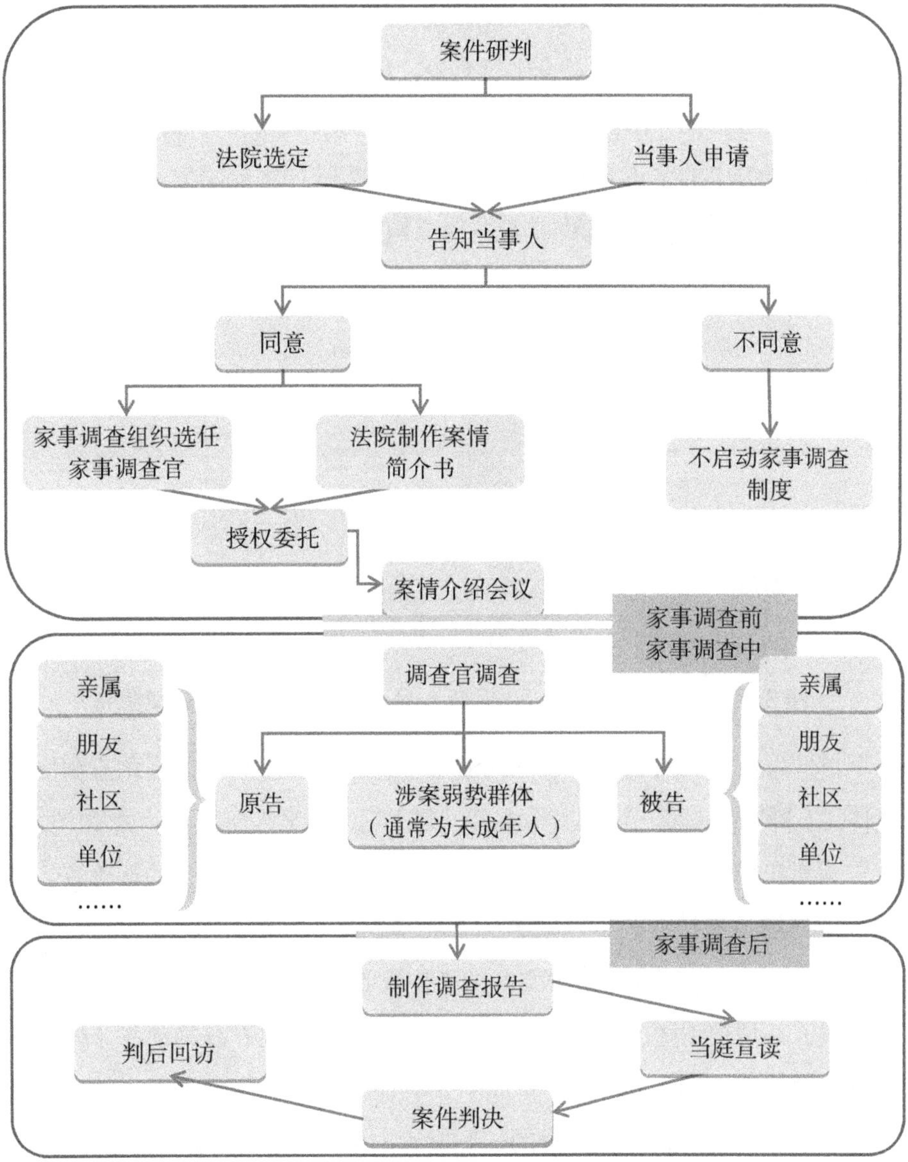

图 3-1　家事调查流程

二、家事调查官制度运行成效

自制度运行 5 年以来，家事调查官制度成效主要体现在以下几个方面：

一是案件调撤率提升显著。家事调查官通过沟通调查，对双方当事人的矛盾焦点和各自的情况掌握得比较充分，部分案件在调查官调解后双方到法院达成调解协议，部分案件虽然没有在庭前调解成功，但经庭审后，双方对调查报告中的结论已有了预判，不再一味坚持之前的方案，最终促成调解。截至 2020 年 6 月，海曙法院共完成调查案件 258 件，其中调解 145 件，判决 56 件，撤诉 57 件，调撤率为 78.46%（见图 3–2）。

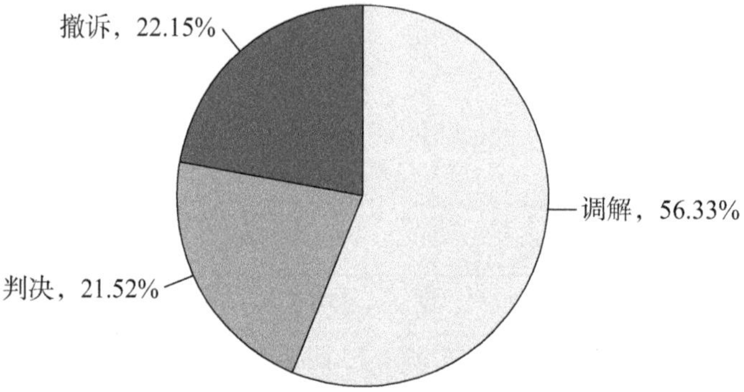

图 3–2　2015 年 4 月至 2020 年 6 月适用家事调查案件结案情况

二是当事人服判息诉率高。自适用调查官制度以来，适用调查制度的案件，上诉率大大低于同期其余案件，判决更为当事人所接受。如 2016 年，原告陈某和被告周某离婚纠纷一案中，双方均积极主张儿子的抚养权。原告系某商场一表行店长，年收入 4 万元至 5 万元，被告系一出租车司机，年收入 3 万元至 4 万元，双方本身的工作及收入相差无几，儿子现 7 周岁，系海曙区某学校学生。根据本案双方当事人都需要抚养权的现状，确定委托家事调查官的调查事项为：未成年人既往抚养状况、未成年人健康状况及行动倾向、父母获得亲属援助的可能性、父母的身体状况及性格等。本案中海曙法院委托家事调查后，家事调查官来到学校、社区走访，向老师、社区工作人员充分进行问询，又来到原告、被告的住所向双方当事人和邻居当面了解情况，直观了解双方的性格、待人处事的方式，最终调查报告得出结论：“如果原告、被告双方最终离婚，家事调查官认为，从双方现有的家庭客观条件来看，被告父母均能帮助照顾未成年人，家庭负担小，且未成年人自小由奶奶（被告母亲）照顾，熟悉未成年人的生活习性，更能满足对日常生活照顾的需求。原告家庭有父亲和爷爷，本身抚养负担较重，且因工作原因，原告对未成年人的照顾时间上不能周全。如果由托管班照顾，还需产生额外费用并引发其他问题，现有条件并不利于抚养未成年人。"最终根据这份翔实的调查报告，本院依法采信调查官的结论，儿子判归被告抚养。判决生效后，双方当事人均未上诉，表示服判。而通过回访，儿子在父母离婚后仍然得到了较好的抚养。

目前适用家事调查官制度的258件案件中，上诉的仅有4件，上诉率为1.54%。而同期全部结案的2786件家事案件中，上诉的有93件，上诉率为3.34%"。同期未适用该制度的案件为2528件，上诉的有120件，上诉率为4.75%（见图3-3）。

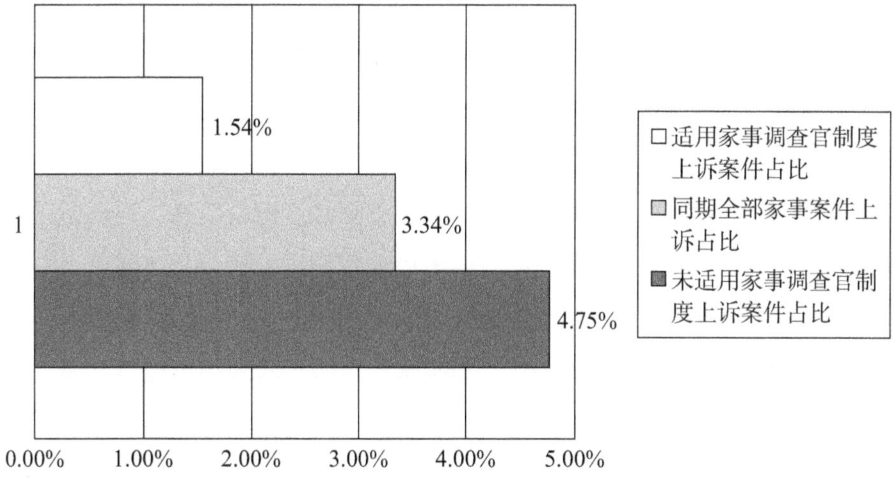

图3-3　适用及未适用家事调查官制度案件上诉率对比

三是司法公信力提升明显。采用第三方中立的调查官进行案件调查，使当事人打消对法官调查有所偏向的质疑，同时当事人亲身参与调查的过程，增加了对调查报告的认可度，映射到司法裁判上，法官裁判理由更具客观性、公正性，对判决结果的认可度也大大提升。2015年，海曙法院遇到一起十分"离奇"的离婚纠纷案。在以往的离婚案件中，夫妻双方几乎都是为了未成年人的抚养权而争得不可开交，可这一次双方却各自诉苦，竟然把未满一周岁的儿子当作包袱互相推诿。女方表示因为经济困难与工作不稳定，于情于理未成年人都该由男方抚养。可男方却提出工作过于繁忙，加上父亲系渔民总要出海，母亲又年老多病，对于抚养未成年人力不从心。正当未成年人去向难断之时，本院对该案委托了家事调查。热心的家事调查官经过多方取证，实地访谈，还一路从宁波赶到舟山调查了男方父母，不仅查清了双方的家庭情况与纠纷缘由，还了解到如今未成年人一直由男方父母抚养，尽管生活不便，可他们对孙子疼爱有加，并表示愿意帮助抚养孙儿。最终，家事调查官在综合调查的基础上，提出未成年人由男方抚养较为合适的建议。最终法院判决准许双方离婚，未成年人归男方抚养。当事人当场表示服从判决。

同时由于经过调查，对结果有了预判，当事人也更愿意在调查后主动接受调解。如在一起继承纠纷案件中，对于丧偶儿媳对婆婆是否尽到主要赡养义务的问题上，双方各执一词，丧偶儿媳在家事调查官进行调查后，主动放弃了对遗产的争夺，案件得到顺利调解。

四是社会法制宣传效果佳。自家事调查官制度运行以来，海曙法院积极对外宣传这一制度，多家媒体对此予以专题报道。通过媒体宣传，公众对家事调查官制度有了初步的了解与接受，在随后的一些家事案件审理中，部分当事人主动要求适用，如某一离婚案件，刚立案当事人就联系承办法官要求在案件中适用家事调查官制度，在随后的案件办理过程中，双方当事人也十分配合法官及家事调查官的各项工作，最后双方在家事调查报告的基础上调解结案，办案效果良好。

五是更多家庭关系被修复。家事审判适用家事调查官制度后，实现了从“结案了事”到“案结事了”。家事调查官对家事案件的介入，一方面帮助法官分担较多的工作，能够与当事人进行深入沟通，从而促进当事人矛盾和解；另一方面在调查过程中积极挽救当事人的婚姻关系，使诸多的社会关系得到修复，使得司法过程不再是冷冰冰的。家事调查官在庭前调解中扮演当事人的中间人角色则会使家庭矛盾平和化，双方能够更心平气和地分析各自的优点、缺点，从而找到矛盾的本质原因，甚至能够化解婚姻危机，挽救家庭，彰显司法的温暖关怀。

三、家事调查官制度运行中存在的困难与不足

我们认为，家事调查官制度运行中主要存在法律性质不明和机制配合欠缺两大障碍。

（一）法律性质不明

1. 家事调查官制度的法律地位不明确

目前的家事调查官制度运行存在的最大障碍是法律地位不明确。当前，最高人民法院鼓励各地法院开展家事调查官制度探索实践，但是在立法层面的制度设计上还存在空白。家事调查的启动及运行、调查官的法律地位、调查报告的性质和作用以及调查官选任等均没有一套标准化的法律依据，法院还处于自我探索和摸索的阶段，由于缺乏明确的法律规定或司法解释，对于某些不配合调查官调查的情形拿不出有效的依据应对，全靠法官的解释沟通，对拒不配合的当事人也难以采取有效的手段加以制约。

2. 家事调查报告的构成内容与法律性质不明晰

（1）家事调查报告的构成内容分析

最高人民法院于2018年发布的《关于进一步深化家事审判方式和工作机制改革的意见（试行）》（以下简称《审改意见》）第23条与第24条专门对家事调查报告的内容和作用进行了相关规定。从家事调查报告的内容分析来看，家事调查报告的构成内容较为复杂。尽管我国《审改意见》对家事调查报告的总体内容进行了概括性的规定，但必须认识我国立法上并无家事调查官制度的相关立法。由于制度的成型也需要各地实践的推动，因此有必要考察各地法院关于家事调查报告的内容。以海曙法院为例，因家

事调查对象包括双方当事人、亲属、社区单位、学校、当事人工作单位等，基于此，海曙法院《家事调查官工作规程》第13条对家事调查报告内容予以规定，应包括调查方式、当事人的婚姻家庭状况、未成年子女生活近况、父母对未成年子女抚养及探望的态度、未成年子女对抚养及探望的态度、亲子关系状况、当事人父母经济能力及帮助抚养的意愿、探访观察所得以及总结、分析和建议等。该项规定与《审改意见》第23条“调查报告应当包括人民法院委托调查的所有事项，可以包括家事调查员的分析和建议”的概括性规定相符合。

各地法院的相关规定也大致类似，如根据广西壮族自治区高级人民法院《家事案件调查工作规则（试行）》第8条规定，家事调查员完成调查任务后，应当向试点法院出具书面调查报告。调查报告应当包括：调查方式、当事人的婚姻家庭状况、未成年子女生活近况、父母对未成年子女抚养及探望的态度、未成年子女对抚养及探望的态度、亲子关系状况、探望观察所得、各子女对父母的赡养照顾情况以及总结、分析和建议等。四川省眉山市青神县人民法院《家事调查员工作规程（试行）》第10条规定了调查方式、被调查对象的基本信息、当事人对家事纠纷的态度和见解、未成年子女对抚养及探望的态度以及总结、分析和建议等。广东省高级人民法院则进一步细化了程序性事项，并对报告内容进行充实，纳入了家事调查员的工作建议，相关资料和调查笔录。《广东法院家事调查员工作规程（试行）》第9条规定，调查报告内容应当包括：人民法院委托的调查事项，调查的时间、地点、方式和调查掌握的情况，如有需要，还可就部分事项提出工作建议。调查过程中收集的有关资料和形成的调查笔录，应当列作附件一并提交。各地法院在工作规范中都对家事调查报告的内容作出概述性的规定，但由于具体案件存在差异性，因此家事调查官的调查事项也因案件不同而有所侧重，在具体家事案件的调查过程中，法院并不会明确规定家事调查的具体事项，但仍会在调查启动前提供大概的思路与方向，因此不同案件中家事调查报告的内容也随之而存在差异。

从家事调查报告的内容规定出发，报告的构成内容主要包括当事人陈述、证人证言、当事人与证人提出的书面证据、家事调查官对掌握事实情况的描述及其提出的分析和建议、调查方式、调查过程中的程序性事项记录等，综合而言即为调查方式、事实情况与家事调查官的分析和建议。

（2）家事调查报告的法律性质分析

在界定家事调查报告内容的基础上，如何认定家事调查报告的法律性质成为目前司法实践中的一项难题。家事调查报告构成内容复杂，调查过程中通过家事调查官的走访调查对案件进行事实评价，同时也可搜集相关书证、物证等，因此对于家事调查报告的证据属性问题，各地法院也存在分歧，分别形成了“证据论”和“参考论”2类观点。

“证据论”的观点认为，家事调查报告应当属于证据，从家事诉讼审理程序分析来看，家事调查报告在法庭上出示，并由各方当事人对家事报告的真实性、合法性、关联性进行质证，如案件当事人对家事报告的内容提出异议，法院可要求家事调查官出庭说明情况或由家事调查官对当事人的异议进行书面说明。同时法院可结合案件的其他证据对家事报告全部采纳、部分采纳或不予采纳。家事调查报告的质证程序与民事诉讼中的证据一致，我国《民事诉讼法》第68条规定“证据应当在法庭上出示，并由当事人互相质证”。《最高人民法院关于适用〈中华人民共和国民事诉讼法〉的解释》第104条第1款规定的“人民法院应当组织当事人围绕证据的真实性、合法性以及与待证事实的关联性进行质证，并针对证据有无证明力和证明力大小进行说明和辩论”。从文义解释上来看，家事调查报告的质证程序、质证内容、当事人异议等完全符合普通民事诉讼证据的规定，因此部分法院直接指明其属于证据，如广西壮族自治区高级人民法院《家事案件调查工作规则（试行）》第9条规定，家事调查报告应在法庭上出示，并由各方当事人对家事报告的真实性、合法性、关联性进行质证，如案件当事人对家事报告的内容提出异议，试点法院可要求家事调查员出庭说明情况或由家事调查员对当事人的异议进行书面说明。试点法院可结合案件的其他证据对家事报告全部采纳、部分采纳或不予采纳。安徽省《马鞍山市雨山区人民法院家事调查员工作规范（试行）》第10条规定，家事调查报告可以作为证据使用，并在法庭上出示，由当事人进行质证。根据四川省成都市青神县人民法院《家事调查员工作规程（试行）》第11条规定，家事调查报告可以作为证据使用，在法庭上出示，由各方当事人进行质证。人民法院可结合案件的其他证据对家事报告全部采纳、部分采纳或不予采纳。

“参考论”的观点认为，家事调查报告区别于普通民事诉讼证据，在审理中仅能作为参考意见。《审改意见》虽然并未指出家事调查报告的性质，但第24条规定，“家事调查报告可以作为人民法院审理案件的参考”。有学者提出，家事调查报告对法官而言并无拘束力，法官应当结合其他相关证据决定是否采纳家事调查报告。①也有学者基于家事调查报告与法定证据类型的比较而否定家事调查报告的证据属性，家事调查报告无论从调查取证的主体、程序以及形式等都与当事人陈述、书证、证人证言、鉴定意见存在根本性的区别，因此将家事调查报告认定为证据有违实定法的规定。②针对家事调查报告的作用，尽管其并不属于证据，但是作为法院处理家事案件的参考依据，会对法官裁判时的心证产生影响，同时家事调查报告所涉及的原始材料，如当事人的叙述、当事人邻里对有关案件事实的陈述等都可以作为证据，在他们向法院陈述时，可以分别构成当事人陈述、证人证言等不同类型的证据。③

实务中也同样存在支持“参考论”的观点，《广东法院家事调查员工作规程（试行）》第10条规定，“人民法院根据案件审理需要，应当将报告内容整理为质证部分和询问部分，予以分别使用。对于报告中的资料、笔录和

① 陶建国：《我国家事审判中的家事调查员制度研究》，载《保定学院学报》2019年第2期。

② 刘敏：《论家事调查报告的性质：证据抑或其他》，载《江苏省法学会民事诉讼法学研究会2018年年会论文集》，第592—600页。

③ 刘敏：《论家事调查报告的性质：证据抑或其他》，载《江苏省法学会民事诉讼法学研究会2018年年会论文集》，第592—600页。

全部或者部分陈述性内容，需要作为证据使用的，应当列入质证部分，整理后提交当事人进行法庭质证。对于其他陈述性内容，更宜采取法庭询问方式予以核实的，应当在开庭笔录中载明。未经质证或者询问的报告内容，不得作为案件裁判依据。”广东省高级人民法院将家事调查报告内容区分为质证部分和询问部分，将报告中的资料、笔录和全部或者部分陈述性内容筛选部分作为证据，显然此处所提及的证据应当是符合法定证据类型及其程序要件的证人证言、当事人陈述等原始资料，另外，如果当事人向家事调查官提交书证、物证的，经法官认定并通过合法程序可以作为证据进行质证。

（二）机制配合欠缺

1. 家事调查官制度启动程序单一

当前家事调查官制度的启动主要依靠法官主动为之，而法官在判断案件是否需要引入家事调查官制度时，自主裁量权较大。目前海曙法院主要是在涉及未成年人抚养权问题的离婚案件中引入家事调查官制度，但是随着家事调查官制度在20余种家事案件中的扩展运用，仅凭法官单方面启动家事调查官制度容易导致一些当事人丧失家事调查官为其带来的固定证据形式的便利。而且，在实践中由于该制度运行时间尚短，也没有全面推广并告知当事人有选择该制度的权利，只有少数当事人自主申请启动该程序。如何实现制度适用中公众选择的自觉和平等性要求，实现当事人平等地享受诉讼资源分配，是下一步需要解决的问题。

2. 家事调查程序规范性有待进一步加强

首先，未对调查对象和亲属进行适当分离。实践中，由于当事人对家事调查官的具体职能缺乏了解，在调查过程中戒备心理较重，在访谈中携带亲属或者代理人，从而导致访谈环境嘈杂，家事调查官与当事人深入交谈时间大大缩短，降低家事调查工作效率。部分案件中由于家属一起参与调查，当事人无法暴露自己内心的真实想法，导致家事调查官对结论判断有失公正性。其次，部分调查中调查对象不全面。部分家事调查官仅仅走访双方当事人，忽视对社区、单位、学校等的调查。家事调查官在调查案件时根据具体案件对调查对象的选择有较大的随意性，导致调查过程在很大程度上依靠调查官的责任心和调查官的能力，进而造成部分家事调查官调查草率，影响调查报告的公正性与客观性。再次，调查笔录有待规范。家事调查初始运行时，调查报告相关材料完全源于口头形式谈话，并无任何有关书面形式的材料，部分当事人对调查报告的真实性产生质疑，认为完全依赖口头谈话形成的调查报告没有书面证据，缺乏信服力。为此，法官要求家事调查必须制作书面形式的谈话笔录，经当事人审阅签字后作为相关证据与调查报告共同提交给法官。但实践中，有的当事人事后不认可访谈材料，拒绝签字，导致调查效果大打折扣。最后，部分调查报告缺乏充分合议，质量不高。家事调查的最终结果是出示调查报告，调查报告必须充分反映调查结果，然而实践中部分家事调查官存在“重调查、轻报告”现象，调查报告由大学生志愿者撰写，在撰写之前部分案件未进行充分合议，或者撰写好之后没有经过合议审查，报告存在质量问题，如有简单的错别字、语句不通、部分调查内容没有在报告中体现等，导致公信力下降。

3. 人员管理不规范

首先，家事调查官选任中回避制度缺乏可操作性。家事调查官制度作为法院审判家事案件的辅助机制，其参与司法活动应当公正、公平。实践中家事调查官制度的运行具有明显的区域性特征，家事调查官以及当事人一般都位于同一区域，甚至居住于同一个社区，因此难以避免人情关系干扰，而家事调查官选任的回避问题也不得不引起重视。我们认为，家事调查官的回避可以参照审判员、书记员的回避情形，做到更加客观公正。其次，家事调查官选任没有考虑性别因素。家事调查官鉴于性别差异导致社会立场不一，使得家事调查官在调查当事人时对同性产生主观偏向意识，从而影响调查工作的公正性。而鉴于婚姻的社会性，女性调查官容易对女性当事人产生同情心理，与此相对应，男性调查官在调查中也会产生类似情绪。

因此，建议每个案件的家事调查官应当男女比例恰当，在调查过程中，异性家事调查官应当加强沟通，针对不同调查对象询问的问题事先商讨，从而尽可能在调查过程中实现公正化的评判。最后，家事调查官的考评机制有待完善。尽管选任的家事调查官一般符合公益性、专业性、文化程度高3个特征，但具体到每个人身上，专长不一，能力也参差不齐，尤其体现在与当事人之间的沟通过程中。能力出众的家事调查官在经过多方调查了解后，能够分析当事人产生矛盾的主要原因，并对症下药，帮助当事人交流协商并解决矛盾，从而达到“案结事了”。部分家事调查官由于经验缺乏，责任心不强，在调查中调查不全面，难以厘清双方争议焦点，提交的调查报告质量不佳，影响案件审判。如何对其进行考核、管理，对于不能胜任调查工作的调查官如何进行及时地培训或使其有序退出，目前尚无机制。

4. 家事调查官保障机制有待完善

虽然家事调查官从事家事调查工作完全出于公益、公心，但鉴于其在调查过程中需要付出一定的精力和财力，海曙法院每年拨付2万元经费给“银发护苗工作室”用于开展调查工作，由该工作室管理该笔经费，报销也由调查官向该组织报销。据调查官反映，由于有的案件需要到外地调查，所需差旅费、食宿费较高，而有的是在本地开展故成本较低，且有的调查官因为公益心较强也不向组织报销，存在补贴标准不一，缺乏统一规范的情形。

5. 社会接纳度有待提高

除调查当事人外，调查官还要到社区、学校、当事人所在单位等机构调查。但实践中拒绝接受调查、不配合调查、怀疑调查官身份的情形时常发生。而家事案件矛盾多起源于生活琐事，证据材料难以收集，而只有询问对当事人生活状况最为熟悉的邻里以及社区单位才能帮助调查官了解当事人陈述的真实程度。然而随着现代城市生活的改变，社区邻里之间的交流日益减少，人们的隐私保护意识逐渐增强，家事调查官在询问社区单位或者当事人邻里之时，得到的信息量少，并且部分社区单位或者邻里住户持有不干其事的思想，不愿意配合家事调查工作的开展，社区调查成果不够显著。

四、完善家事调查官制度的对策

（一）明确家事调查官制度的法律地位

2018年发布的《审改意见》对家事调查进行了规定，但目前对于该制度没有一套统一的制度规范，需要在立法层面建立家事特别程序法，建立家事调查官制度，或者修订出台现有的司法解释，明确家事调查官制度的合法性，并配套对家事调查官的选任、程序、调查报告的性质、采纳标准、回避程序、当事人不配合家事调查官调查时如何处置等作出统一规定，使得这一制度运行有法可依。

（二）明确家事调查报告的法律地位

1. 家事调查报告的法律性质明晰

家事调查报告的法律性质界定依赖于家事调查的职能定位，“证据说”和“参考说”的争议与对家事调查属于职权调查还是社会调查的认知分歧有重要关联。家事纠纷审理过程中，对于身份关系型诉讼适用职权探知主义，需要对家事案件进行全面的事实调查，域外相关立法与实践中也贯彻职权探知主义。例如，《法国民法典》相关规定，在确定行使亲权与探望方式或将子女交由第三人照管的任何最终或临时决定作出之前，法官得委派任何有资格的人进行社会调查。法国将家事调查定位为社会调查。日本于《家事事件程序法》中就家事法院调查官的事实调查程序予以明确规定。我国台湾地区也设立了家事调查官制度，法官可以指令家事调查官就特定事项予以调查。同时，我国台湾地区将家事调查报告视为帮助法官厘清事实、作为法官形成裁判心证的参考文件。[①]

---

① 吴瑾瑜编：《两岸民事法理论与实务发展现况》，元照出版有限公司2014年版，第351页。

我国《最高人民法院关于适用〈中华人民共和国民事诉讼法〉的解释》第 92 条对法院职权探知进行相关规定，对于涉及身份关系利益的事实应当由人民法院依职权调查。我国家事调查官制度实际上是法院职权探知主义的衍生，家事调查系属法院委托家事调查官开展调查，家事调查官的职能定位应是帮助法官查明案件事实，本质上为法官行使职权的体现，而非简单的社会调查。① 然而家事调查的职能属性并不能直接决定家事调查报告的证据属性，尽管家事调查以职权调查为主，帮助法官查明案件事实，但是不能据此直接将家事调查报告认定为证据，应当对家事调查报告中的构成内容予以区分，对于事实调查部分经认定符合证据属性的可作为证据予以采纳，对于家事调查官的分析与建议可以作为参考。

2. 家事调查报告的采纳与说理

对于家事调查报告的采纳说理，工作规程中规定法院可结合案件的其他证据对家事报告全部采纳、部分采纳或不予采纳，但对于采纳或不采纳的说理并未作出强制规定。有学者提出法官采纳调查报告的，不需要特别说明“为什么采纳”的理由，但拒绝采纳家事调查报告则需要说明理由。② 从目前的司法实践来看，在家事调查报告提供的证据予以采纳的判决文书中，对于具体采纳理由的说明是极其欠缺的，因此应当在判决理由中对采纳的理由进行充分说明。

3. 家事调查报告的阅览

在诉讼过程中，应当保障当事人对家事调查报告的阅览权。家事调查报告应在法庭上出示，如果案件当事人对家事报告的内容提出异议，法院可要求家事调查官出庭说明情况或由家事调查官对当事人的异议进行书面说明。我国家事审判中实行职权探知，从程序保障角度而言应当保护当事

---

① 杨磊、冯浩：《我国家事调查官制度的构想》，家事诉讼程序理论与实务论坛论文集，北京，2019 年 4 月，第 165—170 页。

② 陶建国：《我国家事审判中的家事调查员制度研究》，载《保定学院学报》2019 年第 2 期。

人与利害关系人的阅览权，赋予其陈述意见的机会，同时从保护未成年人利益的角度出发也应当限制阅览情形。

（三）扩大制度运行的启动机制

海曙法院家事调查官制度运行实践中，对此制度的启用主要依靠家事法官个人，由家事法官根据一定标准判断案件是否适用家事调查官制度。然而随着家事调查官制度在家事案件中的拓展适用，不同类型的家事案件适用该制度需要一个统一的标准，并建立当事人自主申请启动程序机制，为当事人是否适用家事调查官制度提供自主选择权。

（四）规范家事调查工作

1. 制定合理的调查内容

对不同的调查对象制作不同的调查方案，加强调查官之间的沟通讨论，明确各调查官之间的分工配合。调查方案所涉及的调查对象要充分，根据案件性质，要对每种类型案件设置必要的调查对象。如涉及抚养权案件，调查对象除了当事人双方之外，还应当包括未成年人学校、当事人所在社区作为必备条件，如有需要可以增访当事人工作单位以及其他相关单位或个人。涉案未成年人如果已满 8 周岁，也应作为调查对象，询问其主观真实想法并以此作为重要参考。

2. 创建合适的调查空间

除上门调查外，还可以建立固定的家事调查官的调查工作室，配备必要的硬件设备，做好规范的接待、调查和笔录工作。

3. 完善调查工作衔接机制

一方面完善法官与当事人的衔接，在开展调查工作前，法官落实针对当事人的释明工作，在取得当事人同意后，法院制作书面的家事调查工作告知书，配合法官的口头释明，争取当事人的理解与支持；另一方面要提高当事人以及社区单位配合度，完善以法院为主导，家事调查官为辅助，社会多方合作，增强家事调查官制度社会接纳度的多方联动机制。

（五）规范家事调查官的日常管理工作

要建立家事调查官选拔和淘汰机制。对调查官制定日常考核办法，通过调查官互评、当事人评价、法官评价等对调查官进行综合考评，对于能力出众的家事调查官应当给予奖励。对于不能胜任的家事调查官应当及时培训或合理退出，实行调查官聘任机制，可实行一年一聘机制，及时补充新鲜血液。

第四节　未成年人家事审判工作目前存在的问题

一、缺乏和未成年人家事审判相适应的实体保护和程序保护专门法律

我国对于未成年人家事审判还处于摸索阶段，还没有出台专门的法律。我国《宪法》虽然确定了未成年人保护法律体系的基本原则，但是缺少针对未成年人家事审判的专门性法律。未成年人的民事权利往往散见于各个成年人法中，对其民事权利的保护就处于先天不利的地位。虽然近年来我国从立法和司法上把保护未成年人权益的问题摆到了突出位置，但迄今为止，可以专门适用于未成年人家事审判的法律渊源还很少，指导司法实践运作的，仅仅是一些位阶较低的司法解释、通知和意见政策。

在程序上，现有的家事审判包括未成年人家事审判适用《民事诉讼法》，无法“实现未成年人利益最大化”原则。因为与财产案件相比，家事案件具有其特殊性，它往往涉及亲情、家庭伦理关系，背后存在着情感纠葛。案件处理往往牵涉未成年人的利益以及存在持续性的关系，而现有的《民事

诉讼法》以财产性诉讼为基础建立，其规则程序并不一定能适合家事案件的审理。民事诉讼法的任务是保护当事人行使诉讼权利，保证人民法院查明事实，分清是非，正确适用法律，及时审理民事案件，确认民事权利义务关系，制裁民事违法行为，保护当事人的合法权益，教育公民自觉遵守法律，维护社会秩序、经济秩序，保障社会主义建设事业顺利进行。我国批准加入的联合国《儿童权利公约》第 3 条规定，关于儿童的一切行为，不论是由公私社会福利机构、法院、行政当局或立法机构执行，均应以儿童的最大利益作为立法目的。而《民事诉讼法》并没有体现未成年人利益最大化的原则。另外，以财产性诉讼为基础构建的《民事诉讼法》，遵循辩论主义、处分原则与公开原则，这些基本原则与家事案件特别是身份型诉讼相冲突。在家事案件中如身份型诉讼，不应当适用辩论主义，更应强调职权探知主义；在确认婚姻无效、亲子关系等诉讼中，也无法适用处分主义；在为保护当事人隐私和未成年人权益上应当更多地采用不公开审理原则。故从家事案件特殊性、立法目的以及适用原则等多方面比较，家事案件适用《民事诉讼法》存在很大的局限性。缺乏针对未成年人权益特别保护的实体和程序法是当前未成年人家事审判面临的最大问题。

二、未成年人家事审判的受案范围和审判组织归口不一

合理的未成年人家事审判机构设计是未成年人家事审判得以有效运行的重要组织基础。未成年人家事审判模式不同于传统的民商事案件。法院在处理未成年人家事审判问题时，不能简单地追求结案率，而是要关注未成年人的健康成长以及未成年人的隐私，必须由专业人士来对其进行特殊处理，专业的审判机关显得尤为重要。普通的民事审判机构更为机械与刚硬，不适合处理未成年人家事审判问题，我们需要一种更贴近生活的柔性方式对其进行处理。根据我国《人民法院组织法》第 27 条规定，人民法院根据审判工作需要，可以设必要的专业审判庭。目前的《人民法院组织法》并

没有规定法院必须设置家事审判庭或者未成年人家事审判庭。最高人民法院自 2016 年 6 月 1 日起在全国范围内选择部分法院开展家事审判方式和工作机制改革试点工作，2018 年《审改意见》第 5 条规定要求积极推进机构队伍专业化建设，组建专业化家事审判机构或者团队，探索建立特别的家事法官准入机制、培训机制和考核机制，探索配备专门从事家事调解、家事调查、心理辅导等工作的司法辅助人员，加强家事法官的职业安全保障，完善极端化事件防控措施。在队伍建设方面，第 46 条规定，中级人民法院、基层人民法院可以在规定的内设机构总数内，通过加挂牌子或者单独设置的方式设立家事审判业务机构。不具备条件的，可以在相关审判庭内设立专业化的合议庭或者审判团队负责审理家事案件。截至 2018 年，全国超过 90% 的试点法院成立了专门的家事审判机构，其中独立建制的家事审判庭和未成年人家事审判庭占 70% 以上。[①] 有的法院实施未成年人审判和家事审判合并的模式，有的法院实施未成年人审判和家事审判分头试点的模式。目前，我院的做法是将未成年人综合审判庭的受案范围调整为未成年人刑事案件、未成年人行政案件以及以未成年人为诉讼主体的家事案件，其余的家事案件则由其他庭室办理，即实行“三审合一”的未成年人审判模式。但在具体的实践中，哪些案件属于未成年人家事案件，各个法院之间的标准和范围不一。受案范围和审判组织的模式不一，归口不一的问题突出。

三、未成年人家事审判法官配置待加强

我们看到改革后的各种模式，未成年人家事审判组织的组成人员不一，法官知识水平、结构差别较大，尤其是实行“三审合一”的未成年人审判模式，该庭室的法官办理的案件涉及刑事、行政和民事，知识结构的

---

① 孙航：《为社会建设奠基　为幸福生活护航——人民法院家事审判方式和工作机制改革综述》，载《人民法院报》2018 年 7 月 20 日，第 3 版。

跨度较大，对法官的水平提出更高的要求。我国绝大多数地区法院的未成年人审判庭是从刑事审判庭中脱离出来的，以刑事起家。未成年人家事案件涉及家事审判的各个方面，既有人身关系案件、也有财产纠纷案件；既有侵权纠纷案件，也有物权纠纷案件，案由几乎涵盖民事审判的各个领域。实行“三审合一”模式的法院，其未成年人法庭的审判人员多数仍然是刑事法官为主。这对从事未成年人家事审判的法官提出了更高的要求，他们长期从事刑事审判工作，刑事案件的审理模式和民事案件的审理存有很大的差距，在未成年人审判与家事审判相融合的理念上仍有差距，在审判人员的配置结构上，缺少具有审理民事案件审判经验的法官，办案力量不够优化。

四、未成年人家事案件审理中配套措施的完善度不够

针对前期全国各地家事审判改革的实践，最高人民法院也对各地好的做法进行了总结，最高人民法院《审改意见》对于家事调解、家事调查、心理辅导等做法进行了规定，这些做法是试点做法的提炼和推广，在实践中已经取得了不少成效，也被越来越多的法院采纳。目前在配套措施方面仍然存在不少困难：如司法辅助人员的选任和管理上存在困境。最高人民法院《审改意见》第48条规定，人民法院可以为法官配备特邀调解员、家事调查员、心理学专业人员等司法辅助人员，配合审理家事案件。人民法院可以会同妇联、司法行政、卫生等部门定期组织司法辅助人员参加培训，并进行考核。上述条文的规定首先并未置于立法层面。其次结合目前的情况，上述司法辅助人员的选定，目前来看是各个法院自行开展，并没有选任标准和培训标准。如家事调查官的选任规定了家事调查员由司法行政、教育部门、妇联、共青团、社区等单位及基层群众组织推荐，由人民法院选任。人民法院可以邀请人大代表、政协委员、人民陪审员、人民调解员、专家学者、律师、基层法律服务工作者、仲裁员、退休法律工作者、基层工作

者以及其他具有社会、人文、法律、教育、心理、婚姻家庭等方面专业知识的人员加入家事调查员名册。特别是未成年人家事审判，对于家事调查员、调解员和心理辅导员更没有细化的标准。再次对上述司法辅助人员的考核更是存在操作性困难，考核标准如何，由哪个部门主管考核，考核结果不合格的如何处置。这些问题在现有的改革中各个法院探索得较少。后续如果实行，也是各自为政。最后家事审判的长效协作和社会参与机制建设相对滞后。从审判实践来看，由于缺乏更高级别的机构进行统筹，经费保障难以落实。在行政机关和政府职能部门之间的职能分配呈条块分割的状态下，未成年人家事审判的社会参与和长效协作机制无法可依，仅靠在个案中争取相关部门的支持与配合，无法解决法院整体家事审判社会参与和协作机制不完善的问题。

第五节　对未成年人家事审判工作的建议

通过几年的试点工作，我国家事审判工作虽积累了一定的经验，但同时也存在一些问题和缺陷，为此笔者提出如下建议：

一、单独制定家事诉讼法

家事诉讼具有不同于普通诉讼的特性，《民事诉讼法》所规定的普通诉讼程序不能满足家事案件对诉讼程序的特殊需求。我国各地现在实行的家事审判改革正如火如荼地开展，《审改意见》对家事案件的审理规程、适用原则作了规定，填补了《民事诉讼法》关于家事案件审理的缺陷，但意见毕竟无法代替单独的、系统的立法，需要在立法层面建立单独的家事诉讼法，以充分体现“未成年人利益最大化的原则”。且制定家事诉讼程序法更有利于家事案件的裁决，推动家事审判方式和工作机制改革。有了统一的家事诉讼法，能为法官提供精准的裁判规则和家事处理规则，当事人也能更清晰和自觉地把握诉讼规定进行诉讼，从而有效化解家事纠纷，更有利于全社会的法治建设。

二、构建合理的未成年人家事受案范围和审判组织

在受案范围上，根据《最高人民法院开展家事审判方式和工作机制改革试点工作的意见》规定，家事案件是指确定身份关系的案件及基于身份关系而产生的家庭纠纷，主要案件类型有：1. 婚姻案件及其附带案件，包括离婚、婚姻无效、婚姻撤销等，附带案件包括监护权、子女抚养费、离婚后财产分割等；2. 抚养、扶养及赡养纠纷案件；3. 亲子关系案件，包括确认亲子关系、否认亲子关系；4. 收养关系纠纷案件；5. 同居关系纠纷案件，包括同居期间的财产分割、非婚生子女抚养等；6. 继承和分家析产纠纷案件等。这些家事案件主要是家事诉讼案件，其中既有身份型的家事诉讼案件，也有财产型的家事诉讼案件，还有部分家事非讼案件。

目前，大多数未成年人法庭的未成年人家事纠纷的受案范围包括：抚养费案件、变更抚养关系案件、未成年人伤害案件、未成年人财产纠纷案件等。对于涉及未成年子女抚养的离婚案件是否由未成年人法庭审理，各地做法不同。关于未成年人法庭受理民事案件的范围，一般坚持以当事人主义为标准，只有案件中一方或双方当事人为未成年人，案件才能由未成年人法庭审理。我们认为，未成年人法庭受理涉及未成年人案件的标尺应为保护未成年人的心理层面的权益，未成年人区别于成年人的最大特点在于其心智发育不成熟，在遭受侵害后怎样安慰他的心理、使其摆脱侵害行为对他的影响。因而，我们认为，对于侵权类案件等法律关系、赔偿责任明确的案件不应由未成年人法庭审理。

所以，我们认为未成年人家事案件主要涉及的是家事非讼案件，可以

将下列案件的案由列入未成年人家事审判的受案范围：1. 未成年子女的抚养案件；2. 同居关系子女抚养纠纷；3. 探望权案件；4. 涉及未成年人为唯一当事人的继承纠纷。

在目前家事审判的改革中，对未成年人家事纠纷的审判组织全国法院做法不一，无论是未成年人法庭实行“三审合一”，还是建立单独的家事未成年人审判庭，我们认为审判组织要处理好未成年人民事审判与家事审判的关系，做到民事审判内部的统一和协调。

三、配置、培养专业的未成年人家事审判人员

未成年人家事案件不同于未成年人刑事案件，也不同于普通家事案件，有其特殊性。未成年人家事审判的模式既区别于普通民事审判模式，又不同于未成年人刑事审判程序，其审判理念必须在坚持民事审判原则的基础上，根据未成年人民事案件的特点适当地予以完善，使之更能体现对未成年当事人的保护。最高人民法院《审改意见》中要求探索建立特别的家事法官准入机制、培训机制和考核机制，探索配备专门从事家事调解、家事调查、心理辅导等工作的司法辅助人员，加强家事法官的职业安全保障，完善极端化事件的防控措施。我们认为，未成年人家事案件仍然属于家事案件，其与家事审判在审判理念、审判方式上有类似的地方，如都有社会调查员和监护人制度，都有追求利益最大化的原则，方法相通、理念相通，资源也可以共享。我们认为，未成年人家事法官必须坚持家事法官的选任标准，并充实到未成年人家事审判中，同时因为其更多地强调未成年人利益最大化，故在未成年人家事法官的选任上除家事法官的标准外，实行“三审合一”的未成年人家事法官考虑到未成年人家事审判大量的延伸工作，需要更多的司法人力保障，应当选任熟悉涉及未成年人刑事、婚姻家庭、行政案件审判业务，热爱未成年人权益保护工作和熟悉未成年人身心特点，业务能力强的法官办理未成年人案件，选拔具有一定社会阅历、有婚姻家庭经验、

掌握一定社会心理学知识和热爱家事审判的人担任家事审判的法官。还应该更倾向于有爱心、公益心、热爱未成年人审判的法官担任。同时未成年人家事法官应树立未成年人审判与家事审判相融合的理念。

另外，还要加强对未成年人家事法官的培训，目前美国、英国等均要求未成年人家事法庭法官除具备一般法官的任职资格外，还需要接受额外的培训或者需要满足额外的条件。例如，英国《1954年未成年人法庭（组成）规则》就规定了担任未成年人家事法庭的法官必须具有处理未成年人案件方面的特殊资格；日本家事法院的法官则要求家事法官必须是具有10年以上任职经历的助理法官或律师，而且要求具有从事未成年人家事审判的热情、充分的沟通能力和理解能力；澳大利亚家事法院的法官由相对应的律师团体来任命，而且候选人必须具有5年以上的专职律师经历才有申请成为家事法官的资格。所以，我们应加大对未成年人家事法官的培训力度，制定统一的未成年人家事法官的任职资格以及细化任职条件。

四、完善未成年人家事案件审判的配套措施

目前，家事调解、家事调查、心理辅导等做法已被最高人民法院推广，建议上升至统一的立法层面，在今后的家事诉讼法中予以确定。另外，对于这些好的制度，要做好配套的机制保障。

（一）人员的选任保障

司法辅助人员的选任需要有确定的标准。如未成年人家事调查官的选任可以参照家事调查官的选任条件，同时可以对未成年人家事调查官的选任再进行人员和条件的细化，如除有丰富的社会阅历、人文、法律、教育、心理、婚姻家庭等方面专业知识外，还要有爱心和公益心。同时法院内部确认一个主管部门，综合进行家事调查官的选任。同时实行调查官聘用机制，可实行一年一聘机制，及时补充新鲜血液。

（二）做好和其他机构的共同管理和协作机制

司法辅助人员的后续管理需要有明确的操作条件。建议由法院为主导起草对司法辅助人员的考核制定细则，同时由协作部门做好协同考核，落实奖惩工作。

第四章 未成年人权益的行政诉讼保护

第一节 涉及未成年人行政诉讼案件情况

一、行政诉讼领域占比较少

（一）总体情况

2014年11月24日，最高人民法院在上海召开通气会，向媒体公布了98起未成年人审判工作典型案例，其中刑事类案件62起，民事类案件33起，行政类案件3起。公布的3起行政案件中有2起有关未成年人户口方面的行政诉讼和1起有关未成年人农业方面的行政给付纠纷。

在宁波市二级法院审理的涉及行政案件中，1/5的案件有关行政登记的事由，包括户口登记和土地、房屋登记等；此外，还有2起案件有关国家赔偿问题。海曙法院自2014年成立未成年庭以来，至2019年年底共受理审结涉及未成年人的行政诉讼案件3件，2件为教育行政管理，1件为房屋拆迁。2件教育行政管理案件中，1件撤回起诉，1件驳回原告的诉讼请求。1件房屋拆迁案件判决行政机关败诉。真正与未成年人权益相关的是教育行政管理的案件，均为当事人对适龄儿童的学区划分不满意，起诉教育局，认为未按照公平、公正原则制定录取规则。

（二）典型案例

涉及未成年人行政诉讼的案件在实践中并不多见，以下是我们筛选的几个涉及未成年人行政诉讼的案例：

1. 杨某某诉宁波市海曙区集士港镇人民政府房屋拆迁管理（拆迁）行政强制案①

（1）基本案情

原告杨某某跟随父母一起居住及使用的房屋系杨家祖辈自1970年建造，后于1995年至1997年又向同村村民购买了共13间房屋，组成了现在属于原告家所有的全部集体土地使用权，并在上述土地上建造了房屋。根据相关规定，原告上述房产不属于违法建筑的范围，是历史遗留、未办理集体土地使用证的土地。2018年7月17日早上8时许，被告组织人员将原告上述部分房屋进行拆除，且拆除前未下发、出示法律规定的文件，也并未履行法律关于拆除违章建筑的法定程序。

（2）裁判结果

海曙法院认为，被告未能提供证据证明涉案建筑处于乡村规划区或城镇规划区，故本院亦难以认定被告是否具有实施被诉行政强拆行为的职权。且被告在组织实施强制拆除时，并不存在依法认定该涉案房屋为违章建筑并限期拆除的行政决定，强制拆除缺乏合法前提。故判决确认被告宁波市海曙区集士港镇人民政府于2018年7月17日对原告位于海曙区集士港镇杨家村杨家港126号前面的面积约为400平方米的建筑进行强制拆除的行政行为违法。

（3）案例评析

本案的典型意义在于保护了未成年人的居住权益，本案中被告未能提供证据证明涉案建筑处于乡村规划区或城镇规划区，亦不存在依法认定该涉案房屋为违章建筑并限期拆除的行政决定，强制拆除缺乏合法前提，故法院认定被告强制拆除的行政行为违法，有效地保障了未成年人的权益，确保其享有基本的居住保障。

① 出处：宁波市海曙区人民法院。

2. 刘某某诉宁波市海曙区教育局、宁波市海曙区人民政府教育行政管理（教育）行政复议案①

（1）基本案情

原告刘某某出生于2010年9月28日。原告刘某某的父母即法定代理人刘某波、李某芳于2011年11月8日购买了位于宁波市海曙区清林闲庭某处房屋，并于2014年7月14日将刘某某的户籍迁入该住址。2017年4月14日，被告海曙区教育局发布海教〔2017〕8号《海曙区教育局关于下达2017学年义务段学校招生计划的通知》，该文件规定海曙外国语学校青林湾校区计划招收8个班，招生计划360人。2017年5月13日，刘某浩至清林闲庭服务区小学海外青林湾校区为孙女即原告刘某某办理小学报名手续时，代为填写《宁波市海曙区外国语学校青林湾校区2017年一年级新生报名登记表（1）》。在该登记表中的承诺事项中“如青林湾校区超过招生计划，您选择的意向学校是：A. 宁波市实验学校　B. 宁波市海曙区外国语学校五江口校区”中选择了“B. 宁波市海曙区外国语学校五江口校区”。至2017年5月13日，海外青林湾校区一年级招生一表生报名登记人数为433人，明显超过该校招生计划360人，且将该批次适龄儿童按落户时间先后顺序进行排序，落户时间为2014年5月30日，排在第360名。2017年5月30日，海外青林湾校区向被告海曙区教育局报2017年小学一年级招生录取申请，将拟录取学生名单、入学报到方式及学童户籍在2014年5月30日以后迁入的“一表生”以及其他非“一表生”由海曙区教育局进行统一安排。被告海曙区教育局同意该方案。2017年6月1日，宁波市海曙外国语学校五江口校区发“录取喜报”，通知原告刘某某被该校区录取。2017年9月1日，原告刘某某入读宁波市海曙外国语学校五江口校区。原告诉请确认宁波市海曙区教育局2017年小学生入学招生中没有履行法定职责，确认其行政行为违法。

（2）裁判结果

海曙法院认为，根据《海曙区教育局2017年小学招生工作实施意见》

---

① 出处：宁波市海曙区人民法院。

中明确按照“住、户一致”优先原则，最先录取适龄儿童户籍与父（母）户籍、家庭住宅房［且户口簿户主和产权所有人仅为父（母）亲］三者一致，均在本小学服务区，而且同一套房子内没有其他家庭的未成年人在该校就读。同时明确如果该批次适龄儿童超过该校招生计划时，则按照适龄儿童户籍迁入时间先后顺序录取。该实施意见对符合海曙区招生政策的适龄儿童均具有普遍约束力。本案原告刘某某的户籍于2014年7月14日迁入，而2017年海外青林湾校区一年级招生计划360人，同样条件的适龄儿童按照落户时间先后顺序排序，落户时间为2014年5月30日，排在第360名，原告刘某某的排名明显在360名之外。后海外青林湾校区根据《海曙区教育局2017年小学招生工作实施意见》中“按照以上录取顺序，当录取到某一批次适龄儿童时，如果已超过该校招生计划，学校应当根据公平、公正原则制定录取办法，报区教育局审核同意后执行。该批次未录取和该批次后的适龄儿童由区教育局安排学校入学”的规定，向被告海曙区教育局申报录取方案，并经审核同意后执行。被告海曙区教育局按照原告代理人填报的选择学校意愿以及相对就近、户籍生招收未满额等情况，将原告刘某某统筹安排到海曙外国语学校五江口校区入学就读的行政行为，属适用法律、法规正确。驳回原告刘某某的诉讼请求。

（3）案例评析

本案的典型意义在于尽管本案驳回了当事人的诉请，但依据教育局发布的相关文件，采取了公平公正原则，从433人中录取了360人，并依据当事人的选择由五江口校区录取，是对原告受教育权益的最大保障，同时也是对其他报名的432名儿童的负责任。

3. 荆某某诉东营市河口区六合街道协胜村民委员会不履行协助落户职责案①

（1）基本案情

荆某某（男，汉族，2005年5月生）的母亲张某为东营市河口区六合

① 出处：山东省东营市河口区人民法院。

街道办事处协胜村村民，1997 年 6 月与东营市河口区六合街道办事处荆家村村民荆某登记结婚，婚后其户口一直未迁出。2005 年 5 月 17 日原告荆某某出生，但户口一直未落。2010 年 1 月 14 日，张某与荆某在河口区民政局协议离婚，离婚后荆某某由母亲张某抚养，一直随母亲居住在协胜村。张某多次向协胜村委会提出要求将荆某某的户口落在该村，但协胜村委会未给予协助办理。现荆某某已经满 6 周岁，因没有户籍信息导致无法正常入学。

（2）裁判结果

山东省东营市河口区人民法院经审理认为，在户籍管理中，村民委员会承担行政协助义务，协助村民办理相关落户手续是村民委员会的法定职责。本案中荆某某母亲的户口一直在协胜村，荆某某要求将户口落入该村符合相关法律法规规定，协胜村委会应协助办理落户手续，其以协助办理落户手续不是法定职责等为由拒绝荆某某的请求违法。依法判决东营市河口区六合街道办事处协胜村村民委员会于判决书生效之日起 10 日内履行协助荆某某办理落户的法定职责。

（3）案例评析

本案的典型意义在于依法保护了未成年人户籍登记和及时入学的权利。根据有关规定，被告协胜村委会具有协助户口登记机关办理户口登记的职责，但其怠于履行该职责，不为原告出具办理户口登记所需的证明，对原告的权利义务已造成实际影响，故该案属于行政诉讼受案范围。协助村民办理相关落户手续是村民委员会的法定职责，不能因为未成年人的母亲是本村出嫁女拒绝协助落户。

4. 李夏某诉上海市公安局浦东分局户口登记案①

（1）基本案情

2001 年，3 个月大的原告在果园外小路旁被村民李金某、尹某夫妇捡

① 出处：上海市浦东新区人民法院。

拾后领养，取名尹夏某。2005 年，两人登记离婚，并在自愿离婚协议书中约定：“双方所生一女尹夏某，由女方抚养……”原告随李金某共同生活后，改名为李夏某。2007 年李金某与孙某某结婚。2010 年 5 月，上海市浦东新区民政局颁发收养登记证，记载李夏某身份为非社会福利机构抚养的弃婴。同年 7 月，李金某向被告上海市公安局浦东分局申办户口登记，并提交了收养登记档案资料和书面说明，称离婚协议中自书“双方所生一女”是“为了不影响未成年人的心灵”。2011 年 11 月，被告以不符合现行户口政策为由作出不予批准的户口审批决定。

（2）裁判结果

上海市浦东新区人民法院（以下简称浦东法院）经审理认为，被告因离婚协议中称原告为“双方所生一女”而质疑收养登记机关认定的原告系“弃婴”的身份，在原告提供李金某患不孕症的医学证明、无利害关系证人证言等收养登记档案及书面说明的情况下，被告既没有根据优势证据规则对证据作正确的判断，也没有为排除怀疑对原告的情况做进一步核查，仅凭一纸孤证就认定原告来历不清，并作出不予入户的决定，证据不足。被告提交的政策依据在适用对象上与原告身份并不相符，且《收养法》《中国公民收养子女登记办法》《公安部、商业部关于被收养子女户口和粮食供应关系迁移问题的通知》等均对收养子女户口登记作出规定，被告以原告不在上海户口制度调整范围内，只能参照《上海市人民政府关于同意本市投靠类户口迁移若干实施意见的批复》办理入户的主张，与法相悖。综上，浦东法院认为，被告作出的不予入户决定，认定事实不清，主要证据不足，适用法律错误，判决撤销。

（3）案例评析

本案系典型的涉及未成年人的户口行政诉讼，户口登记是对公民合法身份的确认，直接影响社会生活，对于未成年人而言，更与其生活、入学、成长息息相关。

为营造有益于未成年人成长的法治环境，在户口登记行政诉讼中，法院应当以优先保障未成年人合法权益为原则，运用司法权平衡行政权力下未成年人的弱势地位。在程序方面，采用圆桌审理模式以弱化庭审对抗。在实体方面，合法性与合理性并重以确立严格的审查标准，加大司法审查力度，在行政目的是否正当、法律适用是否适当、是否符合客观规律和社会情理等方面予以特别关注。事实认定应当符合明显优势证明标准及社会情理，登记机关的举证应当“清楚而具有说服力”，其证明力至少应当优于行政相对人提交的证据；法律适用则应当符合上位法原则精神及给付行政理念，不得选择适用不利于未成年人的地方性政策规定。

本案撤销判决作出后，登记机关没有上诉，并很快为原告办妥了户口迁入手续。这是优先保护原则在涉及未成年人户口登记行政诉讼中的成功运用，更是司法保障未成年人合法权益的充分体现。

5. 李某某诉广饶县广饶街道十九村村民委员会农业行政给付纠纷案[①]

（1）基本案情

李某某（女，汉族，2005 年 4 月生）之母刘某系被告山东省广饶县广饶街道十九村居民，2001 年 12 月 20 日与山东省寿光市的李某彪在广饶县民政局登记结婚，婚后刘某户口并未迁出。原告出生后一直随母在被告处居住，现因被告村内拆迁临时在外租赁房屋居住。2007 年 4 月 5 日，原告之母刘某与被告就原告户口管理事宜达成协议，被告同意将原告的户口落于本村，但只负责户籍管理，原告自愿放弃在今后日常生活中村民应享受的宅基地使用、土地分配和一切经济分配待遇。原告户口于 2007 年 4 月 27 日因补报往年出生落户于被告处。原告以未享受同等村民待遇为由，向法院提起行政诉讼，要求享有被告村民同等待遇及相应的经济补偿。经查，2010 年以来被告将村集体土地对外租赁收益分别以麦季口粮款、秋季口粮款的名义向村民每人发放集体经济收益款 1010 元、990 元，因文安路扩宽用地所得经济收益款向每人发放 2500 元。

---

① 出处：山东省东营市利津县人民法院。

（2）裁判结果

山东省东营市利津县人民法院认为，根据《村民委员会组织法》规定，村民委员会享有办理本村公共事务的职权，村民委员会对本村集体收益进行管理和分配的行为，属于依据法律授权履行行政职责的行为，故本案属于行政诉讼受案范围。原告出生地在广饶，于2007年4月27日因补报往年出生落户于被告处，且一直随母在被告处居住，应属于被告集体经济组织成员。原告之母刘某系被告村居民，原告随母在被告处落户符合法律规定，被告村不应为原告随母落户设置任何附加条件。被告与原告签订协议，同意接收原告落户，但让原告放弃宅基地申请权、土地承包权及其他待遇，违反了有关规定，原告应享有与户籍所在地其他村民同等的待遇。据此，依法判决被告广饶县广饶街道十九村村民委员会给付原告李某某2010年以来集体经济收益款4500元。

（3）案例评析

本案的典型意义在于它体现了人人平等的原则，符合党的十一届四中全会提出的有权利就有救济的原则，很好地解决了如何保护户籍随母亲、生活在母亲娘家的农村新生婴儿的合法权益的问题。农村出嫁女以及未成年人利益首先要得到特殊保护，不能因为村规民约影响了未成年人的落户、福利分配等。

本案宣判后，承办法官及时进行了回访，李某某及时拿到了收益款，村委会表示服从判决，今后的集体收益款也会及时发放到李某某手中。使社会效果和法律效果得到了有机统一。

（三）涉及未成年人行政案件类型

虽然在司法实践中涉及未成年人的行政诉讼案件数量较少，但是这并不代表未成年人与行政机关之间不存在争议、未成年人的权益没有或者较少地遭到损害。相反，未成年人和行政机关的争议以及危害未成年人权益的事情时有发生。前已述及的未成年人行政诉讼案件的争议类型，较多的为户籍问题、产权问题、未成年人的教育问题和社会保障问题等。在下文，笔者将把涉及未成年人的行政诉讼分为2种类型：一种是行政机关的作为行为；另一种是行政机关的不作为行为。

1. 行政机关的作为行为

实务中，有关未成年人的行政诉讼涉及数量排名前4位的行政行为分别是行政处罚、行政登记、行政确认和行政裁决。对于涉及经济合作、土地资产方面的行政行为，如行政征用、行政征收、行政征购、行政划拨、行政规划和行政给付等，涉及未成年人的案例很少。根据已有的案件情况，未成年人与行政机关容易发生争议的多在户籍登记、姓名登记、入学教育等问题上。

2. 行政机关的不作为行为

在未成年人监护、食品药品安全领域、产品质量安全领域、校车安全领域、文化出版领域、教育监管等领域，危害未成年人合法权益的事件屡见不鲜。针对此类现象，现较为普遍的是人民检察院提起涉及未成年人的行政公益诉讼。行政公益诉讼的范围为负有未成年人保护监督管理职责的行政机关违法行使职权或者不作为，致使未成年人利益受到重大侵害的，人民检察院应当向行政机关提出检察建议，督促其依法履行职责。行政机关不依法履行职责的，人民检察院依法向人民法院提起诉讼。行政公益诉讼主要针对群体性的利益，如果行政机关的不作为行为造成单个未成年人权益损失，个人亦可以进行行政诉讼。

（四）涉及未成年人行政案件的特点

从上述数据我们不难发现有关未成年人的诉讼案件中，较多地都是涉及刑事类和民事类的诉讼案件。审判实践中，涉及未成年人的行政诉讼发案量较少，实践经验并不丰富。虽然，涉及未成年人行政诉讼的案件数量较少，但是将其归类整理，可以发现以下几个特点：

1. 执法过程中存在程序违法的情形。其中程序违法的情形多样，有的是行政机关在履行行政行为过程中存在程序违法的情况，譬如在公安机关询问未成年人时没有通知其法定代理人到场；有的是司法机关在审理案件过程中，没有按照法律规定收集证据等。

2. 案由分布相对集中。根据具体诉讼案件的内容情况可知，在有关未成年人的行政诉讼中，超过 1/3 的案件涉及未成年人的户籍问题，超过 1/5 的案件涉及未成年人的产权问题，1/8 左右的案件涉及未成年人的受教育权，其余涉及未成年人的药品、食品安全的案件则相对较少。

3. 涉及未成年人的行政诉讼案件数量少。在如今公益诉讼制度逐渐发展的过程中，涉及未成年人的行政诉讼仍然凤毛麟角。但这并不意味着未成年人行政诉讼重要程度较低，实际上未成年人因本身的弱势地位，在权益被侵害时往往难以自我救济，甚至有的不知道自己的权益被侵害，因此发展未成年人行政诉讼至关重要。

二、涉及未成年人行政诉讼保护之必要性

涉及未成年人行政案件具有一定的特殊之处，主要在于涉案主体为未成年人，属于行为能力欠缺者，故通过行政诉讼方式保护未成年人是必要的。

第一，就法律地位而言，未成年人需要有监护人的照顾，自我救济能力较差。未成年人正处在品德、智力、思想发展阶段，身心尚未成熟，个体应变能力和心理承受能力较弱，容易受到不法侵害且往往造成严重后果。《未成年人保护法》第 1 章第 3 条规定：“未成年人享有生存权、发展权、受保护权、参与权等权利，国家根据未成年人身心发展特点给予特殊、优先保护，保障未成年人的合法权益不受侵犯。未成年人享有受教育权，国家、社会、学校和家庭尊重和保障未成年人的受教育权。未成年人不分性别、民族、种族、家庭财产状况、宗教信仰等，依法平等地享有权利。”虽然法律对未成年人的权利作出了明确的规定，但是未成年人在面对自己的合法权益受到侵害时，常常不知道如何主动运用法律维护自己的合法权益，甚至没有意

识到自己的合法权益正在遭受侵害。例如，在判断行政机关所作行政行为是否合法的问题上，大部分成年人尚且由于不熟悉行政法律、法规而无法判断行政机关的行政行为是否合法，未成年人则更是缺乏相应的判断能力。并且在多数情况下，即使危害结果尚未发生，当未成年人的合法权益处在一个受威胁状态，需要其法定代理人、社会组织或国家机关提供法律帮助时，自身往往难以救济。未成年人与行政机关发生争议时，通常由其法定代理人提起行政诉讼，也可以看出未成年人自身救济力量薄弱的问题。所以，有关未成年人的行政诉讼案件在启动程序上、审理过程中应该有别于其他案由的案件和其他成年人的诉讼案件，应充分考虑到未成年人的能力水平，创立诉讼启动上的特殊保护等，以更好地保护未成年人的合法权益。

第二，社会参与程度较低，与行政管理发生冲突的概率较低。从上述数据中，不难看出涉及未成年人刑事案件和涉及未成年人民事案件数量在有关未成年人的诉讼案件数量中占比较高，涉及未成年人行政诉讼案件的数量少之又少，这主要和未成年人涉及行政活动较少也有关。根据我国的教育制度，普遍情况下，十八周岁正处于高中与大学的分界阶段。大多数的未成年人还未进入社会，其活动区域主要为学校和家庭。大多数的未成年人生活来源依靠其监护人，没有自己独立的经济来源或资产。对于行政机关作出的具体行政行为——行政许可、行政处罚、行政强制、行政征收、行政给付、行政裁决、行政确认、行政监督检查等，未成年人能够参与的范围受到其自身特点和能力的限制。在有关未成年人行政诉讼的案件中，排名前三的案由分别为行政处罚、行政登记和行政确认。而在行政征收、征用、征购，行政规划，行政给付等经济性较为明显的行政行为方面，有关未成年人的行政诉讼案件处于空白状态。未成年人参与的行政行为更多情况下有关其身份权和人格权，譬如户籍登记、姓名登记和入学等问题。在参与这些行为的过程中，未成年人通常与其监护人紧密联系，缺少自身的独立性。在户籍登记方面，未成年人通常是被动的；在受教育方面，未成年人选择学校的能力水平也受其户籍、监护人态度等方面的限制。未成年人或许是行政行为的直接相对人，但其往往不是主动的参与人。

第三，未成年人仍处于受教育过程中，人格权值得被重视。2018 年 3 月 6 日，最高人民检察院颁布了《最高人民检察院关于全面加强未成年人国家司法救助工作的意见》。其中，最高人民检察院明确提到：“检察机关办理案件时，对特定案件中符合条件的未成年人，应当依职权及时开展国家司法救助工作，根据未成年人身心特点和未来发展需要，给予特殊、优先和全面保护。既立足于帮助未成年人尽快摆脱当前生活困境，也应着力改善未成年人的身心状况、家庭教养和社会环境，促进未成年人健康成长。既立足于帮助未成年人恢复正常生活学习，也应尊重未成年人的人格尊严、名誉权和隐私权等合法权利，避免造成‘二次伤害’。”未成年人正处于三观养成、人格塑造的阶段，无论是行政机关还是司法机关都应对未成年人给予更全面的保护。行政机关在办理未成年人违法犯罪案件时也应当对未成年人的人格尊严予以关注，保护未成年人的名誉，不公开披露涉案未成年人的姓名、住所和影像。同时，行政机关还应该保护未成年人的监护人到场权，谨慎使用对未成年人限制人身自由的强制措施。法院在受理关于未成年人的行政诉讼案件时应该更加细致与温柔。《未成年人保护法》对未成年人的司法保护也作出了详细说明：“公安机关、人民检察院、人民法院办理未成年人刑事案件和涉及未成年人权益保护案件，应当照顾未成年人身心发展特点，尊重他们的人格尊严，保障他们的合法权益，并根据需要设立专门机构或者指定专人办理。公安机关、人民检察院讯问未成年犯罪嫌疑人，询问未成年证人、被害人，应当通知监护人到场。”

第四，未成年人的可塑性强，司法实践中个性突出。未成年人还在受教育阶段，可塑性较强，未来发展空间较大。行政机关在作出行政行为以及法院在受理涉及未成年人行政诉讼时，应当将未成年人以后的发展纳入考量的范围，这就需要对未成年人进行个性化的解读。未成年人的个体应变能力和心理承受能力弱于成人，且其个性深受外部环境因素的影响。不同的未成年人，其生活环境、学习环境、家庭背景、成长经历、性格特点、心理状态及社会交往等情况都是不同的，在对案情进行分析时，应当充分考虑未成年人的特点，从有利于未成年人以后的健康发展出发，依法进行审判。当然，法院在审理过程中要把握未成年人的自身特点，也不能违反相关规定，造成社会公共利益的损害。

第二节　涉及未成年人行政案件司法审查

在我国，司法审查是指人民法院对行政行为的合法性进行审查的国家司法活动。根据我国《行政诉讼法》第 2 章受案范围以及司法解释中的规定，司法审查的对象是行政机关的行政行为。在《行政诉讼法》第 12 条以及第 13 条中采用列举式规定了受案范围以及受案范围的排除。我国司法审查的范围以具体行政行为为直接的审查对象，根据《行政诉讼法》第 53 条第 1 款规定："公民、法人或者其他组织认为行政行为所依据的国务院部门和地方人民政府及其部门制定的规范性文件不合法，在对行政行为提起诉讼时，可以一并请求对该规范性文件进行审查。"可知我国对于抽象性行政行为为附带审查。我国《行政诉讼法》第 1 章确定了行政诉讼的一般原则。

一、行政诉讼一般原则

1. 举证责任倒置原则

举证责任是指当事人根据法律规定对特定的事实提供相关的证据加以证明的责任。在《行政诉讼法》第 4 章诉讼参加人一章中规定：原告为与行政行为以及其他与行政行为具有利害关系的公民、法人或者其他组织。其他具有利害关系的公民、法人或者其他组织可以作为第三人参加诉讼。被告在不同情况下可以为行政机关或者行政机关与复议机关为共同被告。与民事诉讼不同，我国民事诉讼的举证责任为由当事人对自己的主张提供证据，我国的行政诉讼实行举证责任倒置，除几种情况需要由原告举证外，其余需要被告举证。

根据《行政诉讼法》第 34 条第 1 款规定，行政机关对于作出的行政行为负有举证责任，应当提供作出该行政行为的证据和所依据的规范性文件；第 2 款规定：若行政机关不提供或者无正当理由逾期提供证据，视为没有证据，这也意味着被告将在诉讼中承担不利的诉讼后果，甚至可能败诉。在《行政诉讼法》第 38 条列举了原告需要举证的情况，分别是起诉行政机关不履行法定职责案件与行政赔偿、补偿案件中，原告需要对于行政行为造成的损害提供证据。这一原则对于保护公民、法人、其他组织具有重要意义，尤其在未成年人行政诉讼中。

在对未成年人的行政诉讼中，由于未成年人客观的情况以及行政机关行政行为做出的方式，未成年人并不能够保存或大多无法保存可以作为行政诉讼的证据，要求未成年人进行举证是困难且不合理的，所以确立举证责任倒置的原则对于未成年人行政诉讼具有重要的意义，既能够在行政诉讼中减轻未成年人的压力，也能保障未成年人的合法权益。同时，在一定程度上也规制行政机关能够按照法定程序和方式做出合理的行政行为。在行政诉讼中，对于未成年人，能够证明行政行为的存在即达到了举证的要求，其余由法院进行审理，为未成年人行政诉讼减轻了压力。

2. 不适用调解原则

根据我国《行政诉讼法》第 60 条规定，人民法院审理行政案件，不适用调解。但对于行政赔偿、行政补偿以及行政机关行使法律、法规规定的自由裁量权的案件可以调解。这 3 类案件的共同特点是行政机关都有一定的自由裁量权。也就是说对于羁束行政行为是不可以调解的。

3. 合法性审查以及合理性审查原则

根据《行政诉讼法》第 6 条规定，人民法院审理行政案件，对于行政行为进行合法性审查。由此我国确认了司法审查以合法性审查为原则，以合理性审查为例外的原则。

行政行为合法性的标准包括 2 个方面：实体合法和程序合法。实体合法指的是行政机关在做出行政行为时，是否有法律的依据，是否在法定职权内，是否超越了行政职权，适用的法律、法规是否正确等方面进行审查。

对行政机关做出的行政处罚进行合法性审查时要审查其是否具有行政处罚权，行政处罚是否在其职权范围内，适用《行政处罚法》是否正确等方面。程序合法，一个合法的行为不仅要满足实质合法，而且也要满足程序合法。行政机关享有国家行政权，具有公权力的限制，所以对于行政行为的做出必须经过相应的程序来防止公权力对私权力的侵害。如果一个行政行为在程序方面出现问题，即便在实体处理方面没有问题，该行政行为依然是违法的。我国如今并没有建立类似于《行政程序法》的专门法典，程序往往与实体相互渗透。例如，根据我国的《行政处罚法》，某些情形下告知当事人有要求听证的权利，当事人要求听证的，行政机关应当组织听证。如果行政机关违反这一程序，则构成程序违法，根据《行政诉讼法》第 70 条应予以撤销。对于行政机关的合法性审查以及程序合法要求，有助于在行政行为涉及未成年人时行政机关更谨慎对待，以作出具体的行政行为，从合法性层面对行政机关的行政执法活动提出要求。

合理性原则也是行政法的一项重要组成原则，指的是行政行为内容要客观、适度、合法。在涉及未成年人的行政司法案件中，确立合法性审查与合理性审查二元机制对保护未成年人权益具有重大意义。合理性原则产生的主要原则是行政机关的自由裁量权，既然存在行政自由裁量权，那么对于自由裁量权的行使必须进行必要的限制，防止因自由裁量的不当而对行政相对人造成侵害。未成年人由于其主体的特殊性，其智力、身心尚处于发展阶段，个体的能力以及应变能力较弱，合理性审查有助于将未成年人与成年人进行区别，能够更好地从个案出发进行平衡，依据未成年人的心理状态、成长环境等作出合理判断，从而更好地保护未成年人权益。

二、针对未成年人行政诉讼的特有原则

1. 未成年人最大利益原则

1959年联合国大会颁布的《儿童权利宣言》首次提出了“儿童的最大利益”。宣言中提出，儿童在其身体、智力、道德、社会适应能力等方面的健康发展中的权利应该受到特别保护，制定相关法律要以儿童的最大利益为首要考虑。未成年人的最大利益原则实际上与儿童的最大利益原则相似，其目的均是保证未成年人在成长过程中的权利能够得到保障，并且这些保障应该是最大化的。在我国，未成年人最大利益原则在多部立法中得到了体现，如在我国离婚案件中对于子女归属问题的判决上，以子女的最大利益为衡量标准，以最有利于子女身心健康和成长为标准。我国学者普遍认为，未成年人与成年人在很多方面存在根本差异，因此对于未成年人与成年人需要区别对待，才能达到实质意义上的平等。

在未成年人行政司法案件中、司法审判实践中也贯彻了未成年人最大利益的原则。未成年人由于其主体的特殊性，其通常属于法律弱势群体，其权利在行政管理及行政程序中易被侵犯。同时，随着社会的发展，涉及未成年人的药品、食品安全等案件数量也在不断增加。在衡量行政机关行政行为“轻微违法”“重大违法”以及判决时更需要结合具体案件具体分析，根据未成年人的自身情况以及行政机关有无过错以及过错大小进行综合的衡量。在行政给付以及行政行为执行等方面，更需要结合当事人的具体情况，如家庭情况、受教育情况等作出最有利于未成年人的行政判决。

2. 程序裁量上的特别均衡

行政程序的意义，在行政诉讼中具有重要的依据，程序正义的审查在司法审查中具有重要的意义。程序是制衡公权力的有效手段，涉及未成年人行政诉讼的重要意义在于，行政机关在做出行政行为时应当充分考虑未成年人的权益保护，体现对未成年人的尊重，未成年人的权益不仅存在于

实体上。在做出行政行为时，程序起着至关重要的作用，没有程序的正义，就难以保证行政行为是正义的。行政诉讼的受案范围限制在对于公民人身权、财产权等合法权益造成了侵犯，对于侵犯未成年人财产权的案件，可以判决行政机关依法给付或变更、撤销等来恢复原状，但对于未成年人人身权的侵害，一旦损害发生，即使做出公正、及时的救济也难以恢复原状。所以，仅仅保证未成年人的诉权是远远不够的，未成年人行政诉讼的根本目的在于保证其健康成长，程序正义的重要性不亚于实体正义，程序正义对于未成年人具有重要的意义与影响。

在我国司法审判实践中，对于违反法定程序的行政行为，法院判决撤销或者部分撤销；对于行政行为程序轻微违法，但对于原告权利不产生实际影响的，人民法院判决违法，但并不撤销。对于这种不同判决的理解，尤为重要。也就是说，违反了法定程序，对未成年人的权利产生了影响，行政行为应当判决撤销，如行政处罚中的申辩等程序。

3. 比例原则上的特定考虑

比例原则是指行政机关在采取某项措施时，必须权衡公共利益目标的实现和个人或组织合法权益的保障，若为了实现公共利益目标而采取对个人或者组织权益不利的措施时，应当将不利影响限制在尽可能小的范围和限度之内，而且要保持两者之间适度的比例。

比例原则是合理性审查中经常适用的原则，对保护未成年人权益具有重要意义。合理性审查针对的是行政诉讼中行政行为的明显不当，根据司法经验，明显不当比较常见的适用情形为行政处罚、行政给付、行政征收、行政裁决等。

比例原则要求行政机关在做出可以自由裁量的行政行为时必须考虑应当考虑的问题，对于与其无关的问题不应该考虑或过度考虑。在我国司法实践中，在涉及未成年人行政诉讼案件中，对于行政机关裁量行为合理性审查是十分必要的。未成年人是指未满 18 周岁的自然人，因其生理、心理上的不成熟，我国一般将未成年人作为无行为能力人或者限制行为能力人，在刑法上一般认为未成年人不具有完全的责任能力，即便构成犯罪，也对其从轻或者减轻刑罚。

对于未成年人进行处罚时要特别考虑比例原则，具体而言行政处罚是指行政机关或其他行政主体依照法定权限和程序对违反行政法规范尚未构成犯罪的相对方给予行政制裁的具体行政行为。行政机关在考量是否启动公权力以制裁违法行为时，应当全面考虑所有相关的因素。法院对此应严格审查。面对未成年人违反行政法规的行为，法院应当依据未成年人的个案情况具体分析，着重审查是否应当处罚、处罚是否符合法定程序和处罚方式是否适当的问题。我国《行政处罚法》第 4 条确立了行政处罚的公平、公开原则，行政处罚要与违法行为的事实、性质、情节以及社会危害程度相当。行政处罚的前提是行政机关享有行政处罚权，所以在对涉及未成年人行政处罚引起的纠纷中，首先应审查做出行政处罚的主体是否具有行政处罚权以及对于未成年人具有法定义务的机关是否尽到了相应的作为义务。其次需要审查享有行政处罚权的行政机关在做出行政处罚时，是否符合行政处罚的法定程序。如在我国《行政处罚法》第 5 章中对于行政处罚的决定程序作出了详细的规定，行政机关要综合考虑。在考虑过相关因素后，要看未成年人这一群体是否具有从轻或者减轻的情节，如在我国《行政处罚法》第 25 条中对于不满 14 周岁的人有违法行为的，不予行政处罚，责令监护人加以管教；已满 14 周岁不满 18 周岁的人有违法行为的，从轻或者减轻行政处罚。根据我国《公安机关办理未成年人违法犯罪案件的规定》第 27 条规定，对违反治安管理的未成年人，应当尽量避免使用治安拘留处罚。对在校学生，一般不得予以治安拘留。所以，对于未成年人处罚是否适当的问题在未成年人行政诉讼中也是人民法院应重点考虑的一方面。

4. 全面审查应保护利益原则

是否忽略了应保护的利益，也是对于涉及未成年人行政诉讼中合理性审查的一个重要因素。未成年人正处在成长的阶段，行政机关如果滥用职权、超越职权或者行政行为明显不当，均会给未成年人造成身体和心理的巨大伤害，甚至对未成年人的一生造成影响，从这个角度而言，每一个行政行为的作出对于未成年人来说都有着深远的意义。

根据我国《未成年人保护法》第3条规定，未成年人享有生存权、发展权、受保护权、参与权等权利，国家根据未成年人身心发展特点给予特殊、优先保护，保障未成年人的合法权益不受侵犯。未成年人享有受教育权，国家、社会、学校和家庭尊重和保障未成年人的受教育权。国家对于未成年人的权益给予特殊保护，是因为未成年人的权益关乎其未来的发展。未成年人的合法权益受侵害在当下并不是明显的，但影响可能是长期的、潜在的。

未成年人因其还不具有完全的行为能力，其心理、思想等还处于发展、不成熟的阶段，在这一点上，如需对未成年人采取行政强制措施，应重点保护未成年人享有的权利，依据未成年人个案的特性进行酌定。公安机关在对于未成年人轻微违法时，应考虑是否采取强制措施、采取强制措施的方法或者采取其他行政处罚。对于未成年人违法案件中，公安机关在做出处罚前，应当全面了解未成年人的生活环境、成长经历、性格特点等因素，最后对未成年人有整体把握后做出相应的处罚。在发现对未成年人成长、生活、教育等不利的条件后，在其职权范围内应当及时予以排除。

在行政程序中，要特别注意未成年人的特殊情况，保护其应保护的利益，这些利益主要有：

（1）未成年人的隐私权。在刑法上对于未成年人犯罪有免除前科报告义务，对于未成年人一般违法情况，也应保证其一定的隐私权，防止对未成年人发展造成不利影响。

（2）申述的权利。未成年人社会经验少，对于社会上很多的事物还不能达到完全或全面的认识，行政机关在行政行为做出特别是行政处罚时，要考虑相对人的主观心理与认识，要给予未成年人足够充分的申述，听其解释。未成年人的监护人应当在场，保证未成年人的平等地位。

（3）限制或者减少强制措施的使用，行政强制措施是行政处罚中最严重的处罚，对于未成年人身心会产生巨大的影响，行政强制要权衡利弊，考虑到未成年人的情况，防止对其未来发展造成不利影响。

在进入司法审查后，法院对于未成年人的性格特点、生活环境等也应予以考虑，给予未成年人特殊照顾，能够基于未成年人的特殊性做出有“温度”的判决。

第三节　未成年人行政诉讼启动上的特殊保护

一、未成年人行政公益诉讼制度

近年来，未成年人受侵害的事件呈“井喷式”爆发。未成年人作为弱势群体，无论基于“儿童利益最大化原则”还是“国家亲权”理念，其利益保护实属“公益”的范畴。目前我国对未成年人行政公益诉讼并未在立法上予以明确的规定，但是在实践中未成年人公益诉讼却早已开展。

检察机关提起未成年人行政公益诉讼的必要性体现在以下五个方面。

1. 符合依法治国的发展要求。党的十八届四中全会通过的《中共中央关于全面推进依法治国若干重大问题的决定》中明确指出，检察机关在履行职责中发现行政机关违法行使职权或者不行使职权的行为，应该督促其纠正，探索建立检察机关提起公益诉讼制度。

2. 未成年人易受到侵害的领域扩大，包括食品药品安全领域、产品质量安全领域、校车安全领域、文化出版领域、教育监管等领域，危害未成年人合法权益的事件屡见不鲜。并且未成年人作为弱势群体，在自身权益受到侵害时，往往无法依靠自身力量进行救济，若遇到潜在的侵害时更难做到自我保护，需要国家机关或社会组织提供法律帮助。

3. 法律规定的不完善。不完善的行政违法行为监督体系，使行政机关在执法活动过程中存在监管灰色地带。而一部分行政机关在未成年人权益保护中又存在着职权交叉的情况，易出现互相推诿、无人牵头现象，使得保护工作无处着手。未成年人公益诉讼弥补了法律制度上的缺陷，也是促进依法行政、解决行政违法监督缺失的需要。

4. 借鉴国际未成年人权益保护的成功经验。部分国家和地区均选择通过行政公益诉讼的方式，加强对未成年人等弱势群体的保护。例如，根据《日本检察厅法》第 4 条规定，“检察官……作为公益代表人，进行其他法令规定的属于其权益的事务”。其赋予了日本检察机关在行政机关的命令或裁决影响到社会公共利益或不特定多数未成年人利益的情况下，检察机关可以提起控告诉讼。

5. 存在法律基础。根据我国《行政诉讼法》第 11 条规定，人民检察院有权对行政诉讼实行法律监督，这一规定为检察机关提起行政公益诉讼提供了制度空间。相对于西方国家把检察机关定位于“政府律师”而言，我国检察机关作为法律的监督机关，在专业人员配备、法律知识资源、调查取证职权等方面，都具有天然的优势，能够有效克服公益诉讼取证难、胜诉难等障碍，提高司法效率，降低司法成本。2019 年最高人民检察院成立第九检察厅，未成年人司法保护工作是其重要职能之一，为检察院提起行政公益诉讼奠定了基础。

二、未成年人行政公益诉讼程序构建

基于行政公益诉讼的新颖性，未成年人保护公益诉讼具体程序的构建，应当以现有的法律法规为基础，结合实践不断完善。笔者拟通过借鉴国内各地区已有的经验，从未成年人保护行政公益诉讼案件范围、案件来源、主责部门、管辖权设置、诉前程序进行分析，对行政公益诉讼程序的构建提出一些不成熟的建议。

（一）案件范围

域外关于确定未成年人公益诉讼案件范围，主要采取概括式和列举式。概括式能够最大限度地囊括需要保护的公益；列举式则条目清晰，可以将未成年人公益诉讼与其他诉讼相区分。检察院提起行政公益诉讼的情况限于，承担未成年人保护监管职责的行政机关违法行使职权或者不作为时，向行政机关提出检察建议，督促其依法履行职责。行政机关不依法履行职责的，人民检察院依法向人民法院提起诉讼。目前，我国行政公益诉讼的案件范围主要包括以下5个方面。

1. 对食品药品安全负有监督管理职责的行政机关在食品、药品研制、生产、流通、使用等进行监督管理的过程中违法行使职权或不作为，致使未成年人合法权益受到侵害的，检察机关可以提起行政公益诉讼。

2. 国有财产保护领域负有监管职责的行政机关违法行使职权或不作为，致使未成年人的合法权益受到侵害的。包括：（1）未履行对义务教育经费保障职责的；（2）未均衡安排义务教育经费的；（3）侵占、挪用义务教育经费的；（4）向学校非法收取或者摊派费用的。

3. 公安机关、出版行政部门、文化监管部门、生态环境保护部门、交通运输管理部门不依法履职或者不作为，致使未成年人合法权益受到侵害的，检察机关可以依法进行监督。包括：父母、学校、不适宜未成年人活动的场所以及损害未成年人身心健康的人或机构等都应当依法追责。

4. 教育行政部门不依法履职或者不作为，致使未成年人合法权益受到侵害的，检察机关可以依法进行监督，包括学校未尽到保护职责以及其他损害未成年人权益的行为。

5. 市场监督管理部门、劳动主管部门、民政部门、消防部门不依法履职或者不作为，致使未成年人合法权益受到侵害的，检察机关可以依法进行监督，包括生产、销售不符合标准的产品的，招用未满16周岁未成年人的以及其他损害未成年人权益的行为。

（二）案件来源

以英国为例，检察机关介入行政公益诉讼有 2 种方式：一是“由公民在请求禁止令或宣告令抑或同时请求这两种救济时，为阻止某种违法，检察总长有权提起诉讼”。也就是说，由总检察长或是其授权的检察长依职权提起诉讼。二是由公民依申请提起诉讼。如果公民发现社会生活中存在损害未成年人合法权益的事实行为时，可以向总检察长申请提起公益诉讼。目前，我国提起行政公益诉讼的来源主要有 3 种。

1. 依申请受理的案件，主要是指检察机关依据人民群众举报、控告、申诉、信访等形成的案件。

2. 依职权提起的诉讼，主要是指检察机关在工作中发现可能存在侵害未成年人利益的线索而形成的案件。

3. 观察员发现的，以上海市青浦区检察院为例，上海市青浦区检察院在借鉴宝山区检察院公益诉讼观察员制度的基础上，结合未成年人案件特点，开创未成年人公益诉讼观察员制度，由检察机关聘请与未成年人密切联系的学校教师以及部分人大代表、政协委员、有专业知识的人、媒体记者等作为未成年人检察公益诉讼的观察员，为检察机关提供在日常工作、生活中发现的可能存在侵害未成年人利益的案件线索，并协助、监督检察机关开展未成年人行政公益诉讼。

（三）主责部门

2017 年，最高人民检察院下发了《关于开展未成年人刑事执行检察、民事行政检察业务统一集中办理试点工作的通知》（以下简称《通知》），《通知》中明确全国 13 个试点省市检察机关未检部门成立试点工作小组，工作小组在履行监督职责中，发现食品药品安全、产品质量等领域侵害众多未成年人合法权益的，可以依法提出检察建议，探索开展支持起诉等工作。这一《通知》为办理未成年人行政公益诉讼案件提供了一定的理论与实务支持。统一由工作小组来办理，能最大限度地维护未成年人的合法权益。

（四）管辖权设置

根据《行政诉讼法》第 18 条的规定，行政案件由最初作出行政行为的行政机关所在地人民法院管辖。经复议的案件，也可以由复议机关所在地人民法院管辖。而根据《民事诉讼法》《行政诉讼法》与《最高人民法院、最高人民检察院关于检察公益诉讼案件适用法律若干问题的解释》第 5 条规定，“市（分、州）人民检察院提起的第一审民事公益诉讼案件，由侵权行为地或者被告住所地中级人民法院管辖。基层人民检察院提起的第一审行政公益诉讼案件，由被诉行政机关所在地基层人民法院管辖”。

根据上述规定，只有市人民检察院能够向侵权行为地或被告住所地中级人民法院提起诉讼，而基层人民检察院只能向被诉行政机关所在地基层人民法院起诉，故未成年人的行政公益诉讼同样也应借鉴上述规定。

（五）诉前程序

《行政诉讼法》已明确规定了检察机关开展公益诉讼的诉前程序，并且试点实践中检察机关开展公益诉讼，也要求督促相关单位起诉或者制发检察建议作为前置程序。未成年人公益诉讼诉前程序有助于加强社会组织的诉讼行为能力，也有助于督促相关行政部门履行法定职责。结合现行法律法规与各地未成年人案件办理实际，对于未成年人行政公益诉讼的诉前程序可以从以下方面进行构建。

1. 受理办案。未成年人检察部门与专项小组对发现的可能存在侵害未成年人利益的案件线索都应受理、登记，并及时审查是否符合未成年人行政公益诉讼案件范围，在 2 日内决定是否立案。

2. 诉前调查。对作出立案决定的，检察机关应当着手开展诉前调查活动，结合未成年人案件特点，可以借鉴海曙法院的社会调查制度。可走访案发现场、未成年人所在学校、社区等地，对未成年人开展社会调查。若未成年人没有法定代理人，可以借鉴《民事诉讼法》中关于未成年人的相关规定，也可以借鉴海曙法院的公益代理人制度，借助社区居委会或村委会力量派代表保护未成年人利益。通过收集多方意见，制作调查笔录，形成诉前调查报告。

3. 检察建议或督促起诉。在提起未成年人行政公益诉讼前，应当向相关行政机关提出检察建议，督促其纠正相关违法行政行为或依法履职。相关机关、组织应当在一定期限内依法办理，并将办理情况书面回复检察机关，不予办理或逾期办理的，视为诉前程序无果，检察机关可依法提起行政公益诉讼。行政机关拒不纠正违法行为或不履行法定职责的，致使未成年人合法利益仍处于受侵害状态的，检察机关可以依法提起公益诉讼。

三、未成年人权益侵害法律援助机制

（一）被害补偿机制的构建

被害补偿，是指国家给予特定被害人金钱救济的一种法律制度。我国对于未成年被害人的补偿规定主要见于刑事法领域。

从我国的现行规章制度来看，我国的未成年被害人补偿机制以加害人赔偿为主、国家补偿为辅，以经济赔偿为主缺乏精神上的补偿救助，以刑事处罚为主缺乏对未成年人民事侵权行为、行政违法行为的补偿机制。

1. 扩大未成年被害人补偿的范围，国家补偿与加害人赔偿并重

我国现行的被害人补偿机制，是以加害人赔偿为主、国家补偿为辅。未成年被害人也适用此规定。然而，从实际情况来看，未成年被害人处于弱势地位，其赔偿诉求通常未得到满足，身心健康并未得到及时的恢复。为了充分、及时地保障未成年人的合法利益，国家应当对这一特殊主体作出特殊规定，并不需要等到未成年人在得不到加害人的赔偿时才发挥国家的保护职能。在保护未成年人合法权益的同时，为了有效地监督加害人赔偿义务的履行，可将未成年被害人在判决作出后获得的被害补偿按一定的比例归还国家的补偿机关。

2. 设置专门化的未成年被害人补偿机构

美国加利福尼亚州在《被害补偿法》实施之初将被害补偿交由政府的社会福利部门，不久后将此移交给专门处理补偿事宜的机构。我国当前负责补偿机制事宜的机构为人民法院。借鉴于其他国家的补偿机制，我国可以尝试设立专门的未成年被害人补偿委员会，全权负责未成年被害人的补偿事宜。这种专门化的处理，基于未成年人行政保护都由未成年人法院审理，未成年人法庭对案件事实和未成年人个人情况了解得更为全面，能够及时、公正地作出补偿决定。

3. 建立专门化的未成年被害人补偿程序

专门化的补偿程序，分为申请、审查、决定和执行 4 个阶段。在第一个阶段，符合申请条件的未成年被害人及其监护人、法定代理人，应当在法定期限内向有管辖权的未成年人所在地法院提出补偿申请。对于公诉案件，未成年被害人及其法定代理人、监护人也可以在庭审前向公安机关、检察院提出补偿申请，此后随案移送至未成年人所在地法院。在第二个阶段，未成年人所在地法院的补偿委员会在收到被害补偿申请后，应当组成合议庭形式，结合对未成年被害人的社会调查，对未成年被害人的身心损害情况、被害人是否从加害人处获得赔偿或是否从其他机构获得相应的补偿，以及未成年被害人在该侵害行为中的责任程度予以了解，进而对补偿申请予以实质审查。在第三个阶段，未成年人法院（或未成年庭）的补偿委员会自受理补偿申请 30 日内，应当作出补偿裁决，决定补偿数额、补偿方式以及补偿期限；对不符合条件的，应当驳回申请人的申请。决定书一式 4 份，审查机关保留 1 份，其余 3 份交由同级人民检察院、补偿申请人和补偿基金管理部门。在第四个阶段，补偿基金管理部门在接到补偿决定书之后，应当及时予以给付。同时，未成年被害人及其法定代理人、监护人的受领补偿金的期限为 2 年，该受领权不得转让、质押或提供担保。申请人对未成年人所在地法院的补偿委员会作出的决定不服的，可在该补偿决定书送达后的15日内提请复议，法院对该补偿程序实行两审终审制。

（二）司法救助制度的构建

未成年被害人作为社会的弱者，法律及其实施细则应当对未成年被害人的权利予以保障。处理未成年被害人案件的司法工作人员，在与未成年被害人沟通、交流的过程中，应当给予未成年被害人特定的司法援助。

1. 社会援助

（1）设立未成年被害人援助基金，开展应急贷款。从实际来看，可以鼓励现有的未成年人保护委员会、工会、红十字会、法律援助中心等组织，为未成年人设立专门的“被害援助基金”。通过向社会个人、企业等筹集资金，尽可能地集合社会力量，帮助未成年被害人解决经济上的困难，为其提供医疗费用、生活援助，用以保障未成年被害人的生命，最大限度地保护未成年被害人的合法利益。同时也可以借鉴国外模式向刑事被害人提供“应急贷款”，未成年被害人受到侵害，无力承担医疗费用、生活费用等，可以由当地政府部门做出担保，向银行进行一定数额的应急贷款。

（2）建立法律援助制度，为未成年被害人提供法律援助。对于一些经济条件不理想的家庭来说，聘请律师是一笔不小的费用，也许会因为聘请不起律师而忽视对于未成年被害人的权利保护。建立健全的法律援助制度，整合律师资源，充分调动社会组织的力量，为未成年人提供公益的律师服务。

（3）完善行政公益诉讼程序构建。建立法律援助是针对一些经济不理想的家庭没钱请律师的情况，而构建行政公益诉讼是针对那些无人管的案件。

（4）开展未成年被害人心理咨询服务。未成年被害人被害后，心理受到强烈刺激而产生的痛苦体验往往比身体所遭受的伤害更难以愈合，如果能及时通过沙盘搭建、沟通、谈话等简单的心理治疗了解未成年被害人的内心世界，就能更好地帮助被害人走出困境。

（5）设立未成年被害人救助热线，搭建互联网救助平台。可以由社会组织和志愿人员设立专门的法律援助网站或热线，结合心理辅导的方式，从根本上解决未成年被害人的问题。社会组织和相关人士建立互联网救助平台，通过该平台实现网上信息及时发布与互通，充分调动和整合网络资源，建立专业化的网上募捐和救助平台。此外，应通过网络平台宣传这一方式，让更多的未成年人熟悉这一有效的求助途径。

2. 未成年人的特殊质证程序

（1）方式灵活。在未成年被害人质证的过程中，应采用灵活的方式，以不出庭质证为原则，出庭质证为例外。

（2）心理援助。可要求司法机关为未成年人提供心理援助，以防质证过程中未成年被害人出现心理不适。

（3）公益代理人出庭。若无法定代理人在场的，还可要求专业人士，如公益代理人出庭，帮助未成年被害人陈述案涉情况的同时，尽量使其免受二次伤害，从而更好地保障未成年被害人的合法权益。

第五章

未成年人审判『三审合一』模式的运行考察与转型路径

第一节　历史变迁：未成年人审判“三审合一”模式的由来与发展

一、萌芽阶段

1984 年 11 月，上海市长宁区人民法院率先在刑庭中设立了专门审理未成年人刑事案件的合议庭，标志着我国第一个未成年庭的诞生。设立这种形式的合议庭有利于有针对性地探究未成年人刑事案件，加强案件法律效果与社会效果的统一，以进一步提升法院对未成年人案件的审判能力。因此，该种模式在实施以后具有较强的生命力，逐渐在全国范围内进行推广。由此，我国法院拉开了未成年人审判独立化的序幕，逐渐形成了未成年人法庭专门审理未成年人刑事案件的制度。

二、创立阶段

1991 年 8 月，江苏省常州市天宁区人民法院首次突破了未成年人法庭纯刑事性的特点，把涉及未成年人权益保护的民事、行政、经济[①]案件纳入受案范围。随后其他地方法院也纷纷效仿，至 1994 年年底，全国已有 249 个法院将涉及未成年人民事权益等案件集中至未成年庭审理。[②]这是未成年

① 参见林常茵：《对我国少年审判机构的回顾与前瞻》，载《人民司法》2001 年第 12 期。

② 最高人民法院：《全国法院少年法庭工作会议纪要》，载《最高人民法院公报》1995 年第 3 期。

人审判“三审合一”模式的初步尝试。从单一地审理未成年人刑事案件，矫正失足未成年人，到综合审理涉及未成年人的刑事、民事、行政案件，逐步实行对未成年人的全面司法保护。“三审合一”模式为全国许多省市的人民法院所效仿，掀起了未成年人审判独立化的高潮。

三、低谷阶段

20世纪90年代，“三审合一”模式在被纷纷效仿之后并未迎来更深入地发展和更广泛地认同，反而陷入了低谷。因为“三审合一”模式仅是一种地方性实践，缺乏健全的顶层设计和配套机制，同时受制于各地法院案件数量和审判力量之间的差异，其在各地发展时遭遇了不同程度的问题，也产生了广泛争议。各地受案范围不统一，界限不明确，引发法院内各庭室争抢或是推脱案件，不少人认为该模式已经影响法院内部的审判工作秩序和未成年人法庭今后的发展。1995年5月，全国法院第三次未成年人审判工作会议召开，针对前期未成年人法庭发展速度快、形式多样化等实际情况，提出了未成年人法庭规范化的议题，受此次会议精神的影响，一些曾经试点“三审合一”审判模式的法院又重新改建未成年庭。比如，曾经积极推行“三审合一”模式改革的上海市普陀区人民法院、上海市长宁区人民法院，在经过一段时间的试行后，又重新回到单一的未成年人刑事审判模式。面对来自理论界的质疑和司法实践的回退，在此后的近10年内，关于未成年人审判“三审合一”模式的探索几乎停滞。①

四、重塑阶段

面对“三审合一”模式持续陷入低谷的窘境，理论界和实务界关于加

① 参见刘佳娜：《“三审合一”的改革与反思——论少年审判综合模式的困境及其消解》，载《建设公平正义社会与刑事法律适用问题研究》，人民法院出版社2012年版，第403页。

强未成年人全面保护的呼声再次高涨，最高人民法院做出积极回应，开始对“三审合一”模式进行自上而下的重塑。2005 年 10 月，最高人民法院发布了《人民法院第二个五年改革纲要（2004—2008）》，其第 50 条提出，“完善审理未成年人刑事案件和涉及未成年人权益保护的民事、行政案件的组织机构，在具备条件的大城市开展设立少年法院的试点工作，以适应未成年人司法工作的特殊需要，推动建立和完善中国特色少年司法制度”，并将此作为人民法院“二五改革”的重要目标。2006 年，最高人民法院在黑龙江省哈尔滨市组织召开了“全国部分中级人民法院设立未成年人案件（综合）审判庭试点工作会议”，确定 18 个中院为设立独立建制“未成年人案件综合审判庭”试点单位，将未成年人法庭从传统的以仅受理涉及未成年人刑事案件扩展为综合受理涉及未成年人的民事、行政和刑事案件。此次试点改革被称为“自 1984 年以来未成年人司法领域的首次最重要和最大规模‘自上而下’的改革”①，回应了学界及司法界对未成年人实行全方位、立体式司法保护的呼声，开创了我国未成年人司法保护的新阶段，标志着未成年人审判“三审合一”模式在全国范围内的正式确立。

第二节 现状考察：海曙法院未成年人审判“三审合一”模式的运行情况

“三审合一”模式对于全面保护未成年人合法权益，推动我国未成年人司法不断发展等方面都有着不可替代的作用。但与此同时，实践中发现，该模式在其具体的运行中面临着不同层面的困境和问题。海曙法院“三审合一”模式已运行数年，以其为考察对象②，可以窥见“三审合一”模式在基

① 参见姚建龙：《评最高人民法院未成年人综合庭试点改革》，载《法学》2007 年第 12 期。

② 笔者对宁波市两级法院的未成年人审判模式进行了调查，发现在 1 个中级法院和 10 个基层法院中，仅有海曙法院实行了未成年人审判“三审合一”模式，故以我院作为考察对象。

层法院的运行现状和存在的问题，以期为该模式在实践中的良性运行提供一定的有益参考。

一、总体情况

海曙法院未成年人审判模式的发展，体现了我国未成年人审判模式的发展轨迹与该院结合自身实际灵活设置的有机结合。我院最初成立专门审理未成年人刑事案件的合议庭，由专人负责审理未成年人刑事案件，体现了对未成年人的特殊保护。

2014 年，我院成立未成年人案件综合审判庭（以下简称未成年庭），围绕预防未成年人犯罪和保护未成年人这 2 项重点工作，探索审理涉及未成年人的刑事和家事案件，进一步强化未成年人审判独立化的趋势。

2017 年 4 月，我院在未成年庭运行未成年人审判“三审合一”模式，明确涉及未成年人刑事、民事和行政的案件由未成年庭统一审判。根据《最高人民法院关于批准未成年人案件综合审判庭试点工作方案中有关事项的批复》（以下简称《批复》）精神并结合我院实际，我院未成年人审判“三审合一”模式的受案范围包括：1. 刑事案件：（1）被告人实施犯罪时不满 18 周岁、人民法院立案时不满 20 周岁的案件；（2）共同犯罪中部分被告人犯罪时不满 18 周岁、人民法院立案时不满 20 周岁，并被指控为首要分子或者主犯的共同犯罪的案件；（3）被告人实施犯罪时被害人未满 18 周岁的案件。2. 民事和行政案件：（1）当事人一方或双方为未成年人的民事或者行政案件；（2）婚姻家庭纠纷中涉及未成年人权益的案件，包括抚养关系纠纷、抚育费纠纷、探视子女权纠纷等；（3）继承纠纷案件中涉及未成年人权益的案件；（4）申请指定监护人案件；（5）申请撤销监护人资格案件。针对上述涉及未成年人的案件，海曙法院根据案件性质分别按照相应的程序审理。在刑事案件的审理上，注重“教育式审判”，在审判中坚持“教育、感化、挽救”的方针，遵循“教育为主，惩罚为辅”的原则。民事和行政案件的审理坚持“未成年人利益最大化”原则。由此，“三审合一”模式在我院得到确立并不断发展。

2019 年 4 月，根据我院内设机构改革的要求，未成年庭并入刑庭，为保证内设机构改革和未成年人审判特色工作的有序衔接，刑庭指定专人办理未成年人案件，继续实行“三审合一”审判模式。但相比原先独立建制的未成年庭来说，依附于刑庭的未成年人审判职能一定程度上存在着被弱化的趋势。

2021 年 5 月，为充分发挥派出法庭贴近基层、贴近群众的优势，切实增强做好少年审判工作的责任感和使命感，我院在鄞江法庭设立少年巡回法庭，与本院刑事审判庭分别对海曙西片地区和海曙主城区涉及未成年人的案件进行审理，从而更有针对性地加强对辖区未成年人合法权益的保护。

二、案件审理情况

从 2017 年至今，海曙法院实行“三审合一”审判模式已有 3 年，分析案件的审理情况可发现如下特点：

（一）涉及未成年人的案件总量较少

2017 年至 2020 年，我院未成年庭分别审结涉及未成年人案件 68 件、84 件、92 件、127 件，相比全院案件来说，案件总量较少，不到全院结案总数的 1%。虽然涉及未成年人的案件数量呈逐年缓慢增长趋势，但相比我院的结案总数来说，每年涉及未成年人的案件结案数占全院结案总数的比例并未呈连续上升趋势（见表 5–1）。且因我院案多人少矛盾较为突出，而涉及未成年人的案件总量偏少，虽然我院组建了未成年人审判合议庭，由专人办理涉及未成年人的案件，但同时该合议庭也需要承办其他非涉及未成年人的刑事案件，这在一定程度上影响了我院未成年人审判的独立发展。

表 5-1　2017—2020 年海曙法院未成年庭涉及未成年人案件结案情况统计表

年度	涉及未成年人案件结案数（件）	审判案件结案数（件）	涉及未成年人案件结案数在审判案件结案数中的占比
2017	68	13450	0.51%
2018	84	18252	0.46%
2019	92	17007	0.54%
2020	127	16628	0.76%

（二）涉及未成年人的民事案件占绝大多数

海曙法院未成年庭在 2017 年至 2020 年审结涉及未成年人的案件共 371 件，其中涉及未成年人的民事案件共 272 件，占比达到 73%。行政案件最少，仅有 4 件（见图 5-1）。涉及未成年人的民事案件数量相对较多，与海曙法院试行的涉及未成年人的民事案件的收案范围有关。海曙法院根据《批复》精神，将只要有一方当事人系未成年人的民事案件全部由未成年庭（后为刑庭）进行审理，客观上使涉及未成年人民事案件的数量增多。

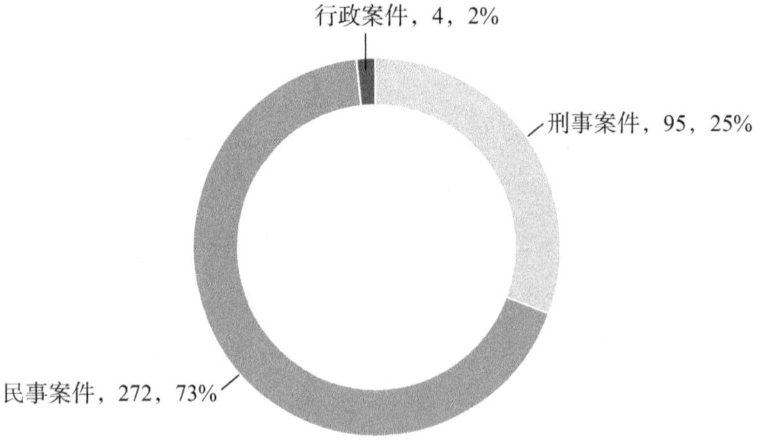

图 5-1　2017—2020 年海曙法院未成年庭审结涉及未成年人案件类型分布

（三）刑事案件类型相对集中，民事案件类型呈多样化

从海曙法院未成年庭在2017年至2020年审结的涉及未成年人案件类型情况来看，刑事案件的类型相对集中，主要涉及盗窃罪、诈骗罪、抢劫罪、强奸罪、猥亵儿童罪等案由。而民事案件的类型则更为多样化，涉及侵权损害赔偿的道路交通事故责任、医疗损害责任、健康权、生命权、肖像权、名誉权、侵权责任、财产损害赔偿、产品责任、教育机构责任等纠纷，涉及婚姻、继承、所有权确认、物权保护等纠纷，涉及合同权益的买卖合同、金融借款合同、保证合同、物业服务合同、房屋租赁合同、赠与合同、商品房销售合同、教育培训合同、服务合同纠纷等，也有特殊的案件如侵害集体经济组织成员权益纠纷、债权人撤销权纠纷、工伤保险待遇纠纷等。行政案件则集中在未成年人教育及拆迁权益方面。从案件类型的复杂程度来看，"三审合一"对未成年庭法官的素质和审判质量都提出了更高的要求。

第三节 困境剖析：未成年人审判"三审合一"模式运行的困难和问题

从海曙法院未成年人审判"三审合一"模式的实践来看，该模式对未成年人的全面保护的确起到了一定的作用，但不可回避的是，当前该模式在运行中遭遇了梗阻甚至在某些方面有所失灵，直接影响其有序发展。

一、机构保障有所缺失

从机构设置方面来看，截至2014年10月，全国法院共有未成年人法

庭2253个（其中1200多个仅仅是合议庭建制）。除北京市、上海市、河南省和甘肃省外，全国高级法院还没有建立起指导全省未成年人审判工作的统一的未成年庭机构，甚至一些省市法院在人民法院内设机构调整中撤销了未成年人审判庭建制，导致未成年人司法保护工作缺乏合力和指引，影响未成年人司法的发展。同时，由于未成年庭审判机构设置不一，在基层法院实行“三审合一”，但在中级法院可能实行“三审分立”，带来案件归口不一、审判理念有差异等问题，“三审合一”模式所蕴含的未成年人全面保护的初衷无法在上下级法院理顺和贯彻，上下级法院之间关于未成年人审判的指导培训、审判管理、职能延伸等都会陷入空白地带。比如，海曙法院实现“三审合一”模式，但对应的上级法院并未实行，当涉及未成年人行政案件的处理时就存在上下级法院案件归口不同的问题，可能引发审判理念不一致、对未成年人的保护不足等现实问题。

二、程序保障并不到位

从程序设计方面来说，我国现有的法律法规并未对“三审合一”模式的审判程序作出单独规定。就不同诉讼程序在未成年人司法方面的特殊设计来说，我国刑事诉讼法以及刑事诉讼法司法解释对涉及未成年人的刑事审判程序进行了完善，专门设立一章对未成年人案件的审理程序进行专门规定。比如，公安机关、人民检察院、人民法院办理未成年人刑事案件时，根据情况可以对未成年犯罪嫌疑人、被告人的成长经历、犯罪原因、监护教育等情况进行调查；审判时被告人不满18周岁的案件，应当不公开审理；为了保障未成年被告人利益，法庭可以强制其父母或监护人出席或者离开法庭；未成年人犯罪记录应当封存等。可以看出，在涉及未成年人的刑事案件审判的几乎每一个环节，都有特殊措施，与一般刑事诉讼程序存在着明显区别。但同时，与涉及未成年人的刑事诉讼程序单独建章相比，民事诉讼程序中基本都是成人化的诉讼规则，即使涉及未成年人的诉讼利益，也只是散落在相关章节中，并未体现未成年人民事诉讼的特色运行机制，未成年人如何行使权利，其权利在诉讼过程中受到侵害如何救济等问题在民事法律的规定中少有特殊设计，形成了权利保护的“真空”。未成年人行政诉讼也面临同样的困境。而这给司法实践带来的问题是，未成年人的利益容易遭到忽视，甚至被侵害。比如，海曙法院审理的部分涉及未成年人的案件中，部分法定代理人以未成年人名义提起诉讼带有其私人目的，甚至完全为谋取其个人私利，而非基于保护未成年人的利益，但当前民事诉讼制度中，缺乏法定代理人必须完全出于未成年人利益考虑提起或参与诉讼的承诺及违反承诺的制约措施，在法官未注重听取未成年人意见，未依职权进行调查的情况下，未成年人利益可能得不到有效保护。涉及未成年人的民事及行政案件中若仍采取一般的成年人诉讼程序，将难以贯彻儿童利益最大化原则，严重制约未成年人司法全面保护理念的有效落实。

三、受案范围有所欠缺

2006年，最高人民法院针对“三审合一”模式发布了《批复》，刑事案件的受案范围包括被告人为未成年人的案件，被害人为未成年人的刑事附带民事诉讼案件，未成年人为首犯、主犯的共同犯罪案件及共同犯罪案件中未成年被告人达到一半以上的刑事案件。而民事案件采纳了“宽幅型”的收案标准，几乎将所有涉及未成年人的民事案件，包括涉及未成年人的财产类纠纷纳入了“三审合一”模式的受理范围。同时《批复》规定其他涉及未成人权益的案件，试点单位可以根据机构设置、人员配备及案件数量等实际情况自行确定。2009年最高人民法院在《关于进一步规范试点未成年人案件综合审判庭受理民事案件范围的通知》中限缩了上述民事案件的受案范围，规定受理侵权人或直接被侵权人的范围是未成年人的人格权纠纷案件、特殊类型侵权纠纷案件、婚姻家庭与继承纠纷案件、适用特殊程序案件。这在一定程度上解决了受案范围过于宽泛、庞杂的问题，但在其具体适用中仍暴露出一些问题。

首先，各地“三审合一”模式的受案范围不统一。可以看到，上述规定较为原则，给予各地法院在受案范围方面较大的空间。而各地法院在受案范围的设置上往往取决于本地实际需要、领导的意志等非法律因素，而非完全立足于未成年人案件的基本特点，由此导致各地的受案标准不统一，随意化明显，内在逻辑性缺乏，差异性很大，甚至同一中院辖区内各基层法院的受案范围也处在变动之中，而未成年人司法对象不规范问题影响到法院内部的审判工作秩序和未成年庭今后的发展。比如，有些地方的未成年庭仅受理涉及未成年人的刑事案件，有些地方的未成年庭受案范围则包括所有涉及未成年人类型的案件，个别地区的未成年庭还把侵犯妇女权益、老年人权益案件纳入审理的范围，还有的未成年庭提高主体的上限年龄，把在校大学生犯罪案件（如上海市普陀区法院未成年庭）或者 25 周岁以下青少年犯罪案件（如河南省兰考县法院未成年庭）均纳入未成年庭的审理范围。[①]

其次，“三审合一”审判模式受案范围的科学性有所欠缺。以海曙法院为例，其“三审合一”模式的受案范围遵照《批复》精神，将只要有一方当事人系未成年人的案件全部由未成年庭（后为刑庭）进行审理。从前文收案情况可以看出，涉及未成年人民事案件类型较多，差异性较大，部分案件专业性强，复杂度高，对法官的要求很高。但从审理过程看，部分财产权益纠纷案件与未成年人利益的特殊保护并无多少关联，反而使未成年庭法官投入大量时间、精力处理成年人之间的权利义务纠纷，不但加重了未成年人审判的“负担”，还分散了未成年人审判资源，不利于充分发挥未成年人司法的保护功能。如海曙法院审理的一起合同纠纷，系协议中的两方因协议履行瑕疵问题发生争议，本质上是成年人之间的利益分配问题，仅

① 参见纪金洁：《司法改革背景下未成年人法庭受案范围之思考》，载《人民司法》2018 年第 16 期。

仅因为有一方未成年当事人在协议中签字而参与诉讼并作为涉及未成年人民事案件处理，案件涉及财产权益复杂，审理周期长，但并不需要突出对未成年人利益的特殊保护。同时，《批复》规定的涉及未成年人案件的受案范围中并无涉及未成年人利益的离婚纠纷。但应该看到，大多数的离婚纠纷与未成年人的成长息息相关。不少未成年人刑事犯罪的根源就在于家庭的分崩离析。因此，我们必须认识到，在涉及未成年人利益的离婚纠纷的处理过程中，要突出“儿童利益最大化”的指导原则。实践中，若此类案件由普通民庭审理，民庭法官容易从成年人视角出发，过多地关注婚姻结束、财产分割等情况，尤其是财产分割复杂、双方矛盾激烈的案件，出于调解或者案件审结需要，在案件审理中可能忽略对未成年人的特殊保护。

最后，《批复》中仅将被害人为未成年人的刑事附带民事诉讼案件归入受案范围，但从海曙法院的实践来看，涉及强奸、猥亵未成年人的刑事案件，虽不具备提起附带民事诉讼的条件，但从未成年人司法强调的国家对未成年人的保护责任来说，此类案件也应当纳入“三审合一”未成年人审判的受案范围，以突出对未成年人利益的最佳保护。

四、案件数量偏少

“三审合一”审判模式的推广，对缓解未成年庭的生存危机起到了一定的作用，但从实践来看，未成年庭仍然面临案件数量偏少的危机。如前文所述，2017 年至 2020 年，海曙法院每年涉及未成年人案件受理数量总体很少，而我院案多人少矛盾又较为突出，虽然组建未成年庭，专人办理涉及未成年人案件，但因涉及未成年人案件数量不足及考核指标要求，审判人员同时也办理其他普通刑事案件，因此倾注在涉及未成年人案件的时间和精力有限。另据报道，某省三级法院自 2010 年开始，未成年人刑事案件平均每年以 8.65% 的速度呈不断下降的趋势。2018 年，该省所辖某市基层法院受理的未成年人刑事案件仅有 100 余件，涉及未成年人刑事案件数量少，总收案量小，未成年庭已陷入“人多案少”的窘境。[①] 因此，在审判资源紧张的情况下，涉及未成年人案件案源不足，带来的是未成年人审判被边缘化的不利境地。同时，受法官员额制改革和内设机构改革的影响，不少基层法院的未成年庭已被撤并，在案件数量不足的情况下，未成年庭法官的稳定性也面临挑战，不少未成年庭法官调动频繁，严重影响未成年人审判专业化建设。

五、人员配置专业化程度不足

根据我国《未成年人保护法》及《刑事诉讼法》的相关规定，对于未成年人案件，司法机关根据需要设立专门机构或者指定专人办理，并由熟悉未成年人身心特点的审判人员承办。这意味着，未成年人审判法官应当具备专门的知识，如未成年人心理学、社会学、传播学等。更重要的是，未成年人审判的专门理念和职业技能，不是未经专门训练的司法人员所轻易具备的。这本身就对未成年庭法官提出了较高的要求。“三审合一”模式施行之后，未成年庭法官同时要对刑事、民事、行政案件的审理程序、审判规则了然于胸，即需要具备复合型法官能力，这对未成年庭法官又提出了新的挑战。事实上，法官是审理各类案件的“法律工匠”，较长时间从事民事、刑事或行政案件的审理，对其中某类案件的驾驭能力可谓“术业有专攻”，而“三审合一”模式将不同渊源、理念、性质的诉讼制度在同一空间内简单聚合，因各类“法律工匠”对其他诉讼领域的实体与程序的不熟悉，加之缺乏相应的程序、机构作为保障，模式运行易发生结果偏差。同时，很多未成年庭法官是从涉及未成年人的刑事案件转向刑事、民事、行政案件的综合审理，其对民事、行政案件并不熟悉，缺乏专业化水平和足够的经验，

① 参见徐睿：《少年家事审判联合发展的路径探析》，载《昆明理工大学学报（社会科学版）》2019年6月，第19卷第3期。

必然会在相应案件审理中额外耗费时间和精力。更令人担忧的是，审理未成年人的民事司法理念、行政司法理念可能被长年浸染的刑事司法理念同化，造成对未成年人民事案件、行政案件审判尺度的偏离。

六、法官业绩考评评价体系不健全

原最高人民法院胡云腾大法官曾提出，未成年庭工作要以“立足审判、适当延伸”为基础，向“司法预防、全面维权”扩展转变。这是未成年人司法工作理念的转变——未成年庭法官不单单是审理案件本身，而是基于未成年人审判的特殊性质，需要开展大量的教育、感化、挽救等保护性工作和普法宣传等延伸性工作，包括心理疏导、庭审教育、回访帮教、司法救助、普法教育等——其价值在于充分维护未成年人的合法权益，促进未成年人健康成长，放大和增强未成年人审判的法律和社会效果，实现对未成年人特殊、优先保护，带动相关组织、机构和人员共同为未成年人的健康成长营造良好的社会环境。[①] 但正因如此，若想办好办细涉及未成年人的案件，法官得花费大量的时间和精力从事保护性和延伸性工作，案件审理的周期往往也较长。但从目前以成年人审判模式为主导的法官业绩评价体系来看，对未成年庭法官的业绩评价仍是单纯考察法官审判案件的数量、质量、效率和效果，与成年人审判法官无异，却未将未成年庭法官从事的大量教育、帮教等延伸性工作纳入考评。由此可见，现行法官绩效考核体系存在较大的滞后性，单纯的办案数量无法反映法官繁重的工作量，不能科学地体现未成年人审判工作的特点，对未成年庭法官并不公平。更何况当前案多人少矛盾仍旧突出，各地法院涉及未成年人的案件相对于其他案件，数量上太少，导致大多数未成年庭法官在承担未成年人审判工作的同时也需要兼

① 王晓松、施忆：《未成年人法庭开展延伸工作的现状、制约因素及建议——以北京市第二中级人民法院未成年人综合审判庭试点工作为研究蓝本》，载《中国未成年人司法》2010 年第 3 期。

收其他成年人审判案件。在繁重的办案压力之下，在作为评优评先、晋职晋级主要依据的业绩评价结果面前，不少法官都会趋利选择结案本身，而丧失了开展延伸性工作的能动性和积极性，导致未成年人审判的保护性和延伸性工作往往流于形式，甚至没有开展。虽然说，热爱未成年庭工作的大有人在，但安心于未成年庭工作的却寥寥无几，未成年人审判“三审合一”模式运行的价值初衷大打折扣。

第四节　当前选择：从“三审合一”走向“未成年人+家事”审判模式

一、“三审合一”模式发展的可能选择

既然“三审合一”审判模式存在上述困难和问题，那么在司法体制改革进入深水区和内设机构改革频频落地的背景之下，我们必须思考“三审合一”模式未来的路径在哪里。对此，理论界及实务界的观点各不相同。具体来说，主要有以下几种观点：

一是恢复未成年人刑事审判庭。这主要是因为未成年人审判一直以来都坚持以未成年人刑事审判为中心，刑事案件之于未成年人的影响往往比民事、行政案件大得多，且当前未成年人刑事诉讼程序更具专门性、特殊性，更能体现对未成年人的特殊保护。同时，涉及未成年人的民事案件类型复杂，部分案件与未成年人利益并无直接关系，且与其他庭室的收案范围存在交叉、重叠，反而不利于对未成年人的专门保护，但坚持专门的未成年人刑事审判庭就有利于避免与其他庭室部门的职能交叉，保持审判的专业性。

二是由“三审合一”审判模式转向“未成年人+家事”审判模式。不少学者认为，未成年人审判与家事审判的理念和目标相通，工作机制、工作方法可以相互借鉴，共通资源。未成年人犯罪本身也与婚姻家庭纠纷有

着密切的联系，因此可以将未成年人审判与家事审判进行有效整合，在维护未成年人利益的同时，维持家庭的稳定与和谐。同时，家事纠纷案件比涉及未成年人的案件数量多得多，两者整合有助于改变当前“三审合一”审判模式下案件数量不足，未成年人审判被边缘化的窘境。

三是组建独立建制的未成年庭或未成年人家事法院。当前，世界各地大多设立了未成年庭或未成年人家事法院，可以说，这是未成年人司法发展成熟的必然产物。相比于“三审合一”模式来说，建立未成年庭或者未成年人家事法院更有利于突破现有的发展瓶颈，获得编制、经费、人员等方面的资源保障，有利于促进以“政法一条龙”和“社会一条龙”为主要内容的未成年人司法配套协作体系的发展，便于开展大量有针对性的案外延伸工作，提高预防、矫正、教育、帮扶未成年人的效果，从而真正实现对未成年人的全面保护。

分析以上观点，我们必须看到，未成年庭并不利于全面保护未成年人利益，“三审合一”模式下案件数量不足，涉及未成年人的刑事案件只会更少，未成年人审判的地位更易被弱化。构建未成年庭或者未成年人家事法院的确是未成年人司法发展的必然趋势和终极展望，但在案源数量偏少、司法资源紧张的现状之下，建立起一个投入很多且可能冲击原有法院秩序的未成年人家事法院，起码在当前的国情下是不太可能的。而“未成年人＋家事”审判模式下的未成年人家事法庭是符合当下中国国情，继续保持未成年庭原有特色和优势，解决“三审合一”模式案源不足的困境，并实现未成年人审判和家事审判资源共享的双赢选择。

事实上，“未成年人＋家事”的审判模式早已萌芽发展。江苏省南京市两级法院于2013年在全国第一个启动了家事审判组织的改革，将未成年人审判及家事审判相结合，成立未成年人家事综合审判庭，开启了未成年人审判的新时代。2016年4月，最高人民法院下发《关于开展家事审判方式和工作机制改革试点工作的意见》，同时启动了全国范围内的家事审判方式和工作机制改革，试点方案中提出“少家合并”与“少家分立”2种试点模式。

“截至 2018 年 6 月，全国有 118 个中级、基层法院参与最高人民法院家事审判改革试点，超过 400 个中级、基层法院参与各高院试点，90% 以上试点法院成立了专门家事审判机构，其中独立建制的家事审判庭或未成年人家事审判庭超过 70%。”[①]2019 年 2 月，最高人民法院发布了《最高人民法院关于深化人民法院司法体制综合配套改革的意见——人民法院第五个五年改革纲要（2019—2023）》。其中，人民法院未来 5 年改革任务的第 35 项明确提出“探索家事审判与未成年人审判统筹推进、协同发展”的思路。目前，我国不少法院开始将“三审合一”审判模式向“未成年人 + 家事”审判模式转型，以实现未成年人审判向家事审判的跨界延伸。

二、从“三审合一”向“未成年人 + 家事”审判模式转型的动因分析

（一）内在联系

未成年人审判与家事审判由于在历史传统上的一脉相承而天然地在审判理念、审判方式等方面存在相当的契合度。首先，从审判理念来看，未成年人审判与家事审判具有同源性。家庭纠纷的妥当解决，不局限于个案事实，要在个案之外寻找双方冲突的根源；在未成年人案件处理中，要求法官主动关注未成年人的成长过程、环境、轨迹等案外因素，可以说，在家事审判和未成年人审判中，都需要了解具体个案的矛盾纠纷的发生背景并征求解决问题的有效途径。更何况，不少涉及未成年人的民事案件本就是家事案件的一部分，未成年人刑事案件的发生与家庭监护不当密切相关，有必要在家事审判中统筹考虑。其次，从审判对象来看，未成年人案件和家事案件均具有“内部人化”的特点。家事案件是发生在家庭成员之间的纠纷，因此其具有典型的“内部人化”特点；未成年人案件审判中，审判机关

① 褚宁：《推动未成年人家事审判协同发展》，载《人民法院报》2019 年 11 月 3 日，第 2 版。

代表国家扮演涉案未成年人的“终极监护人”，以“国家父母”的名义管教罪错未成年人，这造就了追诉机关与被追诉人之间的实质“内部人化”。再次，从审判目标来看，都具有面向未来性。家事案件发生于家庭成员之间，基于长期、非单一，以及与情感的密切相关性，家事案件具有延续性、永久性的特点，简单地定分止争已不能满足审理这类案件的需求，对矛盾的调和、情感的弥合是对家事案件审判的更高期许；未成年人案件则由于审判对象——未成年人的强大可持续发展性，使得该类案件的审判以实现未成年人的健康成长与发展为目标。① 家事案件以具体个案中夫妻双方，乃至更大范围内涉及的利害相关人的利益为出发点，从相互合作的角度来界定影响双方当事人的争议，基于个案特殊性，做出具体的、个别的处理。未成年人审判更是需要突破成年人刑事司法以惩治犯罪为主导的目标，在每一个具体个案中充分发挥法官的自由裁量权，深入调查未成年被告人的家庭情况、犯罪动机、犯罪成因等，并针对个案的不同设计重塑未成年人人格的方案，帮助未成年人回到正确的人生轨道上来。最后，未成年人审判的特色工作制度契合了家事审判改革的目标和方向，特别是未成年人司法的“政法一条龙”“社会一条龙”工作机制，为家事审判改革建立社会联动机制搭建了平台。综上，两者之间的内在联系决定其有融合的基础。

（二）域外借鉴

世界各国和地区未成年人审判和家事审判渐有融合之势，不少英美和大陆法系国家（地区），均把未成年人犯罪、未成年人监管、未成年人家庭案件作为一个整体事项，设立单独的未成年庭或未成年人家事法院管辖。以亚洲为例，日本在家事裁判所内设立青少年部；韩国在家事法院内设立未成年庭，专门审理青少年违法犯罪案件。② 上述国家都对未成年人家事审判工

① 参见褚宁：《推动未成年人家事审判协同发展》，载《人民法院报》2019 年 11 月 3 日，第 2 版。

② 参见胡云腾：《论依法治国背景下未成年人法庭的改革与发展——基于域外未成年人司法制度比较研究》，载《中国青年社会科学》2016 年第 1 期。

作进行了长期的探索，共同选择未成年人家事合并发展模式，说明这一模式有其科学性和合理性，值得我们在改革中借鉴。

（三）现实需要

首先，“未成年人＋家事”审判模式能够极大地缓解“三审合一”模式下未成年庭因案源不足而导致的生存危机。如前文所述，“三审合一”模式下的涉及未成年人案件数量仍偏少，这一模式下的未成年庭的发展空间受到因时代变迁而致收案数量急剧上升的普通法庭的挤占而再次带来“囚徒困境”。唯有通过合理的受案范围的扩张，增大未成年庭的收案数量，才能在紧张的司法资源分配中获得合理的配置。当未成年人审判与家事审判融合后，未成年人审判的受案范围会明显扩大，婚姻家庭、亲属关系等家事纠纷将加入未成年人审判之中，审判资源的有效利用率将大大提高，未成年庭案源不足的生存现状也将得到极大的缓解。

其次，“未成年人＋家事”审判模式有利于从根源上缓解未成年人犯罪，保障未成年人权益。一方面，家庭关系不畅带来的未成年人生活环境恶化的现实，成为诱发未成年人犯罪的主要因素。因此，将涉及未成年人的案件与家事案件合并在同一个庭室进行审理，通过妥善解决家事问题来保障未成年人生活环境的有序和健康，从而有效避免未成年人犯罪之诱因。另一方面，任何家事纠纷都会对儿童的心理和成长产生影响。而法院在婚姻家庭纠纷案件的处理上，对于儿童在诉讼过程中的权益保障问题往往关注不足。而当家事审判与未成年人审判相融合时，保护优势互补性逐渐彰显，以和为贵、以调为重的家事审判理念与未成年人审判“儿童利益最大化”的理念互补互利，能够更加有效地推动未成年人保护最大化。

最后，“未成年人＋家事”审判模式推动未成年人家事法官队伍的稳定化构建。在法院案多人少矛盾较为突出的背景下，有些法院采取了“案件分流”的措施，未成年庭承担审理大量与职能无关的案件。在有效反映未成年庭工作特点和情况的考核机制尚未建立的条件下，采用纯粹数量决定论的考核指标将导致未成年庭法官在评先评优、晋级晋升中处于边缘化状态，极大地影响和挫伤了未成年庭法官的工作积极性。而未成年人审判与家事审判融合后，传统上因未成年人审判案源不足而采取的倾斜分流案件现象明显减少，类型趋于集中，未成年庭法官能够集中精力办理涉及未成年人的案件，未成年庭法官审判团队的专业化和稳定性逐步建立，未成年庭法官的积极性也能够提升。

因此，结合国内外未成年人审判的实践经验，并考察我国未成年人审判的现状，未成年人审判与家事审判的强强联合能够使审判资源配置、人员培养、机构建设等得到最大限度的使用和完善。融合未成年人审判与家事审判的优势资源，构建“未成年人＋家事”审判模式是未成年人审判“三审合一”模式转型的最佳选择。

三、从“三审合一”向“未成年人＋家事”审判模式转型的制度设计

从“三审合一”走向“未成年人＋家事”审判模式，有一点是明确的，那就是“在开展家事审判方式和工作机制改革的过程中，特别要防止兼并和弱化未成年人审判的趋向；在推动未成年人审判与家事审判协同发展过程中，尊重司法规律，在保持未成年人审判独立性的基础上发挥协同发展的优势”。[①]

（一）明确功能定位，不断实现“儿童利益最大化”

“三审合一”模式相较于传统的以“教育为主、惩罚为辅”的涉及未成年人的刑事审判案件模式来说，被认为不仅可以预防和减少未成年人犯罪，还可以更为全面地保护未成年人的权益。而作为“三审合一”进阶版的“未成年人＋家事”审判模式，这一功能定位不应该被削弱，而应加强。这与

① 褚宁：《推动未成年人家事审判协同发展》，载《人民法院报》2019年11月3日，第2版。

国际未成年人司法制度的发展理念是一致的。1989 年 11 月 20 日联合国大会通过的《儿童权利公约》第 3 条第 1 款规定：关于儿童的一切行为，不论是由公私社会福利机构、法院、行政当局或立法机构执行，均应以儿童的最大利益为一种首要考虑因素。即未成年人审判的功能不应囿于“预防和控制未成年人犯罪”这一价值取向，而应围绕“儿童利益最大化”原则，适度向保护未成年人功能倾斜。如前文所述，当前的“三审合一”模式在程序设计、受案范围、人员配置、评价体系设置等方面不尽合理，导致该模式在实际运行过程中遭遇桎梏，而这么多困难和问题其实就是对“儿童利益最大化”的保护功能的偏离所致。程序保障设计未能从特殊保护功能出发；受案范围过于宽泛，缺乏科学性，忽视部分案件与“儿童利益最大化”的保护功能无关；人员配置不合理、专业化程度不够、考评体系不健全，法官缺乏能动性和专业能力，难以实现“儿童利益最大化”的保护功能。因此，除传统刑事的惩罚功能和对家事纠纷定分止争的功能外，“未成年人 + 家事”模式的特殊功能就体现在“儿童利益最大化”这一保护功能上。应当在传统的刑事、家事纠纷处理模式的功能定位以外，重点从“儿童利益最大化”这一保护功能出发对程序设计、受案范围、人员配置、评价体系等机制进行重新建构，实现“未成年人 + 家事”审判模式功能的充分发挥。

（二）完善机构设置和程序设计，着力打好保障基础

统一机构设置。2015 年 12 月，最高人民检察院成立未成年人检察工作办公室，加快推进各地未成年人检察专门机构的建设。2021 年 3 月，最高人民法院设立专门的少年法庭工作办公室，主要负责统筹未成年人审判指导，参与未成年人案件审判管理，协调开展未成年人案件巡回审判等工作。这一重大举措充分显示了人民法院认真贯彻新修订的未成年人“两法”精神、积极推动新时代少年儿童事业发展的决心。当然，若是实行“未成年人 + 家事”审判模式，顶层设计和指导也是至关重要的。最高人民法院和

高级人民法院可以考虑按照精简、统一、高效原则，整合零散分布在各部门的未成年人司法工作，结合家事审判改革，成立独立建制的未成年人家事庭或者未成年人家事指导办公室，统一指导未成年人审判和家事审判工作，将未成年人审判与家事审判理念、工作机制、特色制度自上而下贯彻落实，为未成年庭工作全面、健康发展创造良好的条件。同时，中级人民法院作为未成年庭工作中的中坚力量，应当就辖区内的未成年人家事审判机构的设置进行统一，从而实现上下级法院在“未成年人＋家事”审判模式运作上的统一，避免出现案件归口不一与业务指导不畅带来的未成年人权益保护不足的问题。

注重程序设计。一是参考《刑事诉讼法》中专章设置未成年人刑事案件审判程序的做法，在《民事诉讼法》中考虑把涉及未成年人的民事案件和家事案件诉讼程序单列一章，强调对未成年人的特殊保护。二是针对涉及未成年人的民事案件的特点，充分发挥街道、乡镇、司法所、调解委员会、妇联、教育局、关工委、学校、社区等主体的作用，拓展多元化纠纷解决渠道，建立诉前调查、诉中调解、心理疏导同步进行的审理模式，创新司法服务社会和家庭的方式方法，不断探索未成年人家事审判相融合的改革新路径，努力实现案结、事了、家和。三是建立诉讼教育引导制度。针对部分法定代理人并非基于未成年人利益考量参与诉讼的情况，要求法定代理人书面承诺必须完全为未成年人利益考虑并明确告知在违反承诺时其可能面临的制约措施；在案件开庭审理过程中，针对个案具体情况，向未成年人监护人就法律规定、监护责任、人伦亲情等方面进行解释、教育、引导，促使父母自觉履行法定义务，并对权益受到侵害的未成年人提供必要的帮助。针对涉及未成年人的民事案件，通过主动行使释明权、依法调查取证等方式，弥补未成年当事人一方在了解诉讼情况、举证等方面的不足，维护双方当事人诉讼权利义务的平衡，保障未成年人权益在判决后切实得以实现。

（三）科学设置受案范围，精准实现保护功能

如上文所述，“三审合一”模式的受案范围不统一、不科学导致其难以完全实现对未成年人的精准保护。而当“三审合一”模式转型到“未成年人 + 家事”审判模式上来时，有必要吸取之前的经验对受案范围进行合理化界定。一方面通过充足的案源来保障未成年人家事法庭的独立性，另一方面要注意防止未成年人家事法庭的特色因为受案范围的过度泛化而被冲淡。

笔者建议，未成年庭可以受理涉及未成年人的刑事案件、家事案件和行政案件；同时，将涉及未成年人的家事案件和其他家事案件予以区分，这样可以在尊重未成年人审判的特殊性，保留和发展未成年人审判成功经验、做法的同时，与家事审判实现相对独立，共同发展。

《未成年人保护法》第 3 条规定：“未成年人享有生存权、发展权、受保护权、参与权等权利，国家根据未成年人身心发展特点给予特殊、优先保护，保障未成年人的合法权益不受侵犯……”因此，应着重给予在涉及未成年人抚养（对应生存权）、教育（对应发展权）及其他人身权利方面受到侵害的（对应受保护权）未成年人以司法保护。①

首先，“未成年人 + 家事”审判模式中，涉及未成年人案件的收案标准应限定在“涉及未成年人人身权利案件”。对于合同、借贷、财产损害等财产权益纠纷案件，不宜纳入收案范围。这主要是因为：第一，部分财产权益纠纷与未成年人优先保护的原则并无关联，涉及的是成年人利益的分配；部分纠纷中虽然未成年人的财产权也有可能受到侵害，但财产权案件的属性决定了其要求得到平等的司法保护，强调“当事人在民事活动中的地位平等”，因此没有理由运用未成年人司法中的“优先保护”原则予以审理。第二，涉及未成年人的财产案件数量多、涉及面广、审理难度高，而司法资

---

① 王宗光：《未成年人案件综合审判庭收案范围科学化研究》，载《青少年犯罪问题》2015 年第 4 期。

源有限，故而应将未成年人审判资源主要用于最能体现对未成年人成长及身心健康需特殊保护的领域。

其次，“涉及未成年人人身权利案件”包括涉及未成年人婚姻、家庭、侵犯未成年人人身权等影响未成年人身心健康的案件。未成年人审判强调“儿童利益最大化”的保护功能，以儿童利益作为纠纷争议焦点的，都应当作为未成年人案件对待。很多人长期以来把子女抚养视为夫妻离婚的附带争议，甚至将子女抚养看作夫妻离婚争议的客体。其实婚姻的变故与未成年人的成长息息相关，未成年人刑事案件与父母婚姻、家庭环境有着天然的密切联系，因此应当将涉及未成年人利益的离婚案件纳入未成年庭的受案范围。一方面，提醒离婚双方对未成年人的心理进行缓冲处理，促使双方关注未成年人的身心健康；另一方面，也能充分发挥未成年人审判特色，在审理涉及未成年人利益的离婚案件中开展诉前指导、判后观护和回访帮教等工作，最大限度地保护涉诉家庭的儿童权益。

再次，将抚养纠纷、监护纠纷、探视权纠纷、亲子关系确认纠纷、收养关系纠纷等纳入受案范围也是应有之义。目前尚有争议的是继承类案件，该类纠纷虽也涉及未成年人的人身关系，但相较而言，其财产性属性更为浓厚。在继承纠纷中诉讼主体往往较多，未成年人权益所占份额往往不大，由于案件权益主体众多，案情和利益需求都比较复杂，在争议标的数额上很难形成相对统一的共识，案件处理很难在程序和实体上突出对未成年人的特别保护，因此有必要将包含财产权成分相对较多的继承纠纷排除在外，以充分发挥未成年人审判在未成年人身份权方面的保护功能。对于侵犯未成年人的人身自由权、生命健康权以及姓名权、名誉权、荣誉权、隐私权等其他人格权和个人利益的影响未成年人身心健康的案件，也应纳入民事受案范围，以充分发挥未成年人审判在未成年人人身权方面的保护功能。

最后，侵害未成年被害人权利的刑事案件也应纳入受案范围。未成年庭本身的理念和宗旨即“未成年人保护者”，不仅应把惩罚和教育犯罪未成年人作为未成年人司法的重任，依法保护未成年被害人合法权益也须纳入未成年人司法的范畴。因此，出于对未成年人权益的保护，此类案件应当纳入未成年庭的受案范围。

（四）优化审判资源配置，实现未成年人审判的帕累托最优

“三审合一”模式下，法官在专业能力方面尚且存在不足，那么对于受案范围更广的未成年人家事审判来说，各专业法官更需要在审判理念、经验方法等方面进一步适应和学习，家事审判法官和未成年人审判法官各自原有的司法审判优势如何融入与发展，如家事审判法官面临涉及未成年人刑事犯罪在惩防结合、社区矫正方面经验欠缺，未成年人审判法官在适应审理家事案件的自由裁量权和经常发生的涉诉信访问题方面如何融合未成年人审判的经验规律等。这些都是在二者融合的过程中要进一步加以探索和解决的问题。

可以从以下几个方面考虑实现审判资源的有效配置：一是指定专人分别成立未成年人专业化审判团队和家事专业化审判团队，以法官员额制和法院人员分类管理制度改革为契机，推进未成年人家事审判人员正规化、专业化、职业化建设。建立未成年人家事审判法官的选拔机制，选任熟悉婚姻家庭案件审判业务、掌握相应社会心理学知识、热爱家事审判的人担任家事审判的法官；选拔熟悉未成年人身心特点、热心未成年人权益保护工作、业务能力好的法官办理未成年人案件。考虑到实践中审判力量不足的现状，未成年人家事法庭至少包含1个涉及未成年人审判团队、1个家事审判团队，每个审判团队至少包括1名审判员、多名人民陪审员、1名法官助理、1名书记员。二是对于涉及未成年人的刑事案件，建立特约陪审员制度，可以由较为固定的合议庭包括1名审判员、2名人民陪审员进行审理，审判员应该具备相当的知识结构、社会阅历及刑事审判经验，重点审理涉及未成年人的刑事案件，人民陪审员应当熟悉未成年人的心理与生理特点，热心于未成年人权益保护工作，并优先从共青团、妇联、工会、学校等未成年人

权益保护相关部门并具有人民陪审员资格的人员中选取。三是对于涉及未成年人的民事和行政案件，因原从事刑事审判的法官在专业能力上有所不足，在审判资源紧缺、案件疑难复杂的情况下，可以由其他庭室中具有专业民事、行政审判经验的法官共同来组建合议庭，以实现专业审判与未成年人司法保护的互补，从而实现对未成年人利益的优先保护。四是未成年庭法官要加强综合性学习，实现角色转换。一方面，未成年庭法官除具备一般法官任职资格外，还需要额外资格或接受特殊培训。应将未成年庭法官的专业化纳入司法改革的大盘子中统筹考虑，制定统一的未成年庭法官的员额标准、任职资格，细化任职条件和审查认定办法，推动未成年人审判的专业化。另一方面，未成年庭法官对于自身专业能力的欠缺，要调整好个人情绪，不断主动学习，积极参与各种培训及交流活动，实现自我提升。比如与其他法院、研究机构、高校、学者专家等进行前沿性研讨会，帮助拓宽审判思路，提升专业水平。

（五）完善业绩考评体系，引导未成年人家事审判工作科学发展

如前所述，目前以成年人案件审判模式为主导的法官业绩评价体系，对未成年庭法官的业绩评价仍是单纯考察法官审判案件的数量、质量、效率和效果，未将未成年庭法官从事的大量教育、帮教等延伸性工作纳入考评，目前的评价体系无法反映法官繁重的工作量，不利于调动未成年庭法官的积极性。而未成年人审判与家事审判融合后，可能同样面临这一问题。若同时办理涉及未成年人的刑事、民事和行政案件，工作量也仅以案件数来计算，就完全忽视了涉及未成年庭法官从事的大量机制创新工作和案后案外延伸工作，这与未成年人司法的保护理念之间形成逻辑冲突，难以对未成年庭法官在从事未成年人家事审判延伸性、保护性工作中进行正向的激励引导，也不利于实现未成年人家事专业化审判特色与价值。业绩考评体系如何科学地体现未成年人家事审判所具有的工作特点，最大限度地调动未成年人审判法官的积极性，这是未成年人审判与家事审判相互融合过

程中必须思考的问题，因此，有必要思考如何进一步完善“未成年人＋家事”审判模式下未成年庭法官的评价体系，改变原有的仅以案件的收结案数、上诉率、审结周期等指标来考评未成年庭法官的现状，而将未成年庭法官的心理疏导、回访帮教、普法宣传等延伸性工作及相应的社会效果纳入考评之中。具体来说，有以下 2 种审判管理模式：第一种是建立“未成年人＋家事”审判独立考评体系，充分体现审判延伸和参与社会治安综合治理等方面投入的工作，而不是以案件量、结案率为主要标准。但该模式目前尚缺乏可借鉴的成熟经验；第二种是在统一管理的考评体系中设置权重或者系数，科学合理地体现司法延伸工作，分配与其重要意义和开展难度相匹配的权重分值。[①] 从当前实践来看，已有部分法院就第二种模式进行了有益的探索，将法治宣传、审判延伸工作纳入考评。例如，三明中院设置未成年人家事案件折算比例：1 件未成年人家事案件相当于 2 件普通案件；进校园讲授法治课 3 场相当于 1 件普通案件；8 场以上的增计 2 件案件工作量；等等。这体现了从单一的考评模式向突出未成年人司法保护的特殊考评模式的转变。各地法院可充分考虑本地区未成年人家事案件审判情况，就未成年庭法官业绩考评体系进行积极探索，如先采取第二种模式，待时机成熟时，再采取第一种模式，在考评体系中充分体现未成年庭法官工作的特殊性和工作量，从而充分调动未成年庭法官的能动性，引导各级法院未成年人审判工作科学、健康发展。

完善的未成年人司法制度是一个国家司法文明进步的重要标志，将未成年人法庭的审判从刑事审判转向“三审合一”，再至探索构建“未成年人＋家事”审判模式是一种递进关系。从长远来看，“未成年人＋家事”审判模式无疑也是历史产物，是未成年人司法迈向未成年人家事法院的过渡策略，

---

① 参见北京市高级人民法院未成年人法庭改革调研课题组：《司法改革背景下的未成年人法庭发展路径——基于对部分省市法院未成年人法庭的实地考察》，载《预防青少年犯罪研究》2019 年第 4 期。

而未成年人家事法院必然是“未成年人＋家事”审判模式的终结者。因此，应当加快推动“未成年人＋家事”审判模式的发展，不断促进未成年人与家事案件的有机融合，尽快形成家事审判和未成年人审判理念共通、资源共享、互促互补的高水平融合模式，为构建未成年人家事法院提供充分的实践基础和社会基础。

第六章

开展『海法护航』，防范不良行为

第一节　普法宣传

一、开展普法宣传的缘由：矫治不良行为，预防未成年人犯罪

未成年人生理和心理均处于生长发育期，处在人生观、世界观、价值观初步形成的重要阶段，如果受到社会各种不利因素的影响，很容易形成不良行为。如果这些不良行为得不到有效矫治，很有可能导致严重的不良行为。严重的不良行为如果不能及时引导、矫治，很有可能使他们走上犯罪道路。我们在审判实践中发现，大部分未成年犯在小学高年级就存在吸烟、打架等不良行为，这些行为没有得到及时有效的矫治，从而导致犯罪。如何矫正这些不良行为，使其避免走上犯罪道路是我们一直在思考的问题。

我国目前对未成年人不良行为采取的干预措施大体可以分为 4 类：一是行政处罚措施，如警告、罚款、拘留、强制戒毒等；二是特殊教育措施，如工读教育；三是非刑罚处罚方法，如训诫、责令具结悔过、赔偿损失、由主管部门予以行政处罚或行政处分等；四是感化教育性措施，如收容教养。

对未成年人不良行为的干预应当着重体现教育主义，而非惩罚主义。应充分考虑未成年人生理、心理和行为的特点，并应明显区别于以成年人为对象所设计的处罚措施。许多国家（地区）都已认可这种理念，并主张用教育刑替代传统的处罚手段。这种教育刑强调用非刑罚性、非监禁性的教育措施来教育、感化未成年人，从而达到预防犯罪和保护未成年人的目的。

它在本质上是一种受益性的处置措施，而对监禁性的措施则保持警惕。对于这些教育措施，各国（地区）所使用的称谓略有不同，如法国、德国等称之为“教育处分”，日本则称之为“保护处分”。

犯罪有一个从量变到质变的过程，未成年人犯罪也有一个从不良行为、严重不良行为逐步发展为犯罪行为的过程。因此，在人生观、世界观、价值观初步形成的关键时期，通过普法宣传等方式让未成年人遵纪守法、远离违法犯罪，预防和矫治未成年人的不良行为，能十分有效地预防和减少未成年人犯罪。

二、目前我国普法宣传存在的问题

（一）以政府为主导，其他单位鲜有参与

我国普法宣传基本上都是以政府为主导，实行“谁执法，谁普法”的原则，强调了执法者同时又是普法者的理念。海曙区亦是如此，基本上是由公检法司充当普法宣传者，其他事业单位、学校、家庭参与度不高。

（二）单打独斗，未形成体系

目前我国的普法现状是公检法司都有普法宣传志愿者，就拿海曙区为例，如海曙检察院成立了“王英工作室”，着力普法宣传；海曙法院创立了“海法护航”普法宣传品牌，并到学校开展各项普法活动。至于讲授内容由志愿者自己决定，这可能导致普法内容重合或类似。法院和检察院没有联合起来，没有牵头单位，各单位都不知道对方的普法内容，一直单打独斗，各管各的。

（三）宣传面窄，未抓住重点人群

目前，我国没有一个专门的部门将各单位现有的普法资源及队伍整合起来，光靠各单位自己联系有需求的学校，受众面较窄。比如，海曙区的

现状是城区学校资源丰厚，获得普法宣传活动的机会更多；而海曙西片区主要是乡镇、农村，还聚集了大量外来务工人员，他们获得的受教育机会少。但是相比城区的未成年人，西片区的未成年人大多法治意识薄弱，社会地位、经济实力、维权力量相对较弱，当自身权益受到侵害时往往无力甚至不知道寻求法律的帮助。长此以往，他们脱离了法律的关怀和保护，更谈不上对法律的理解和运用，更应该成为海曙区普法宣传教育关注的重点。

（四）形式单一，考虑受众需求有所欠缺

司法机关的普法宣传教育工作主要有 2 种途径：一是主动走向社会、走向百姓宣传法律、讲解法律；二是通过司法审判等活动进行法律宣传和教育。据我们了解，海曙区的普法单位主要是公检法司，普法形式基本都是讲法制课，涉及内容也不够全面。开展普法宣传时也不可能做到完全满足学生需求，只能综合考虑自己的办案经验及学生需求，针对学生的法制课内容无外乎就是遵纪守法、预防性侵害、远离毒品等，一些关于生活常识类的法律很少涉及。

三、我国普法宣传的发展方向

（一）健全普法宣传责任制

普法宣传的责任绝不仅仅属于国家机关，社会、企事业单位、学校、家庭同样承担着普法宣传的义务和责任。中小学生的法治宣传教育，社会职责部门和学校都是主要的普法宣传义务主体。

教育行政部门应将法治宣传教育的内容列入教学大纲，把法律知识和精神的学习作为学生的必修内容，让普法宣传教育进教材、进课堂、进校园、进家庭，做好普法宣传教育的课程建设、课堂建设和校园文化建设，建立起学校、家庭、社会“三位一体”的未成年人法治教育体系。

学校对法治宣传的发动、实施、经费保障以及检查验收应当有明确的

工作安排，并且要将任务分配到个人；要将法治宣传的实效纳入教师绩效考核的内容之中，并实行奖惩机制。

（二）打造专业化的普法队伍

法治宣传的目的是传播法律知识，弘扬法治精神，培养公民的法治意识。我们应建立志愿普法宣传组织，将社会各界中自愿参与普法宣传且具备较强法律素质和工作能力的人员组织起来，并重点吸引法学界具有一定影响力的优秀法学人才加入，如司法机关的法官、检察官、行政部门的行政执法人员、律师，壮大普法宣传志愿者队伍。他们现身说法，用真人真事阐释违法的后果，能起到警示教育的效果，也是做好普法宣传教育工作的保障。

2020 年 5 月，海曙区妇女委员会将公检法司、医院及社会爱心人士中的代表，组建了一支“关护儿童讲师团”，由妇委会统一联系有需求的受众，定好主题，再在讲师团中挑选专业人员去做普法宣传。

（三）科学设计法制教育教学内容

我们应结合未成年人实际情况有针对性地开展法制教育工作。在小学阶段应将重点放在普及法律常识上，让学生能够清楚和日常生活紧密相关的法律常识，从小养成守法意识。初高中重点开展预防未成年人犯罪教育，让学生能够明辨是非，使其自我约束及保护的相关能力得到提升，从而预防和减少违法犯罪的发生，同时，设置教学内容必须讲究科学性，追求高效率。

1. 与常见多发的未成年人犯罪相结合

尽管未成年人犯罪种类在不断增多，但从海曙法院审结的未成年人犯罪的类型来看，主要集中在以下 5 类：盗窃、诈骗、性侵害、贩毒与故意伤害。不同的犯罪类型具有不同的社会危害，自然也有不同的预防犯罪的教育要求。在所有的犯罪类型教育中，我们都可以针对案件类型的特点，结合常用的一些方法实施教育，如可以采取角色转换法，通过让未成年人设身处地为受害者着想，从受害者的角度来认识犯罪的危害性；可以采取实例教育法，通过发生在未成年人周边的真实案例，以案释法，晓以利害；可以采取答疑解惑法，通过对具体的法律条文的解释，使未成年人能够深刻地理解和掌握法律知识等。

2. 将预防犯罪与预防受害结合起来

未成年人犯罪有一个明显的特点，就是未成年人犯罪侵害的对象主要是同龄人，如果能够使广大未成年人有效地预防受害，一定意义上也就可以达到预防犯罪的目的。所以，在开展预防犯罪教育的过程中，应当加强未成年人自我保护意识和能力的培养，预防未成年人遭受犯罪的侵害，这同样能够达到预防未成年人犯罪的目的。所以，对未成年人开展犯罪预防教育，应当将预防犯罪与预防受害相结合，使广大未成年人能够增强预防犯罪的意识，掌握必要的自我保护的方法和技能。

3. 重视未成年人预防犯罪的操作

未成年人大多是在校学生，他们在学校接受预防犯罪教育是非常有必要的，但从目前我国学校开展的法制教育来看，许多学校非常重视法律知识的课堂学习，并以考试的成绩作为评价教育效果的主要指标，客观上使教育走进了单纯追求分数的误区。现在人们的法律意识普遍提高，对有关的法律条文也非常熟悉，甚至能够背出来，但为什么他们会知法犯法，或者遇到事情不知道如何依法保护自己。其中的原因之一，就是对法律知识的了解和掌握不少，但法律意识不强，法律操作规程不熟悉。预防未成年人犯罪教育应当引以为鉴，要特别重视预防犯罪的可操作性问题的教育和传授。因此，学校在开展未成年人预防犯罪教育时，必须摆脱分数的束缚，以实际效果作为标准。在具体开展教育工作时，可以重点关注树立防范意识、调整自我心理、规范行为习惯、识别犯罪征兆、抵制教唆引诱、掌握防范技能、调节受害人心理等内容。这些都直接有益于未成年人犯罪的预防，必须在犯罪预防教育中得到高度重视。

目前海曙区的法制课堂基本能做到针对未成年人的实际情况，有针对性地制订教学计划，将政策法律与案例相结合，但在考虑学生的需求方面仍有欠缺。

（四）创新多元化、多样化的法制教育教学方法

由于普法宣传受众的兴趣、爱好、能力等各不相同，所以在普法时应尽量避免单一单调的形式和方法，而应把报纸、杂志、课堂、讲座、标语、板报等传统的普法形式和微信、微博等新媒体传播方式结合起来。在课堂上，要尽可能做到教学形式丰富多样、生动有趣，避免照本宣科，让学生感受到法律教育的新颖性、直观性、参与性、系统性，从而增加学习法律知识的积极性。

海曙区目前主要的教学方式依旧是法制课堂。我院的“海法护航”开辟了不少新形式：走进播音台做法律主播，在报纸上刊登《普法专栏》，在微信公众号上推送典型案例。2020 年，我院与宁波市中级人民法院合作，开发了一款“海法学苑”的微信小程序，其包含海法护航、甬法课堂、海法释法、海法学法、海法互动、海法文化六大板块内容。自此，我院将普法课堂等普法知识搬到网上，并结合法律知识问答等形式，开辟了线上普法之路。

第二节　“海法护航”的内容、形式及成效

一、“海法护航”的内容及形式

由于未成年人涉世不深，人生观、价值观和世界观未完全形成。对于那些已经存在一般不良行为的未成年人，如果能给予适当地教育、引导，完全可以让他们改过自新，重新回归社会。既然犯罪分子在小学高年级之

前很有可能存在一般不良行为，那么把矫正不良行为提前到小学，对小学生开展普法宣传教育，才是最有效的矫正不良行为的手段，可以从源头上减少未成年人犯罪。于是我院在实践、学习中不断思考，为什么不把普法宣传工作提前，为什么不提前介入学校，在学校开展各种形式的法制教育，让未成年人在游戏、模拟法庭中学习法律知识，从小养成崇尚法制的理念，远离违法犯罪，因此我院于2016年推出了“海法护航”系列普法活动。

“海法护航”是海曙法院在2016年创建的以“呵护未成年人、关注健康成长”为宗旨的普法宣传品牌。结合“未成年人审判海曙模式”，建立起全方位未成年人犯罪预防、全流程未成年人权益保护、多维度未成年人犯罪挽救的三大工作机制，形成集“预防、维权、挽救”于一体的具有海曙特色的未成年人法制教育工作体系。

关注未成年人健康成长，这既是未成年人的需要，也是未成年庭的社会责任。宁波市区划调整后，海曙区辖区范围较以往显著扩大，一定程度上导致海曙区性侵害案件数量大幅增加。2017年我院受理强奸、猥亵儿童等涉及未成年人性侵害案件共4件，2018年上升到9件，2019年猛增至17件。由于受传统因素等影响，性侵害一直是中国教育不愿提及的字眼，以至于这类教育学校及家长很少涉及。我们决定从法官的角度，用鲜活的案例、生动的语言为学生们带去防范性侵害的知识。所以，我院将2018年“海法护航”的主题定为“预防性侵害”，并选择了最受学生们欢迎的几种普法形式，在4个季度依次开展法制课堂、法制游园、法制夏令营、模拟法庭普法宣传活动。

1.“法制课堂”，通常作为开学的第一堂法制课。预防性侵害这个课题，有针对家长和未成年人的不同内容。家长在法官的引导下，意识到预防性侵害的重要性，不能掉以轻心，平时要善于发现未成年人的异常；未成年人在法官的教诲下，了解什么是性侵害，学会如何避免性侵害，如何保护自己。

2.“法制游园”，通常在六一儿童节之前举办，将法律知识与游戏完美结合，让学生们在游戏中学习法律小知识，真正地寓教于乐，这也是学生们参与度最高的一种活动形式。

3. “法制夏令营”，让每个同学跟着法官度过一天。未成年人通过与法官朝夕相处，意识到看似光鲜的法院工作背后，都是汗水倾注，与法律打交道，需要的是一丝不苟的工匠精神。

4. “模拟法庭”，让学生在法庭上扮演不同角色，真正体会法官、检察官、律师等不同角色，增强对法律的敬畏感。未成年人踊跃参加，连被告人也抢着做。未成年人从一开始的交头接耳、小声嬉笑，到结束时的心有戚戚、感叹唏嘘，真切体会到“法庭可以模拟，人生不能重来”的深刻道理。

我院还与学校的游园会、休学式、拓展课等结合，探索出更多更具新意的普法形式，如法制辩论赛、普法小视频等。

二、“海法护航”取得的成效

我院在涉及未成年人的案件审理中注重保护未成年人权益，关注未成年人健康成长，先后设立了圆桌审判庭、未成年人司法人才培养基地、心理咨询室、普法专栏、“海法青听”信箱等多个未成年人犯罪预防工作平台，并集成微信公众号、新闻媒体等各大平台功能，成功打响了我院未成年人司法保护工作的“海法护航”品牌，在社会上引起较大的反响，相关工作被《人民法院报》《现代金报》《海曙新闻》等多家媒体宣传、报道。

2017 年，我们共走进 3 个社区，9 所学校，2700 余名学生参与。

2018 年，我们共走进 2 个社区，10 所学校，2000 余名学生参与。

2019 年，我们共走进 2 个社区，12 所学校，1500 余名学生参与。

2017 年参与人数较多是因为我们一开始面向全校学生开展法制课，后来发现有时候大班效果不太好，慢慢改成年级课，甚至是班级课。尤其是预防性侵害的课程，由于人太多效果反而大打折扣。

开展了这么多场普法宣传活动，开辟了这么多有未成年人特色的审判工作，上级各单位也很肯定我们所做的努力，给了我们不少荣誉：

2010 年，我院刑庭荣获共青团中央、最高人民法院联合授予的“全国青年文明号”称号。

2014 年 4 月，我院刑庭被授予 2013 年度全国“青少年维权岗”荣誉称号。据悉，该年度全省共有 2 家法院被授予此称号。

2015 年 5 月，我院刑庭被共青团宁波市海曙区委评为 2015 年“最美青少年维权岗”。

2017 年 4 月，我院刑庭再次荣获共青团中央、最高人民法院联合授予的“全国青年文明号”称号，全国法院系统共有 20 个集体获此殊荣，我院刑庭是浙江省唯一一个。

2018 年 7 月，我院未成年庭被宁波市海曙区未成年人保护委员会办公室评选为 2017 年度海曙区优秀“青少年维权岗”。

我院的未成年人相关工作一直隶属于刑庭，2014 年成立未成年庭后该工作开始划归为未成年庭，2018 年重新回归刑庭负责。

3 年来，我们也在不断总结经验。现在拟将从给学生普法转变为对教职员工、学生和家长 3 类人群进行精准普法。针对教职员工进行“言传身教，携手撒播法治种子”普法宣传；针对学生家长进行“陪伴成长，做合格的监护人”的亲职教育普法宣传；针对学生进行“保护自己，远离伤害”的安全教育普法宣传。通过对不同对象进行精准普法宣传，最大限度形成保护未成年人健康成长的合力。为了扩大“海法护航”的影响力，更好地开展未成年人普法宣传活动，我们计划在鄞江法庭打造一个集“模拟法庭、法制课堂、法制问答、法制体验”等多功能于一体的未成年人普法宣传基地。

未成年人的健康成长，关系到国家的未来，全社会都有责任对未成年人的成长予以监督和保护，并应为未成年人提供必需的物质和制度保障。预防未成年人犯罪工作需要社会力量的共同参与，实施综合治理，矫治未成年人不良行为，预防和减少未成年人犯罪，从而保障未成年人的健康成长。

第三节　“海法护航”附录

一、法治课堂讲义

保护自己，从现在做起

大家看题目知道我今天要讲的课题内容是什么吗？大家可以猜一猜。对，关于性侵害，也许大家提到性侵害，多少有一丝尴尬或者好奇，这都是正常的。

在正式上课之前让我们先来欣赏一下维纳斯的雕像。维纳斯的雕像虽然是裸体，但是我们并没有感受到猥亵，却从艺术中发现了美，感受到了美。

性是正常的，性侵害却是不正常的。这个让人不愿提起的字眼，这些让人深恶痛绝的恶性事件，不仅常见于各大媒体，还真真实实地发生在我们的身边。所以今天我来到这里，想跟大家聊一聊，我们要如何防范性侵害？

下面我先给大家讲一个案例：送小红回家的老爷爷。

我院上周刚受理一起强奸案。小红每天上学、放学都是一个人走。一天一个老爷爷说要送她回家，她答应了。之后每天放学时老爷爷都等在门口送小红回家。有一天老爷爷忽然将小红带到僻静的小树林里，对小红实施了猥亵行为，并给了小红 10 元。小红一是害怕，二是不觉得这对她有什么害处，反而还有零花钱拿，就一直没有告诉父母。一天老爷爷带着她去小树林的路上出车祸了，老爷爷拿出几十元让小红打的回家，因为回家晚了，父母问小红为何这么晚回家？小红说，因为今天是打的回家的。父母追问为何打的回家？小红说，老爷爷给的钱，因为老爷爷出车祸了，没有送我回家。在父母的一再追问下，小红才道出了事情的原委。持续几个月的事情才案发。

小红比各位还大几岁，却对性侵害很模糊，不知道如何保护自己。所以我觉得今天的性侵害相关课程很有必要。

（一）什么是性侵害？

性侵害，泛指一切与性相关，且违反他人意愿，对他人做与性有关的行为。包括强奸、性骚扰在内都是性侵害，像露体、窥淫等也可算是性侵害的一种。

刑法上规定性侵未成年人犯罪，包括：强奸罪，强制猥亵、侮辱罪，猥亵儿童罪，组织卖淫罪，强迫卖淫罪，引诱、容留、介绍卖淫罪，引诱幼女卖淫罪等。

关于性侵害，我们一般总有几大误区。

误区一：男孩不可能遇到性侵害。

事实上，男孩、女孩都可能遭遇性侵害。我们办过的案件里也有少量猥亵男童的案件。

误区二：性侵害行为都是发生在夜晚和比较偏僻的地方。

性侵害案件大多发生在人流较少的地方，但是白天，人流大的地方也会发生，如拥挤的公交车上的咸猪手。所以，大家在偏僻人少的地方还是需要有爸爸妈妈的陪伴。

案例：6岁的小红随同来沪打工的父母一起住在某农村的出租屋内，该出租屋为当地农民违章搭建用于出租的房屋，屋内没有卫生设施，所以小红和8岁的堂姐一起来到附近路边的公共厕所。张某恰巧经过该处，发现堂姐等在厕所外，而小红独自在厕所内，遂心生歹意，将小红抱至男厕所对小红实施了奸淫行为。

误区三：性侵害的坏人都是陌生人。

事实刚好相反，大多数的性侵害案件都是熟人所为，如邻居、亲戚等。因为是熟人，所以很多未成年人会放松警惕，受到诱惑而遭到伤害。

案例：程某是小区保安，9岁的小雯到隔壁楼层找同学玩，程某正好经过看到，陪同小雯一起上楼，发现小雯同学家中无人，便诱骗小雯到顶楼平台上玩。由于平时经常遇见程某，小雯未加防范，独自跟随程某到了平台，后程某给小雯看淫秽视频并对小雯实施了猥亵行为。

误区四：坏人都采用暴力侵害的方式。

其实，犯罪分子大多采取引诱欺骗的手段，如给予小朋友一些零食小吃，或者邀请小朋友看动画片、玩手机游戏等，还有利用网络聊天博取信任，随后再采取暴力或威胁实施性侵。

案例：许某看到同租住一个楼层的6岁小涵独自上楼回家，就以其家中有雪糕吃，哄骗小涵进入其卧室，将小涵抱上床并实施奸淫。

案例：谷某见5岁的小丽与哥哥两人在租住的地下室看动画片，便以带小丽出去买零食为由，将小丽带至某出租屋内，对小丽实施奸淫行为。

给大家举几个例子，同学们来判断一下是否属于性侵害？

1. 一个成年人在这里脱光衣服，让大家看，是性侵吗？

2. 以做游戏为名，触摸隐私部位，是性侵吗？

3. 给小朋友看黄片，是否属于性侵害？

4. 谎称自己是医生或护士为你体检，趁机触摸隐私部位，是否属于性侵害？

（二）如何保护自己的身体

我们应当怎么做，平时要注意些什么，才能更好地远离性侵害和性侵犯罪呢？可以分事前、事中、事后三个阶段：

1. 多处着手，做好事前防范

（1）自尊自重，态度明朗

要消除贪小便宜的心理，对一般异性的馈赠应婉言拒绝，不吃喝陌生人提供的食品、饮品，避免因小失大。

谨慎待人处事，对于不相识的异性，不要随便说出自己的真实情况，对自己特别热情的异性，不管是否相识都要倍加注意。

一旦发现某异性对自己不怀好意，甚至动手或有越轨行为，一定要严厉拒绝、大胆反抗、加以制止，并及时向学校报告或告知父母，忌态度暧昧、模棱两可，使对方增加幻想、继续纠缠。

参加社交活动与男性单独交往时，要理智有节制地把握好自己，尤其应注意不能喝对方提供的酒水或饮料。

（2）四个“避免”，提高警觉

一是避免去僻静的地方。如公园假山、树林深处、夹道小巷、楼顶露台、没有路灯的街道楼边、尚未交付使用的新建筑物内、无人居住的小屋等，若单独在此逗留，很容易遭到流氓的袭击。

二是避免晚出晚归。实在需要外出时，尤其是在陌生的环境下，要提高警觉，注意打量周围，有无不怀好意的尾随者，必要时采取躲避措施，不要只专注着打电话或想问题。要与家人多联系，让他们知道自己的行踪。

三是避免独处环境。不管是上学、放学或是走访朋友，最好都能结伴而行。不独自在外租房；在家独自一人时，关好门，锁好窗，避免陌生人入内，以避免悲剧发生。

四是避免衣着暴露。特别是夏天，衣着暴露易招惹是非，吸引不怀好意的人而被揩油。

（3）网上交友，慎重见面

现实中，有因见网友而发生性侵犯罪的案例，因此对于网上交友一定要谨慎，不轻信甜言蜜语，不轻信虚假承诺，不追求虚荣和奢华，用平常心来对待，用平常心来与人交往，特别是不要轻易同意与网友见面。即使真的要见面，在初次见面时也最好随朋友一同前往，并选择白天前往；可以约对方到公共场所见面，避免去僻静、封闭的环境，更不要去对方家中，以免给对方造成可乘之机，让性侵害行为有滋生的“土壤”。

我们做好了事前防范，但如果还是不幸被歹徒盯上，且侵害即将发生时，我们该怎么办？建议大家学点防身术懂得自卫反击。

2. 事中善用防身术反击

在遇到意外侵袭时，不论采取哪种应对方式，要遵循的一个原则就是——用最大的力量来打击对方最薄弱的环节，以此来产生破坏力，最终实现逃离和报警的目的。

这里先教大家三个招式。

第一招：用“头盖”顶击对方下颚。人体额头上方的关节是头部上方最硬的部位，也就是我们俗称的“头盖子”。可以用自己最硬的这个部位，去打击对方的薄弱部位——下颚，以此来造成破坏力。

第二招：用脚踢对方裆部。用脚后跟踢对方裆部，为避免被对方抱腿，踢的时候一定要选准时机，且一定要快。

第三招：后掰小拇指。在被对方搂抱或掐住脖子时，可以掰其小拇指，在手指中，小拇指是最弱的部位，把对方小拇指后掰，也会造成破坏力。

大家学会了吗？

当然，我们也可以通过网上搜索、翻看书籍、报培训班等多学一些简单而实用的防身术，关键是要熟练，危急关头能想起来、用起来，以有效脱离对方的控制，抓紧逃脱并报警，而非简单地运用这些招数和歹徒蛮干。

不过要提醒大家一点的是，不到万不得已不能随便使用防身招数与人蛮干，说我是正当防卫我怕谁？而且如果遇到歹徒开始压制，而我们与歹徒的力量悬殊，记住最基本的一点：生命最重要。

不怕一万，就怕万一。若不幸被性侵害该怎么办？

3. 事后注意 5 个环节

（1）保存证据。无论是在被侵害时，还是侵害之后，首先要有保存证据的意识，尤其是客观性证据。被侵害后不要擅自洗澡、洗衣服、收拾房间、扔东西。只要犯罪就会留痕，毛发、体液、皮肤脱落的表皮、伤痕等，及时报警，要求提取、化验；若是熟人作案，保留好通话记录；若是对方事后威胁、收买等，也要留下相关证据。

（2）勇于揭露。①被性侵后一定要第一时间告诉可以信任的成年人，若对方不信任你或无法帮助你，那么再告诉第二个人，直到有人相信你，愿意帮助你。②其实有些人并非不愿报警，而是担心名誉受损，隐私泄露——

请放心，司法机关的办案人员对未成年人的隐私有保护的义务。

（3）及时报警。遭遇性侵害后，合理合法的处理方式是通过司法途径解决；若不及时报警可能产生的后果：证据灭失，报警可信度降低。

（4）配合调查。在做笔录的过程中如实陈述事实，不隐瞒、不夸大，不做虚假陈述。

我院有这样的案例：未成年女孩在被性侵后怀孕，因受到加害方的金钱引诱，多次进行虚假陈述，严重妨碍了诉讼进程，导致被追究刑事责任。

（5）调整心态，可求助大人、朋友，必要时可求助心理咨询师等专业人士。

（三）法官释法

《刑法》第236条第2款【强奸罪】：奸淫不满十四周岁的幼女的，以强奸论，从重处罚。

法官说法：年满十四周岁的男性行为人，明知对方是不满十四周岁的幼女，仍与其发生性关系，有性器官的接触，不论幼女是否自愿，均以强奸罪定罪处罚。

案例：一个15岁的初三男生，在一场校运会上认识了一个13岁的初一女生，一见钟情，二见倾心，很快确定了恋爱关系。几个月后，男生向女生提出了发生性关系的要求，女生见男生对她也挺好的，就没有拒绝。没过几天，警察把这个男生带走了，女生对警察说：“我是自愿的，你们为什么要抓他？”有没有同学知道，警察为什么会将男生带走？（女生未满14周岁，即使女方自愿，也构成强奸罪。）

《刑法》第237条【强制猥亵、侮辱罪、猥亵儿童罪】：以暴力、胁迫或者其他方法强制猥亵他人或者侮辱妇女的，处五年以下有期徒刑或者拘役。

聚众或者在公共场所当众犯前款罪的，或者有其他恶劣情节的，处五年以上有期徒刑。

猥亵儿童的，处五年以下有期徒刑；有下列情形之一的，处五年以上有期徒刑：

（一）猥亵儿童多人或者多次的；

（二）聚众猥亵儿童的，或者在公共场所当众猥亵儿童，情节恶劣的；

（三）造成儿童伤害或者其他严重后果的；

（四）猥亵手段恶劣或者有其他恶劣情节的。

法官说法：猥亵儿童侵犯的是儿童的人格尊严和身心健康，对象是未满十四周岁的男女儿童。对于猥亵儿童的行为不以强制为前提条件，即不论儿童是否同意，也不论行为人是否使用了强制力，均可构成猥亵儿童罪。

《刑法》第239条第1款【绑架罪】：以勒索财物为目的绑架他人的，或者绑架他人作为人质的，处十年以上有期徒刑或者无期徒刑，并处罚金或者没收财产；致使被绑架人死亡或者杀害被绑架人的，处死刑，并处没收财产。

法官说法：绑架罪是一种严重侵害公民人身、财产权利的犯罪，为保护公民的人身、财产安全，我国刑法对绑架罪规定了较重的刑罚。

（四）送给你的一封信

千言万语汇总成送给大家的一封信。

1. 与人交往要把握度，学会保护自己。

2. 不要和陌生的、不信任的人独处一室。

3. 如果有人触碰你，让你不舒服，一定要敢于拒绝。

4. 不要随便吃喝陌生人和不太熟悉的人的东西，学会拒绝诱惑。

5. 远离那些让你觉得奇怪的人和事。

6. 保护好自己的隐私，在网络上要注意识别别有用心的人。

今天给大家讲课的内容也许各位同学没有听进去多少，但至少要有一个意识，性侵害其实离我们并不遥远，它就在我们身边，随时有可能发生在我们自己身上。虽然在这个世界上大部分都是好人，坏人只占了很少的一部分，但是我们谁都不能保证这辈子不遇到坏人，所以一定要提前做好防范，学会保护自己的身体。今天我的分享到此结束，谢谢大家！

二、法制游园方案

2018年5月“海法护航”进校园

活动策划

（一）活动简介

1. 活动主题

预防性侵害　提高自我保护能力

2. 活动目的及意义

近年来，性侵害儿童的案件在我国时有发生，并且呈现增长的势头和低龄化的趋势，此类案件的发生，受伤最深的是儿童本身，同时对于社会、学校尤其是家庭亦是潜在的危险因素。预防和减少此类案件的发生需要社会、学校和家庭的共同努力。为此，我们把预防此类案件的发生放到突出的位置，而不是等案件发生后慌忙堵漏。2018年，我们“海法护航”将围绕“预防性侵害”这一主题开展不同形式的普法活动。3月，我们已经开展了为期一周的“预防性侵害”小课堂，受到学校师生的高度评价，并受邀返场，说明目前对于“预防性侵害”这一话题，学校教育存在缺位，主要以卫生课为主，缺乏相应的预防性侵安全知识教育。作为从事未成年人普法教育工作的主要单位，我们让预防性侵教育走进校园，责无旁贷。

3. 主办单位

海曙法院

4. 活动对象

宁波市各中小学学生（以小学生为主）

5. 活动时间及地点

活动时间：2018年5月21日至5月25日　每日下午

活动地点：全市各中小学校园

（二）活动流程

活动时间	活动内容
12：10—13：00	出发赶往相应的中小学校园
13：00—13：40	在操场或体育场布置舞台
13：40—14：00	中小学生带队来到场地，维持现场秩序，按顺序坐好（适当拍照）
14：00—15：30	中小学生接受普法教育活动
15：30—16：10	活动结束，合影留念，整理场地，道具回收

（三）活动内容和活动形式

时值六一儿童节，我们将预防性侵害和提高自我保护能力作为主题，在法治游园形式的基础上，结合同学们的兴趣爱好，设置游戏环节，将性侵普法内容融入各种游戏中。通过这种寓教于乐的方式，在游戏中为中小学生建立起基本的预防性侵法律观念，了解一定的预防性侵法律知识，并从中学习预防和自我保护的方法。

首先，由海曙法院的相关领导或法官进行15分钟左右的致辞，介绍活动主题、目的及流程，讲解国内性侵儿童案件的具体情况，科普预防和减少此类案件发生的重要性，呼吁社会、学校和家庭高度重视性侵害行为。

1. 认识我们的身体

（1）时间：10—15分钟。

（2）活动目的：鼓励未成年人认识自己的身体，明确哪些部位是人体隐私部位，不能给人看，也不能让人随便触碰。

（3）活动内容：

①进行游戏，请一男一女2位同学上台指出他们所认识的人体隐私部位。

②讲解隐私部位的定义，告知背心短裤覆盖的地方是不能随便让人看和摸的，其他部位如果他人的触碰使你感到奇怪或不舒服，也应该拒绝。

（4）活动道具：男女身体示意图或PPT展示。

2. 分辨和防范侵害

（1）时间：10—15 分钟。

（2）活动目的：帮助同学建立分辨与防范性侵害的意识，认识到哪些行为是需要拒绝的。

（3）活动内容：

①进行主题情景表演，请同学上台配合法官或任课老师模拟一系列身体情景，让同学感受身体语言传达的情感。

②询问同学认为哪些举动是友好的、正常的触碰，哪些是会让人觉得不舒服、不好的触碰。

③讲解“性侵害”的定义，说明在哪些情况下的哪些行为属于性侵害，哪些为正常行为。

3. 遇到性侵害时应该怎么做

（1）时间：10 分钟。

（2）活动目的：告知同学遇到性侵害时应该如何应对。

（3）活动内容：

①讲解遇到性侵害时应该如何应对。

②可以适当地请同学上来进行情景模拟。

4. 法律夹夹乐（分为 2 个小组，10 个人同时进行）

（1）游戏简介

参与游戏的人员分为 2 队，每队 5 名队员，队员以接力的形式在规定时间内将小球从起点夹至终点，并在答题时间内回答所有所夹小球中的问题，得分高的队伍胜出。

（2）游戏规则

每队队员在起点箱子处呈一列式排好，每人用筷子将小球从起点夹到终点的箱子里，球成功放到箱子里后夹球者排回队尾，第二个人进行接力，继续夹球。如此循环，直到夹小球的时间终止。夹小球的时间为 2 分钟。

夹小球结束后，开始答题时间。每个小球里有一个法律小问题（提前准备题目)，每队队员在限定的时间内回答在夹小球环节获得的所有小球里的问题。总的答题时间不超过5分钟，超过5分钟，终止答题。

答对1题加1分，分数最高的队伍胜出。

（3）活动道具

彩色塑料小球60个

一次性筷子15双

箱子4个

5. 面对疾风

（1）游戏简介

参与者对抽取到的法条进行念读，利用气息将蜡烛吹灭。

（2）游戏规则

事先准备法律条文抽签条，参赛者先抽取条文，只能念抽到的法律条文，并以其中的爆破音或者自行发挥爆破音，吹向面前30厘米外点燃的5根蜡烛，最先吹灭全部蜡烛，或在3分钟内吹灭最多蜡烛的胜出。

（3）游戏内容

相关法条可从《未成年人保护法》《道路交通法》《宪法》等中摘取（提前准备题目）。

（4）活动道具

蜡烛20根，置放蜡烛支架或桌台

打火机若干

法律条文抽签条

6. 踩气球答题（6个人同时进行）

（1）游戏简介

相互踩踏气球，气球被踩破的同学需要回答气球内的问题。

（2）游戏规则

准备若干道关于性侵害的法律知识问答题（提前准备题目），分别放入不同的气球内，气球末端系线，绑在每位同学的手部或腿部，采取手捏或脚踩气球的游戏方式，踩破气球的同学将要回答气球内的问答题，让同学们在游戏的过程中学到法律知识，寓教于乐。

（3）活动道具

气球两袋

绳子或细线两卷

印有法律知识问答题的纸

7. 守法系我心（分为2组，4个人同时进行）

（1）游戏简介

类似于贴鼻子。两个人一组，一个人指挥，另一个人蒙眼，并负责将印有“海法护航”的爱心贴纸粘贴到指定位置。

（2）游戏规则

①两人参赛，其中一人用眼罩蒙眼，另一人负责指挥行动；

②设立印有帆船形象的展板，被蒙眼人领到一张爱心贴纸（站在正对展板的2米之外），在另一人的指挥下，前进将爱心贴到展板上。先贴到指定位置的一方胜出。

（3）活动道具

印有帆船形象的展板2个

爱心贴纸30张

8. 法条传话筒（分为4组，20个人同时进行）

（1）游戏简介

参与者5人为一组站成一排，从所提供的法条信封中选择1条，在限定时间内记住法条，然后讲给第2个人听，以此类推，最后让第5个人说出他听到的内容，符合条文大意即可过关。

（2）游戏规则

①第一个同学可以从裁判员的法条卡片中任选一个开始游戏；

②需在3分钟内回答；

③4组同时进行；

④小组的最后一位将在规定时间内将法条陈述给裁判员，由裁判员对答案进行判定是否大致符合法条大意。

（3）**活动内容**

关于《未成年人保护法》的相关法条（提前准备法条）。

（4）**活动道具**

印有法条的纸。

9. 法治萝卜蹲（分为2组，12个人同时进行）

（1）**游戏简介**

“法治萝卜蹲”游戏是指参赛者分别代表一种社会主义核心价值观的萝卜，游戏中一人先开始，说“××蹲，××蹲，××蹲完，××蹲”被叫到的人必须下蹲，迟疑下蹲的或者蹲错的都将被淘汰。

（2）**游戏规则**

①每位同学以自己的名义参战，击败其他对手；

②6个人一组，分成两组，并且两组的6个人依次按照富强、民主、文明、和谐、自由、平等、公正、法治、爱国、敬业、诚信、友善的顺序从左到右依次站好；

③当裁判员以任意顺序喊出游戏用词时，如“民主蹲，民主蹲，民主蹲完，爱国蹲”，在对方组中代表“爱国”的组员必须马上下蹲，重复上一个同学的动作，蹲错的队员随即被淘汰；

④一组同学淘汰至剩一名同学时，该同学为获胜者。

（3）**游戏内容**

社会主义核心价值观的内容

（4）**活动道具**

印有社会主义核心价值观词语的纸

（四）活动安排

事　件	时　间	备　注
海报、手卡制作、问答纸	5月19日前	具体设计与法院联系后确定
道具购买，奖品准备及确认	5月16—19日	按照道具表准备五份，确保五天活动用量
统筹人员	5月20日前	志愿者5人

（五）活动道具

道具名称	数量	用　途
手卡	6	游戏规则简介
宣传海报（海法护航）	2	置于体育场馆门口
横幅	1	置于体育场馆门口
箱子	4	法律夹夹乐
彩色塑料小球	60	法律夹夹乐
一次性筷子	15	法律夹夹乐
蜡烛	20	面对疾风
法律条文抽签条	若干	面对疾风
打火机	若干	面对疾风
气球	两袋	踩气球答题
绳子或细线	两卷	踩气球答题
印有法律知识问答的纸	若干	踩气球答题
印有帆船形象的展板	2	守法系我心
爱心贴纸	30	守法系我心
印有法条的纸	若干	法条传话筒
印有社会主义核心价值观词语的纸	12	法治萝卜蹲

三、模拟法庭剧本

海曙法院未成年人模拟法庭

——猥亵儿童案

人员分配：（共13人）

审判长：1人

审判员：1人

人民陪审员：1人

书记员：1人

公诉人：2人

辩护人：2人

被告人：1人

被害人的法定代理人：2人

法警：2人

基本案情：

2017年8月12日15时许，被告人约翰在本市海曙区高桥镇宋成佳苑小区内，遇到小区内玩耍的王某甲（女，2008年3月20日出生）、谢某某（女，2009年1月12日出生）和王某乙（男，2009年11月17日出生），遂提出带他们去看小兔子，三人同意。后被告人约翰又带三人至小区19单元楼旁的电瓶车停放地点玩捉迷藏，其间乘机用手伸进谢某某连衣裙内摸其阴部。后被告人约翰又趁与三人一起玩游戏期间，用手摸谢某某和王某甲的阴部。案发后，经医生检查，发现谢某某的阴道口充血。

书记员：请肃静！请公诉人、辩护人、法定代理人入庭。现在宣布法庭纪律。根据2016年5月1日施行的《人民法院法庭规则》的相关规定：全体人员在庭审活动中应当服从审判长的指挥，尊重司法礼仪，遵守法庭纪律。

（一）不得鼓掌、喧哗；

（二）不得吸烟、进食；

（三）不得拨打或接听电话；

（四）不得对庭审活动进行录音、录像、拍照或使用移动通信等工具传播庭审活动；

（五）不得实施其他危害法庭安全或妨害法庭秩序的行为。

检察人员、诉讼参与人发言或提问，应当经审判长的许可。

旁听人员不得进入审判活动区，不得随意站立、走动，不得发言、提问。

经许可录音、录像、拍照的媒体记者，应当在指定的时间及区域内进行，不得影响或干扰庭审活动。

对违反法庭纪律的人员，审判长将警告制止并予以训诫，可以指令法警强行带出法庭。危及法庭安全或扰乱法庭秩序的，处以罚款、拘留；构成犯罪的，依法追究刑事责任。

书记员：全体起立！请审判长、审判员、人民陪审员入庭。

审判长：（待审判长、审判员、人民陪审员全部就座后）全体坐下。

书记员（一直站立）：（书记员离席侧半个身站立，目光注视审判长）报告审判长，庭前准备工作就绪，请开庭审理！

（书记员回座位坐下）

审判长：（敲法槌）海曙法院未成年人模拟法庭现在开庭。传被告人约翰到庭。

（法警押解被告人到庭）

审判长：首先查明被告人的身份信息。被告人姓名？

约翰：约翰。

审判长：出生年月日？

约翰：1984 年 5 月 9 日出生。

审判长：民族？

约翰：汉族。

审判长：文化程度？

约翰：大专文化。

审判长：职业？

约翰：公司职员。

审判长：家庭住址？

约翰：住宁波市海曙区。

审判长：被告人约翰，你什么时候被公安机关抓获的？

约翰：2017年8月12日。

审判长：被告人约翰，你什么时候被公安机关逮捕的？

约翰：2017年8月25日。

审判长：人民检察院的起诉书副本收到没有？何时收到的？

约翰：收到了。2017年12月11日收到的。

审判长：被害人王某甲的法定代理人叫什么名字？

王某甲的法定代理人：王甲。

审判长：出生年月日？

王某甲的法定代理人：1980年2月4日出生。

审判长：家庭住址？

王某甲的法定代理人：宁波市海曙区集士港镇。

审判长：被害人谢某某的法定代理人叫什么名字？

谢某某的法定代理人：谢乙。

审判长：出生年月日？

谢某某的法定代理人：1979年5月13日出生。

审判长：家庭住址？

谢某某的法定代理人：宁波市鄞州区东钱湖。

审判长：被告人收到起诉书距开庭已超过十天，符合法律规定。今天海曙法院未成年人模拟法庭在此依法不公开开庭审理由海曙区人民检察院提起公诉的被告人约翰猥亵儿童一案。因本案涉及个人隐私，因此今天系不公开开庭审理本案。

下面向诉讼当事人宣布法庭组成人员名单，本案由审判长×××、审判员×××、人民陪审员×××三人组成合议庭审理本案，书记员×××担任法庭记录。

海曙区人民检察院指派检察员×××、×××出庭支持公诉。

因被害人王某甲、谢某某至今未满十八周岁，依据法律规定，被害人王某甲、谢某某的父亲（母亲）×××作为被害人王某甲、谢某某的法定代理人到庭参加诉讼。

被告人约翰委托的浙江和义观达律师事务所律师×××、×××出庭担任被告人约翰的辩护人，到庭参加诉讼。

根据《刑事诉讼法》第28条、第29条、第31条、第32条、第192条，及《最高人民法院关于适用〈中华人民共和国刑事诉讼法〉的解释》第193条的规定，被告人、法定代理人及辩护人在法庭审理过程中享有下列诉讼权利：

1. 可以申请合议庭组成人员、书记员、公诉人回避；也就是说，如果上述人员与本案有利害关系，可能影响公正裁判的，可以请求换人；

2. 可以提出证据，申请通知新的证人到庭，调取新的证据，申请重新鉴定或者勘验、检查；

3. 被告人可以自行辩护，也可以委托律师辩护；

4. 被告人可以在法庭辩论终结后作最后陈述。

审判长：被害人王某甲的法定代理人，是否需要申请回避？

王某甲的法定代理人：不需要。

审判长：被害人谢某某的法定代理人，是否需要申请回避？

谢某某的法定代理人：不需要。

审判长：被告人约翰，上述权利是否听清？

约翰：听清了。

审判长：被告人约翰，你是否需要申请回避？

约翰：不需要。

审判长：辩护人，是否需要申请回避？

辩护人1：不需要。

法庭调查

审判长：现在开始法庭调查，首先由公诉人宣读起诉书。

公诉人1（起立）：

浙江省宁波市海曙区人民检察院

起 诉 书

甬海检未检刑诉〔2017〕25号

被告人约翰，男，1984年5月9日出生，居民身份证号码33022719840509××××，汉族，文化程度大专，宁波海田××货运有限公司员工，户籍所在地浙江省宁波市海曙区。因本案于2017年8月12日被宁波市公安局海曙分局刑事拘留，经本院批准，于2017年8月25日被依法逮捕，现羁押于宁波市海曙区看守所。

本案由宁波市公安局海曙分局侦查终结，以被告人约翰涉嫌猥亵儿童罪，于2017年10月25日向本院移送审查起诉。本院受理后，于2017年10月25日已告知被告人有权委托辩护人，被害人有权委托诉讼代理人，依法讯问了被告人，听取了被告人、辩护人、被害人以及其法定代理人和诉讼代理人的意见，审查了全部案件材料。

经依法审查查明：

2017年8月12日15时许，被告人约翰在本市海曙区高桥镇宋成佳苑小区内，先带着王某甲（女，2008年3月20日出生）、谢某某（女，2009年1月12日出生）和王某乙（男，2009年11月17日出生）在宋成佳苑小区内看小兔子，后带三人到该小区19单元旁边停电瓶车的地方玩捉迷藏，乘机用手伸进谢某某连衣裙内摸其阴部。后又提出和三人一起玩“木头人不许笑”的游戏，又乘机用手摸谢某某和王某甲的阴部，经医生检查发现谢某某的阴道口充血。

认定上述事实的证据如下：

1. 书证：病历、情况说明、抓获经过、户籍证明等书证：

2. 证人王某乙的证言；

3. 被害人谢某某和王某甲的陈述；

4. 被告人约翰的供述与辩解；

5. 辨认笔录：被告人辨认作案现场的笔录；

6. 视听资料：案发现场监控录像制作光盘一张。

本院认为，被告人约翰猥亵儿童，其行为已触犯了《刑法》第237条第3款，犯罪事实清楚，证据确实充分，应当以猥亵儿童罪追究其刑事责任。根据《刑事诉讼法》第172条的规定，提起公诉，请依法判处。

此致

宁波市海曙区人民法院

附：

1. 被告人约翰现羁押在宁波市海曙区看守所。

2. 随案移送案卷材料和证据2册。

3. 随案移送光盘4张。

检察员：××× ×××

2017年12月6日

公诉人1：审判长，公诉人起诉书宣读完毕。

审判长：被告人约翰，公诉人刚才宣读的起诉书听清楚了吗？

约翰：听清楚了。

审判长：被告人约翰，你对起诉书指控你犯猥亵儿童罪的事实及罪名，有无异议？

约翰：没有。

审判长：下面由公诉人向被告人进行法庭讯问。

公诉人2：被告人约翰，公诉人依法就本案对你进行讯问，你可以做有罪的供述，也可以做无罪的辩解，但是必须实事求是回答公诉人的问题，你听明白了吗？

约翰：听明白了。

公诉人2：你与被害人王某甲、谢某某是否认识？

约翰：以前不认识，在小区玩的时候才认识的。

公诉人2：你们是怎么玩的？

约翰：2017年8月12日下午三点多，我在小区里走着，看王某甲、谢某某、王某乙三个人在玩游戏，我走过去问她们几年级，她们让我猜，我说猜不出来，两个小女孩说一个四年级，另一个三年级，还有一个小男孩二年级。我说带她们去看兔子，她们看了说很好玩。后来她们让我一起玩游戏，我们就玩捉迷藏的游戏，后来我提出玩一二三木头人的游戏，我做裁判，她们做木头人，不准动不准笑。我就过去摸她们，先摸头，再摸肩膀、肚子和大腿，还隔着裤子摸了两个女未成年人的阴部。

公诉人2：你现在对你的行为有什么认识？

约翰：当时一念之间起了坏心，我现在很后悔。

公诉人2：审判长，公诉人发问完毕。

审判长：被害人王某甲的法定代理人，对指控事实有什么补充？

王某甲的法定代理人：没有。

审判长：被害人谢某某的法定代理人，对指控事实有什么补充？

谢某某的法定代理人：没有。但我需要问被告人几个问题？

审判长：准许。

谢某某的法定代理人：被告人约翰，你自己是否有未成年子女？

约翰：有的。

谢某某的法定代理人：是男孩还是女孩？多大了？

辩护人1（举手）

审判长：辩护人有什么意见需要发表？

辩护人1：反对被害人的法定代理人提与本案无关的问题。

审判长：该问题涉及被告人的主观恶性程度，反对无效，被告人仍须回答。

约翰：女孩，8岁了。

审判长：被害人谢某某的法定代理人，是否还需要发问？

谢某某的法定代理人：审判长，不需要了。

审判长：辩护人有无问题需要发问？

辩护人2：有的。

审判长：下面由辩护人对被告人进行发问。

辩护人2：被告人有没有对被害人的家属进行经济上的补偿？

约翰：暂时没有，但是我已经跟我家人说了要对两个被害人进行经济补偿。

辩护人2：审判长，辩护人发问暂时到此。

审判长：被告人约翰，下面由法庭向你问几个问题。

审判员：被告人约翰，你是怎么到案的？

约翰：事发当天，两个小女孩的家长就来找我，并报了警，我就被带到公安机关了。

审判员：你现在是怎么想的？

约翰：我很后悔，当初为什么会做这个事，本来我还以为摸几下没有关系，也不会有人知道，我不应该这么做，我很后悔，我对那两个小姑娘道歉，我也向两位被害人的法定代理人道歉。

人民陪审员：被告人约翰，你在案发后有无检举揭发的行为？

约翰：没有。

审判长：下面由公诉人就指控的犯罪事实向法庭举证。

公诉人2：公诉人就起诉书指控的犯罪事实分以下五组向法庭举证，现在出示第一组证据，在卷宗第二册第2页到第16页，有被告人约翰的有罪供述，和当庭被告人的供述一致，在此不再宣读。

审判长：被害人王某甲、谢某某的法定代理人，有无意见？

王某甲的法定代理人：没有。

谢某某的法定代理人：没有。

审判长：被告人约翰，对上述证据有无意见？

约翰：没有。

审判长：辩护人有无意见？

辩护人1：没有意见。

审判长：公诉人继续举证。

公诉人2：下面出示第二组证据。在卷宗第二册第18页到第34页，被害人王某甲、谢某某的陈述，证明2017年8月12日下午3点30分左右，与被告人一起在宋城佳苑玩耍，做游戏过程中两被害人被被告人约翰摸阴部。

审判长：被害人王某甲、谢某某的法定代理人，有无意见？

王某甲的法定代理人：没有。

谢某某的法定代理人：没有。

审判长：被告人约翰，对上述证据有无异议？

约翰：没有意见。

审判长：被告人约翰的辩护人有无意见？

辩护人1：没有意见。

审判长：公诉人继续举证。

公诉人2：现在出示第三组证据，在卷宗第二册第35页到第44页，辨认现场笔录、视频截图，证明被告人在2017年8月12日下午与三个小孩一起在宋城佳苑玩耍，并在该小区10幢19单元楼下停电瓶车的地方摸了两个小女孩的阴部。

审判长：被害人王某甲、谢某某的法定代理人，有无意见？

王某甲的法定代理人：没有。

谢某某的法定代理人：没有。

审判长：被告人约翰，对上述证据有无异议？

约翰：没有意见。

审判长：辩护人，有无意见？

辩护人1：没有意见。

审判长：公诉人继续举证。

公诉人2：下面出示第四组证据，在卷宗第二册第45页到第48页，门诊病历，证明被害人王某甲阴道口充血。

审判长：被害人王某甲、谢某某的法定代理人，有无意见？

王某甲的法定代理人：没有。

谢某某的法定代理人：没有。

审判长：被告人约翰，对上述证据有无意见？

约翰：没有。

审判长：辩护人，有无意见？

辩护人1：没有

审判长：公诉人继续举证。

公诉人2：下面出示第五组证据，在卷宗第三册第61页，抓获经过，证明被告人约翰系被传唤到公安机关。

在卷宗第二册第60页、第64页有两被害人的户籍证明，证实被害人王某甲、谢某某案发时不满14周岁。

审判长：被害人王某甲、谢某某的法定代理人，有无意见？

王某甲的法定代理人：没有。

谢某某的法定代理人：没有。

审判长：被告人约翰对上述证据有无异议？

约翰：没有。

审判长：辩护人有无意见？

辩护人1：没有。

审判长：公诉人继续举证。

公诉人2：审判长，公诉人举证完毕。

审判长：被害人王某甲、谢某某的法定代理人，是否需要向法庭提交证据？

王某甲的法定代理人：不需要。

谢某某的法定代理人：不需要。

审判长：被告人约翰，有无证据向法庭提交？

约翰：没有。

审判长：被告人约翰的辩护人，有无证据向法庭提交？

辩护人：没有。想提醒法庭注意，公安机关出具的前科材料，证明约翰无前科劣迹，此次犯罪属初犯，偶犯。

审判长：法庭调查结束。现在开始法庭辩论，首先由公诉人致公诉词。

公诉人 1：审判长、审判员、人民陪审员，根据《刑事诉讼法》第 184 条、第 193 条之规定，我受宁波市海曙区人民检察院的指派，代表本院以国家公诉人的身份出席法庭，支持公诉，并对刑事诉讼实行法律监督，现就本案的事实、证据发表以下公诉意见，请法庭注意：

本案事实清楚，证据确实充分，被告人约翰猥亵儿童，其行为已构成猥亵儿童罪，应当以猥亵儿童罪追究其刑事责任。在刚才的法庭调查中，公诉人当庭讯问了被告人，宣读了被告人的供述材料、被害人的陈述材料、证人的证言材料、抓获经过、户籍证明等一系列书证，证据来源合法，证据与证据之间形成完整的证据链，足以证实被告人约翰犯猥亵儿童罪的事实。公诉人认为本案的认罪态度较好需要三个条件，被告人需要如实供述自己的罪行，需要对被害人及其家属道歉，还需要赔偿被害人及其家属的损失。被告人的家人曾经说愿意赔偿被害人的损失，但是到今天庭审，被告人家属还是没有赔偿被害人的损失，也没有对被害人的父母道歉，至于后续赔偿的问题，希望被告人能通知家人，尽到义务。因此公诉人不认为被告人的认罪态度较好，请法庭综合本案各项证据及情节对被告人进行判处。

审判长：被害人王某甲的法定代理人可以发表意见。

王某甲的法定代理人：我女儿才十岁，还未成年就被猥亵，对她造成很大的心理伤害，她晚上会惊醒，我也没有再去工作，一直在为这个事情奔波。而且被告人之前说会对我们进行经济赔偿，也没有到位，我们不谅解他。

审判长：被害人谢某某的法定代理人可以发表意见。

谢某某的法定代理人：被害人才九岁，就被猥亵，心理上对被害人造成很大的伤害，被害人不敢一个人出去玩了，看到年轻男子就会害怕，我也无心工作，辞职在家陪伴她，一直陪她看心理医生，还要处理这个事情。被告人自己的未成年子女跟我们的未成年子女差不多大，他怎么不想想，如果他自己的未成年子女被猥亵，他会怎么样？先不说被告人从来都没有对我们道歉或给予经济赔偿，即使赔偿了我们也不会谅解他。

审判长：下面由被告人约翰，自行辩护。

约翰：我很后悔当初自己的冲动，我现在当庭向两位被害人的父母道歉，庭后我会让我的家人赔偿你们的损失。

审判长：下面由辩护人为被告人约翰辩护。

辩护人2：尊敬的审判长、人民陪审员，根据《刑事诉讼法》第32条、第33条的规定，受本案被告人约翰父母的委托，本人受浙江和义观达律师事务所的指派，依法出庭担任被告人约翰的辩护人。

本辩护人受理本案后，在公安机关进行侦查时便介入此案，通过会见被告人并对其所提出的问题进行了解答。针对被告人紧张、焦虑的思想状态进行了耐心的法制教育，告知在侦查起诉阶段要实事求是地供述案情，积极地配合司法人员的讯问，争取从宽处理。

通过阅卷及必要的社会调查，本辩护人对起诉书指控被告人约翰犯猥琐儿童罪的事实定性无异议，现就被告人约翰所具备的法定从轻、减轻情节以及酌定从轻情节，发表辩护意见如下：

本案中被告人的行为刚刚到达构罪标准，根据被告人的供述、医生证言，被告人只是进行抚摸行为，造成的后果不是很严重，犯罪情节较轻。除去被告人的供述，本案的其他证据比较薄弱，本案的被告人供述对定罪很重要，参照相关规定，希望法庭对被告人从轻处罚。被告人之前没有前科，被告人对被害人感到很抱歉，被告人也希望家属能对被害人进行赔偿，被告人还有个8岁的小孩需要他照顾，希望法庭对被告人从轻处罚，给被告人一个重新做人的机会。我坚信法律的神圣与公平，期待着贵院依法对我的当事人作出公正的裁判。

希望被告人约翰以及旁听人员都能从本案中吸取教训，在以后的成长道路上，认真地学习法律知识，注重个人品格修养的提高，尊重他人的合法权益。培养正确的是非荣辱观，善交良友，相互宽容、相互理解，正确处理生活中遇到的问题，实现自己的人生理想。审判长，辩护人的辩护意见发表完毕，谢谢！

审判长：第一辩护人是否有补充？

辩护人1：没有。

审判长：下面进行第二轮辩论，提醒控辩双方注意，第二轮辩论不要重复发言。首先，由公诉人发言。

公诉人1：没有补充。

审判长：被害人王某甲、谢某某的法定代理人，有无补充？

王某甲的法定代理人：没有。

谢某某的法定代理人：没有。

审判长：被告人约翰，你还有什么需要辩护的？

约翰：没有，我认罪服法。

审判长：辩护人，有无新的辩护意见？

辩护人2：没有。

审判长：经过刚才的法庭辩论，控辩双方的意见已充分阐述，法庭也已记录在案。法庭辩论结束。

审判长：根据法律规定，被告人享有最后陈述的权利。被告人约翰最后还有什么要向法庭陈述的？

约翰：尊敬的审判长、人民陪审员，通过本次庭审，我认识到违法犯罪给被害人、家庭、社会所带来的危害，同时也给自己的人生抹上了污点，我一定吸取这次教训，做一名守法的公民。

审判长：最后陈述终结。现在休庭五分钟，合议庭对本案评议后进行宣

判，将被告人带下法庭。（敲法槌）（法警将被告人押解下庭）

审判长：（敲法槌）现在继续开庭，将被告人带上法庭。（法警押解被告人到庭）

通过刚才的法庭调查，法庭核实了本案的事实，并对本案的证据进行了质证，又听取了公诉人、被告人、法定代理人、辩护人的意见及被告人的最后陈述，现在进行宣判：本院认为，被告人约翰猥亵不满十四周岁的儿童，其行为已构成猥亵儿童罪。公诉机关指控被告人的罪名成立。被告人约翰到案后能如实供述自己的罪行，可从轻处罚。辩护人提出上述从轻处罚的辩护意见，予以采纳。依照《刑法》第237条第3款、第67条第3款之规定，判决如下：

书记员：全体起立。（法庭内所有人员起立）

审判长：被告人约翰犯猥亵儿童罪，判处有期徒刑一年。

（刑期自判决执行之日起计算。判决执行以前先行羁押的，羁押一日折抵刑期一日，即自2017年8月12日起至2018年8月11日止。）（敲法槌）

全体请坐。（除被告人外，法庭内其他人员坐下）

今天系口头判决，判决书将在五日内送达，如不服本判决，可在接到判决书的第二天起十日内，通过本院或直接向上级人民法院提出上诉。书面上诉的，应当提交上诉状正本一份，副本一份。被告人约翰，是否听清？

约翰：听清了。

审判长：将被告人带下法庭。现在闭庭！（敲法槌）

四、法制辩论赛

案例一：

王明通过淘宝网以1000元的价格向淘宝卖家购买蛛网陆龟、辐纹陆龟各一只，放在自己家里饲养。王明的行为是否构成非法收购濒危野生动物罪？

正方：王明的行为构成非法收购濒危野生动物罪。

反方：王明的行为不构成非法收购濒危野生动物罪。

案例二：

小玲7岁，她的父母5年前离异，离异后小玲一直跟随父亲过着平常的生活。后母亲创业成功，成为一家公司的总经理，收入是父亲的十几倍。现母亲起诉到法院要求变更抚养权，法院应该将小玲判决给父亲还是母亲？

正方：应将小玲判给父亲。

反方：应将小玲判给母亲。

附录　海曙法院出台的相关规程、规定、办法

宁波市海曙区人民法院未成年人刑事案件审判规程（试行）

第一章　总　则

第一条　为确保未成年人刑事案件得到公正审理，切实维护未成年人合法权益，有效预防和减少未成年人犯罪，根据《中华人民共和国刑法》《中华人民共和国刑事诉讼法》《中华人民共和国未成年人保护法》的有关规定，结合我院实际，制定本规程。

第二条　我院未成年人刑事案件审判工作的指导思想是：以科学发展观为统领，坚持“教育、感化、挽救”方针，贯彻“教育为主，惩罚为辅”原则，不断增强司法能力，提高司法水平，积极参与社会治安综合治理，切实预防和矫治未成年人犯罪，依法保护未成年人合法权益。

第三条　审理未成年人刑事案件，应遵循以下原则：1. 坚持宽严相济，区别对待，根据未成年人身心发展特点给予特殊保护，充分体现未成年人权益最大化原则。2. 坚持寓教于审，尊重未成年人的人格尊严，实现全面保护与教育挽救相结合。3. 坚持轻刑化、个别化原则，综合分析被告人情况，把具有可挽救性作为量刑的重要参照标准，在法律规定限度内给予未成年被告人适当的宽宥，依法扩大非监禁刑的适用范围。

第四条　本规程所称的未成年人刑事案件包括下列案件：1. 被告人为未

成年人的公诉一审案件。2. 被告人为未成年人的刑事自诉一审案件。上述案件，由刑庭负责审查，但不单列案号。

第二章　审判组织

第五条　未成年人刑事案件合议庭由审判员与人民陪审员共 3 人组成合议庭审理，审判长由本院任命或经本院院长指定。

第六条　参与未成年人刑事案件审理的人民陪审员，应当熟悉未成年人生理、心理特点，作风细致，责任心强。人民陪审员在审理中享有同审判员同等的权利。

第七条　合议庭进行评议时，如遇意见分歧，应当按照多数人意见作出决定，但是少数人的意见应当写入笔录。评议笔录由合议庭的组成人员签名。

第八条　合议庭开庭审理并且评议后，应当作出判决。对于疑难、复杂、重大的案件，合议庭认为难以作出决定的，由合议庭提请院长决定提交审判委员会讨论决定。

第三章　庭前准备工作

第九条　检察院提起公诉的一审案件及附带民事诉讼案件，经审查立案后，应当日将案件转交给主审法官。同一案件中，既有成年被告人，又有未成年被告人，进行分案处理。

第十条　开庭审理前应进行下列准备工作：1. 确定合议庭的组成人员；2. 刑事起诉书副本应在开庭十日前送达被告人及附带民事诉讼原告人，在向未成年被告人送达起诉书时，告知其诉讼权利和义务；3. 案件开庭时间、地点应在开庭三日前通知公诉人、自诉人、附带民事诉讼原告人；4. 传唤当事人、通知辩护人、法定代理人、诉讼代理人、证人、鉴定人和翻译人员，传票和通知书至迟在开庭三日以前送达；5. 公开审理的案件，在开庭三日以前先期公布案由、被告人姓名、开庭时间和地点。

第十一条　庭审前应当书面通知未成年被告人的法定代理人参加诉讼。法定代理人表示无法到庭或不宜出庭的，可另行通知其他监护人或成年近亲属出庭。法定代理人经通知后不参加诉讼的，不影响案件的审理，但应将上述情形写入笔录。

第十二条　不满十八周岁被告人没有委托辩护人的，应当指定承担法律援助义务的律师为其提供辩护。

第十三条　开庭时十四周岁以上不满十六周岁未成年人犯罪的案件，一律不公开审理；十六周岁以上不满十八周岁未成年人犯罪的案件，一般也不公开审理。

第十四条　未成年人刑事案件判决前，不得向外界披露该未成年人的姓名、住所、照片及可能推断出该未成年人身份的资料。

第十五条　开庭前，审判长或主审法官认为有必要的，可以安排法定代理人或者其他成年近亲属、教师等人员与未成年被告人会见。

第四章　庭前社会调查

第十六条　庭前社会调查是指在审理未成年人刑事案件时，由专门的社会调查员于开庭审理前，就未成年被告人成长经历、家庭情况、社会交往、性格特点以及实施被指控的犯罪前后表现等情况进行调查，并写成书面材料，作为对未成年被告人量刑的参考，以达到区别对待和教育挽救的目的。

第十七条　社会调查的对象为犯罪时未满25周岁，户籍地在本市或经常居住地在本市的刑事案件被告人。

第十八条　法院受理未成年人刑事案件后，按两名社会调查员负责一名青少年被告人的原则确定调查对象，将名单、调查表、起诉书等交给社会调查员。社会调查员应在规定的时间内完成调查任务，并制作相应的人格调查报告。

第十九条　对被告人实施庭前调查的基本内容：1. 被告人的个人情况，包括性格特点、兴趣爱好、社会交往、成长经历、平时表现、实施被指控的犯罪前后的表现等。2. 被告人的家庭情况，包括家庭成员情况、家庭收入状况等。3. 被告人成长的社会环境，包括同学、朋友、亲戚等关系人对其成长的影响。

第二十条 社会调查员要深入被告人的家庭、学校、工作单位、社区、公安派出所等地，通过走访家长、老师、同事和会见被告人等方式进行调查。调查时应出示调查人员证件或授权委托书，并制作笔录。

第二十一条 所涉及的被告人的家庭、街道、社区、学校等应当配合社会调查员的调查，客观提供被调查人的真实情况。

第二十二条 调查完成后，须在庭审前提交调查报告，并在法庭上宣读调查报告，接受公诉人、辩护人及其他诉讼参与人对调查报告的询问。

第二十三条 法院依照法律规定，聘请热心青少年工作的社会团体、组织、人士担任社会调查员，对被告人开展审前调查。聘任社会调查员采取单位推荐和社会公开招聘的方式，对符合条件的，予以聘任，并发给聘任证书。

第二十四条 社会调查员享有以下权利：1. 对所承办的被告人的非涉案情况进行调查。2. 对所承办的被告人是否适用缓刑提出建议。3. 要求提供社会调查所必需的保障。4. 对社会调查工作提出批评、意见和建议。5. 根据法庭安排，以社会调查员的身份宣读调查报告。

第二十五条 社会调查员应当履行以下义务：1. 学习并掌握与工作相关的法律、法规。2. 遵守审判纪律，严守审判秘密，保护被告人的隐私权和名誉权。3. 按时完成调查工作，及时写出调查报告，如实向法院反映被告人的真实情况。4. 积极向被调查的被告人及其家属宣讲法律知识。

第二十六条 社会调查员在完成调查任务后，因故不能实施调查任务或涉及下列回避情形的，应及时告知法院，以便及时更换其他人员开展工作：1. 是案件的当事人或当事人的近亲属；2. 和案件有利害关系；3. 担任过案件的证人、鉴定人、辩护人、诉讼代理人；4. 与案件的当事人有其他关系，可能影响公正处理案件的。

第二十七条　社会调查员的聘期为一年。对聘任的社会调查员采取量化考核的办法，对表现突出的，授予优秀社会调查员称号；对无客观原因两次未按相关要求完成调查任务，或出现违法违纪行为的社会调查员，取消其社会调查员资格。

第五章　庭前心理鉴定

第二十八条　庭前心理测试是指法院在案件判决前邀请心理咨询师对未成年被告人进行心理测评，分析心理健康状况，如人身危险性、再犯可能性等，作为合议庭在量刑时是否适用缓刑的参考，为个性化矫治提供依据。

第二十九条　心理测试由法院聘请具有国家职业资格的心理咨询人员进行。被聘请的评估人员应遵守国家有关的心理咨询法规、职业道德，严守审判纪律。

第三十条　心理咨询师应向被告人或其监护人介绍鉴定与评估内容，在被告人或其监护人签署《心理鉴定与评估同意书》后，方可开始鉴定。

第三十一条　心理鉴定项目的设计和工具的选用应遵循以下原则：1. 根据未成年人犯罪的常见类型和常见影响因素，如应激状态下激情犯罪、冲动控制犯罪等，选定鉴定项目。2. 针对传统纸笔和计算机心理测试项目经常出现的掩饰、敷衍、装坏、装好、趋中等心理现象，选用投射性测试工具和生理、心理反馈评估工具。3. 考虑到未来司法矫治的需要，鉴定工具既要有评估功能，又应兼具心理矫治、辅导和训练功能。

第三十二条　被告人参加鉴定需由法院有关工作人员陪同，并保证鉴定过程的安全有序。被告人如需监护人陪同，监护人不得参加和干扰鉴定过程。

第三十三条　鉴定结束后，心理咨询师应在 5 个工作日内出具《心理鉴定与评估报告》。报告可由心理咨询师在开庭审理前或法庭事实调查阶段向合议庭提交。

第六章　一审庭审

第三十四条　审理未成年人刑事案件采取圆桌审判方式，诉讼参与人围绕同一圆桌面对面开展庭审，减少庭审对抗气氛；审判人员的法庭用语要规范、平缓、温和，营造宽松的庭审氛围。

第三十五条　法院应当在辩护人座位靠近旁听区一侧为未成年被告人的法定代理人设置席位。

在法庭上一般不得对未成年被告人使用戒具。

第三十六条　未成年被告人可坐着接受法庭调查、询问，但在宣判时应当起立。

第三十七条　开庭审理前，书记员应当依次进行下列工作：1. 查明公诉人、当事人、证人及其他诉讼参与人是否已经到庭；2. 宣读法庭规则；3. 请公诉人、法定代理人、辩护人入庭；4. 请审判长、审判员（人民陪审员）入庭；5. 审判人员就座后，当庭向审判长报告开庭前的准备工作已经就绪。

第三十八条　审判长宣布开庭，传被告人到庭后，应当查明被告人的下列情况：1. 姓名、出生年月日、民族、出生地、文化程度、职业、住址，或者单位的名称、住所地。2. 可以不在此询问未成年被告人是否曾受过法律处分，在法庭调查阶段由公诉人直接举证予以认定。3. 是否被采取强制措施以及采取强制措施的种类、时间。4. 收到检察院起诉书副本的日期；附带民事诉讼的，附带民事诉讼被告人收到民事诉状的日期。

第三十九条　法定代理人到庭的，应当查明下列情况：1. 姓名、出生年月日、民族、出生地、文化程度、职业、住址，或者单位的名称、住所地；2. 收到检察院起诉书副本及附带民事诉状的日期。

第四十条　审判长宣布案件的来源、起诉的案由、附带民事诉讼原告人、被告人和法定代理人的姓名及是否公开审理。对于不公开审理的案件，应当当庭宣布不公开审理的理由。

第四十一条　审判长宣布合议庭组成人员、书记员、公诉人、辩护人、鉴定人和翻译人员的名单。

第四十二条　审判长应当告知当事人、法定代理人、代理人在法庭审理过程中依法享有的诉讼权利，应依法保障当事人申请回避的权利。

第四十三条　未成年被告人或者其法定代理人当庭拒绝法院指定的辩护律师为其辩护，要求另行委托辩护人的，合议庭应当同意并宣布延期审理，并应当为未成年被告人另行指定辩护律师。

重新开庭后，未成年被告人或者其法定代理人，没有正当理由再次当庭拒绝重新委托的辩护人或者由法院指定的辩护律师进行辩护的，一般不予准许。重新开庭时被告人已满十八周岁的，应当准许，但不得再行指定辩护人、辩护律师。上述情况应当记录在卷。

第四十四条　审判长宣布法庭调查开始后，应当首先由公诉人宣读起诉书；有附带民事诉讼的，再由附带民事诉讼的原告人或者其诉讼代理人宣读附带民事诉状，并征询双方当事人是否有调解的意愿。

第四十五条　经审判长准许，未成年被告人的辩护人及法定代理人或者诉讼代理人可以在控诉方就某一具体问题讯问完毕后向被告人发问。

对于共同犯罪案件中的被告人，应当分别进行讯问。合议庭认为必要时，可以传唤共同被告人同时到庭对质。

被告人的供述与预审的供述不同，或者翻供时，公诉人如果提出宣读被告人预审供述时，应当允许。

第四十六条　审判长对于控辩双方的讯问、发问的内容与该案无关或者讯问、发问的方式不当的，或者有诱供未成年被告人嫌疑的，应当制止。禁止被告人直接向公诉人发问，但应当允许被告人就某一事实或者某一证据提出辩解，审判长可以就被告人的辩解要求公诉人举证或者发表意见，也可以就被告人的辩解直接向证人、鉴定人发问。

第四十七条　法院向检察院调取需要调查核实的证据材料，或者根据辩护人、被告人的申请，向检察院调取在侦查、审查起诉中收集的有关未成年被告人无罪和罪轻的证据材料，应当通知检察院在收到调取证据材料决定书后三日内移交。控辩双方在向法庭提交证据，应当提供原件、原物，未能提供原件、原物的，应当说明理由，经法院同意并核实后可以提交副本或者复制件。

第四十八条 传证人到庭询问证人，要问清证人的姓名、年龄、民族、籍贯、工作单位、职务、住址（户籍地、居住地），是否认识在座的被告人，与被告人的关系。告知证人必须如实作证，证人有意作伪证或者隐匿罪证，依法可追究刑事责任；并让证人在保证书上签名。

证人到庭作证注意事项：1. 证人、鉴定人在其出庭作证的前后，均不得旁听对本案的审理。2. 被告人、辩护人、法定代理人在控方举证之后，才能分别传唤辩方的证人、鉴定人出庭作证。如被告人、辩护人、法定代理人提出要求证人出庭被法庭采纳的，证人作证的情况可参照前述，但要改变问话顺序，先由举证方问话，后征询公诉人意见。3. 控辩双方申请证人、鉴定人出庭作证，应向审判长说明拟证明的问题，经审判长同意后可传唤证人、鉴定人出庭作证。

第四十九条 询问证人均应遵循以下规则：1. 发问的内容应当与案件的事实有关；2. 禁止提示或诱导证人；3. 不得威胁证人；4. 不得损害证人的人格尊严。

第五十条 审判长对于向证人、鉴定人发问的内容与本案无关或者发问的方式不当的，应当制止。

第五十一条 合议庭在案件审理过程中，发现未成年被告人可能有自首、立功等法定量刑情节，而起诉和移送的证据材料中没有相关证据材料的，应当建议检察院补充侦查。

第五十二条 法庭调查时，审判人员应当核实未成年被告人在实施被指控的行为时的年龄。同时还应当查明未成年被告人实施被指控的行为时的主观和客观原因。

第五十三条 合议庭认为本案事实已经清楚，应当由审判长宣布法庭调查结束，进行法庭辩论。法庭辩论应当在审判长的主持下，按照下列顺序进行：1. 公诉人发言；2. 被害人及诉讼代理人发言；3. 未成年被告人自行辩护；4. 辩护人辩护；5. 控辩双方进行辩论。

第五十四条　附带民事诉讼部分的辩论应当在刑事诉讼部分的辩论结束后进行。先由附带民事诉讼原告人及诉讼代理人发言，然后由未成年被告人及诉讼代理人答辩。

第五十五条　对于辩护人依照有关规定当庭拒绝继续为未成年被告人进行辩护的，合议庭应当准许。如果未成年被告人要求另行委托辩护人，合议庭应当延期审理，由未成年被告人另行委托辩护人或者由人民法院为其另行指定辩护律师。

第五十六条　法庭审理时，控辩双方向法庭提出对未成年被告人适用管制以及拘役宣告缓刑、有期徒刑宣告缓刑、单处罚金等刑罚建议的，应当提供未成年被告人能够获得监管、帮教的书面材料。

第五十七条　审判长宣布法庭辩论终结后，合议庭应当保证未成年被告人充分行使最后陈述的权利。

第五十八条　未成年被告人在最后陈述中提出了新的事实、证据，合议庭认为可能影响正确裁判的，应当恢复法庭调查；如果未成年被告人提出新的辩解理由，合议庭认为确有必要的，可以恢复法庭辩论。如果在法庭辩论过程中，合议庭发现新的事实或者发现已经质证的证据还存在问题，审判长可以宣布暂停辩论，恢复法庭调查，待事实查清后继续法庭辩论。

第五十九条　审判长在被告人做最后陈述后，应当宣布休庭，合议庭进行评议。合议庭应当根据已经查明的事实、证据和有关法律规定，并在充分考虑控辩双方意见的基础上，进行评议，确定未成年被告人是否有罪，应否追究刑事责任；构成何罪，判处何种刑罚；有无从重、从轻、减轻或者免除处罚的情节；赃物赃款如何处理；附带民事诉讼如何处理等，并依法作出判决。

第六十条　当庭宣告判决的，应当宣布判决结果，并在五日内将判决书送达被告人及其法定代理人、检察院。定期宣告判决的，判决宣告后应当立即将判决书送达当事人。判决生效后还应当将判决书送达未成年被告人原户籍所在地的公安机关。

第六十一条 对未成年人刑事案件宣告判决应当公开进行。宣判时，公诉人、法定代理人、辩护人、被害人、自诉人或者附带民事诉讼的原告人未到庭的，不影响宣判的进行。法定代理人不到庭或者确实无法到庭的，可以通知其他成年近亲属到庭，并在宣判后向其送达判决书。

第六十二条 少年合议庭在宣判被告人有罪前，组织公诉人、辩护人、法定代理人以及人民陪审员对被告人进行法庭教育。被告人法定代理人以外的其他成年近亲属或者教师等有利于教育、感化被告人的，合议庭可以邀请其参与教育。

第六十三条 对未成年被告人的教育可以围绕下列内容进行：1. 犯罪行为对社会的危害和应当受刑罚处罚的必要性；2. 导致犯罪行为发生的主观、客观原因及应当吸取的教训。

第六十四条 未成年人刑事裁判文书要加强量刑说理和判后释疑。1. 增加未成年人走上犯罪道路的主客观原因的分析。2. 在判决书的尾页要附上作出判决的法律条文及内容、司法解释。

第七章　监管令

第六十五条 合议庭在宣判未成年人刑事案件时，对符合条件的未成年缓刑犯及监护人发出监管令，要求他们在一定期限内必须遵守和履行某些限制性规定的书面指令。

第六十六条 监管令适用于免予刑事处罚的、单处罚金的、判处缓刑或管制的未成年被告人及其法定代理人或其他监护人。

第六十七条 监管令应明确监管期限，一般为三个月至六个月。缓刑、管制的监管期限与缓刑考验期、管制时间相对应。

第六十八条 监管令的文书表现形式为《宁波海曙区人民法院监管令》，该书的文号为案件所在的年份号再加上监管令的序号。未成年被告人的监管令为1号，如“2001未监第1–1号”，其法定代理人的监管令为2号，如“2001未监第1–2号”。

第六十九条　监管令的条款可分为一般条款和特殊条款。一般条款是指少年合议庭按照《预防未成年人犯罪法》《未成年人保护法》的规定精神，要求所有监管令的适用对象普遍遵守，适用于每一份监管令的若干规定。特殊条款是指针对被告人具体情况，作出的个别化规定。

第七十条　监管令应向适用对象送达，同时可抄送给负责帮教考察的单位和部门。向未成年人和法定代理人送达的，应在宣判当天进行。

第七十一条　在监管令的生效期内，审判人员应进行有效的考察活动，制定具体的考察方法，努力发挥监管令的监督管教作用，促使监管令对象认真履行监管令中的限制性规定。

第八章　判后帮教工作

第七十二条　坚持判后帮教工作，建立未成年人帮教档案，及时了解未成年犯改造情况，促使其改过自新、重归社会。

第七十三条　判决生效后或决定作出后7个工作日内，将有关法律文书送达罪犯常住地的区、县级市社区矫正试点工作领导小组办公室。判处管制、宣告缓刑、单处剥夺政治权利罪犯送达的文书材料包括：刑事判决书、执行通知书、结案登记表和接受社区矫正保证书等。

第七十四条　对于判处管制、宣告缓刑、单处剥夺政治权利的未成年罪犯，在宣判或作出决定时，应告知其必须接受社区矫正，并由其监护人当庭作出书面保证。

第七十五条　对于被判处管制或缓刑的未成年犯，少年合议庭可以企业、学校、社区等为依托，建立缓刑帮教基地，并协助公安机关及其所在学校、单位、街道、居民委员会、村民委员会、监护人等制定帮教措施。

第七十六条　承办人员可以适时走访未成年犯及其家庭，了解对未成年犯的管理和教育情况，引导未成年犯家庭正确承担管教责任，督促被收监服刑的未成年犯父母及时探视，为未成年犯改过自新创造良好的环境。

第九章　附　则

第七十七条　本规程自下发之日起执行。

第七十八条　本规程条文内容若与《中华人民共和国刑法》《中华人民共和国刑事诉讼法》及相关司法解释、上级法院规定有冲突，则该条文不再适用。

二〇〇八年四月十八日

宁波市海曙区人民法院外来青少年犯缓刑适用“同城待遇”操作规程（试行）

第一章　宗旨及原则

第一条　本规程根据《中华人民共和国刑法》《中华人民共和国刑事诉讼法》的有关规定，结合我院审理案件的司法实践制定。

第二条　本规程的宗旨是保护外来青少年的合法权益，彰显司法文明，公平、公正地适用缓刑，消除缓刑适用“内外有别”的现象。

第三条　人民法院推行外来青少年犯缓刑适用“同城待遇”审理案件应当以事实为依据，以法律为准绳，严格依照缓刑适用的条件，注重缓刑适用的法律效果和社会效果。

第二章　受案范围

第四条　本规程所称的缓刑适用“同城待遇”的刑事案件包括下列案件：

（一）被告人系非宁波户籍的公诉一审案件；

（二）被告人系非宁波户籍的刑事自诉一审案件。

第三章　适用条件

第五条　本规程所称的缓刑适用“同城待遇”的被告人须满足以下条件：

（一）被告人系年龄为25周岁以下的外地籍青少年；

（二）被告人属初犯、偶犯；

（三）犯罪事实单一、清楚，犯罪情节轻微，法定刑在三年以下；

（四）被告人必须有真诚的悔罪表现，坦白交代问题，自觉接受审判；

（五）在宁波有相对固定的工作单位或亲属在本地有相对固定的工作、住址；（对于未成年人犯罪，其监护人在本地有相对稳定职业和固定居所的）或者虽然不具备本款所述前项条件，但其户籍所在地的公安机关愿意接收，具备相应的缓刑监管条件的。

第四章　适用程序

第六条　对外来青少年犯适用缓刑，案件承办人要审查犯罪嫌疑人是否符合《中华人民共和国刑法》所规定的条件。

第七条　对在宁波学习、工作、生活的外地籍犯罪嫌疑人，法院要委托社会调查员去其学习、工作、生活的地方调查了解两方面的内容：一是其在当地的一贯表现；二是其相应的学校、单位、居委会是否愿意协助做好监管帮教工作。

第八条　法院受理犯罪案件后，按两名社会调查员负责一名被告人的原则确定调查对象，将名单、调查表、起诉书等交给社会调查员。社会调查员应在规定时间内完成调查任务，并填写好相应的调查报告表格。

第九条　社会调查员在接受调查任务后，因故不能实施调查任务，或涉及下列回避情形的，应及时告知人民法院，以便及时更换其他调查人员开展工作：

（一）是本案件的当事人或者是当事人的近亲属的；

（二）本人或者他的近亲属和本案有利害关系的；

（三）担任过本案的证人、鉴定人、辩护人、诉讼代理人的；

（四）与本案当事人有其他关系，可能影响公正处理案件的。

第十条 法院在案件判决前邀请心理咨询师对被告人进行心理测试，分析其心理健康状况：如人身危险性、再犯可能性等，作为合议庭在量刑时是否适用缓刑的参考，为个性化矫治提供依据。

第十一条 心理测试由法院聘请具有国家职业资格的心理咨询人员进行。被聘请的评估人员应遵守国家有关的心理咨询法规、职业道德，严守审判纪律。

第十二条 心理咨询师应向被告人或监护人介绍鉴定与评估内容，在被告人或其监护人签署《心理鉴定与评估同意书》后，方可开始鉴定。

第十三条 心理鉴定项目的设计和工具的选用应遵循以下原则：1. 根据犯罪的常见类型和常见影响因素，如应激状态下激情犯罪、冲动控制犯罪等选定鉴定项目；2. 针对传统纸笔和计算机心理测试项目经常出现的掩饰、敷衍、装坏、装好、趋中等心理现象，选用投射性测试工具和生理、心理反馈评估工具；3. 考虑到未来司法矫治的需要，鉴定工具既要有评估功能，又应兼具心理矫治、辅导和训练功能。

第十四条 被告人参加鉴定需要由法院有关工作人员陪同，并保证鉴定过程的安全有序。被告人如需监护人陪同，监护人不得参加和干扰鉴定过程。

第十五条 鉴定结束后，心理咨询师应在 5 个工作日内出具《心理鉴定与评估报告》。报告可由心理咨询师在开庭审理前或法庭事实调查阶段向合议庭提交。

第十六条 对负有民事赔偿、补偿责任的外来青少年犯罪嫌疑人，承办法官必须督促其履行好民事赔偿、补偿义务。

第十七条 承办案件的法官要与该外来青少年犯罪嫌疑人的亲属取得联系，并可要求其提供担保。

第十八条 对在宁波有固定单位的外来青少年犯罪嫌疑人，法院可要求其单位提供担保。

第五章 回访、考察与帮教

第十九条 对外来青少年犯适用缓刑，不能“一缓了之”，必须坚持回访考察和帮教，除要求被告人一季度一次向法院汇报思想和改造情况，刑事法官要定期和不定期地走访和电话回访，了解缓刑人员情况，确保缓刑监管落到实处。

第二十条 通过与公安、司法等单位签订三方监管协议，把监督的责任落实到当地派出所，实现法院、司法、村居委会及社区共同帮教。

第二十一条 对于外来青少年犯判处实刑的，要督促被收监服刑的未成年罪犯的父母或者其他监护人及时探视，以使未成年罪犯获得家庭和社会的关怀，增强改造的信心。

第二十二条 对于判处管制、拘役宣告缓刑或者有期徒刑宣告缓刑的外地青少年犯罪人，可以以企业、学校、社区等为依托，建立缓刑帮教基地。

第二十三条 对于判处管制、拘役宣告缓刑或者有期徒刑宣告缓刑、免予刑事处罚等的外地罪犯，可以协助公安机关及其所在学校、单位、街道、居民委员会、村民委员会、监护人等制定帮教措施。

第二十四条 可以适时走访被判处管制、拘役宣告缓刑或者有期徒刑宣告缓刑、免予刑事处罚等的外地青少年罪犯及其家庭，了解对罪犯的管理和教育情况，以引导罪犯的家庭正确承担管教责任，为罪犯改过自新创造良好的环境。

第二十五条 对于判处管制、拘役宣告缓刑或者有期徒刑宣告缓刑免予刑事处罚等的外地青少年罪犯具备就学就业条件的，少年合议庭可以就其安置问题向有关部门提出司法建议，并且附送必要的材料。

第二十六条 判决生效后或决定作出后 7 个工作日内，将有关法律文书送达罪犯户籍所在地的公安局。判处管制、宣告缓刑、单处剥夺政治权利罪犯送达的文书材料包括：刑事判决书、执行通知书、结案登记表和接受社区矫正保证书等。

第六章　附　则

第二十七条　本规程自公布之日起生效。

第二十八条　本规程与上级机关的相关规定有冲突的，以上级机关的相关规定为准。

二〇〇九年三月二十五日

宁波市海曙区青少年缓刑犯联合帮教（监管）实施办法（试行）

为进一步规范青少年缓刑犯的帮教监管工作，教育、挽救失足青少年，维护社会和谐稳定，确保落实各项监管措施，实现适用缓刑的法律效果、社会效果，根据《中华人民共和国刑法》《中华人民共和国刑事诉讼法》《浙江省社区矫正试点工作方案（修订）》等法律法规的相关规定，特制定本办法。

第一条　本办法适用于被判处缓刑的25周岁以下青少年。

第二条　坚持“教育、感化、挽救”的原则，贯彻宽严相济的刑事政策，为判处缓刑的青少年创造良好的教育、改造环境。

第三条　区法院与区检察院、区司法局、海曙公安分局签订青少年缓刑犯联合帮教（监管）意向书。

前款所列各机关的职能部门针对具体的帮教监管对象签订协议书。区法院的职能部门为刑事审判庭，海曙公安分局的职能部门为下属各派出所，区司法局的职能部门为下属各司法所，区检察院的职能部门为监所检察科。

第四条　区法院与海曙公安分局、区司法局、区检察院的分管领导及相关职能部门负责人组织成立评审委员会，负责联合帮教监管中的重大问题研究。

第五条　区法院为监管帮教工作的责任机关，负责送达判决书、执行通知书等相关法律文书、提供矫正对象材料，组织各方加强协作配合、召集评审委员会会议、共同确立考察制度、定期回访，收集、整理帮教经验和做法，并加以推广。

第六条　海曙公安分局为帮教监管工作的执法部门，负责法律文书的流转、建立档案；区司法局是缓刑监管帮教工作的执行部门，负责制定矫正方案，对考察对象进行定期或不定期的考察、教育、落实监管。

第七条　帮教基地负责对缓刑青少年的直接教育管理，包括组织缓刑青少年学习、劳动，对其进行心理矫正、报送表现、考评材料等。

第八条　区检察院负责对缓刑帮教工作的监督，对区法院、海曙公安分局、区司法局、帮教基地实行监管帮教的全过程进行监督，并及时提出相关意见和建议。

第九条　心理鉴定与评估报告和人格调查报告相结合，作为法院是否对被告人判处缓刑的参考依据。

第十条　区法院在判决生效后应及时将生效的判决（裁定）书副本和执行通知书送达海曙公安分局和区司法局，同时，一并提供缓刑青少年的相关矫正材料，执行机关应逐人建立监管档案，并制定矫正方案提供给帮教基地。帮教基地要将监管帮教情况形成书面材料，通过执行主体，及时抄送给区法院和区检察院。

第十一条　对于监管期间表现良好、成绩突出的缓刑青少年，由帮教基地将相关表现、考评材料先后报送区司法局、海曙公安分局，经海曙公安分局核实后，报送区检察院，区检察院审核后抄送区法院。由区法院组织召开评审委员会会议，经评审委员会评议决定后，向宁波市中级人民法院报送减刑申请或给予其他表彰奖励。

第十二条　质量评估报告作为减刑、评优的依据之一。

第十三条　对于违反监管措施，不服从监管、改造态度恶劣的缓刑青少年，或者在监管期间出现重大问题的缓刑青少年，由帮教基地将相关考评材料先后报送执行缓刑的区司法局、海曙公安分局，经海曙公安分局核实后，报送区检察院，区检察院审核后抄送区法院，由区法院组织召开评审委员会会议，由评审委员会开会决定后，按相关法律程序处理。

第十四条 在帮教监管期满前30日内，区司法局应指导其完成自我鉴定，并会同海曙公安分局召开由帮教负责人、缓刑青少年等相关人员参加的评议会，对缓刑青少年的表现情况进行评议，根据评议结果作出鉴定，并将鉴定结果上报区司法局和区公安局，同时将鉴定材料抄送区法院。

第十五条 缓刑青少年缓刑期满，区司法局应会同海曙公安分局向缓刑青少年本人及帮教负责人宣布缓刑期满。《缓刑期满证明书》由海曙公安分局负责签发。

第十六条 依照法律和有关规定，缓刑期间重新犯罪的，自羁押之日起自然解除帮教。

第十七条 评审委员会负责具体解释本实施办法。

二〇〇九年七月二十七日

宁波市海曙区人民法院加强外地未成年人司法救济操作规程（试行）

总 则

为切实保障外地未成年被告人的合法权益，解决其在诉讼各个阶段存在的救济盲点，根据《中华人民共和国刑事诉讼法》《最高人民法院关于审理未成年刑事案件的若干规定》等法律及司法解释的规定，结合未成年人刑事案件审理工作实际，特制定本规程。

第一章 程序救济——公益代理人制度

第一条 推行公益代理人制度。对于法定代理人正在服刑、藏匿、失踪、死亡或由于经济困难、路途遥远等原因无法到场或出庭的外地未成年被告人，由法院委托热心未成年人权益保护工作的社会团体、组织、人士组成的公益代理人代为行使被告人法定代理人在刑事诉讼中的各项权利，切实保障未成年被告人合法权益。

第二条　公益代理人的聘任采取单位推荐和社会公开招聘的方式，由法院公开进行选拔。对符合条件的，予以聘任，并发给聘任证书。

第三条　公益代理人应当具备以下条件：

1. 坚持四项基本原则，作风正派，责任心强，热心从事教育、感化、挽救失足未成年人工作；

2. 具备一定的教育管理未成年人的生活经验和知识水平；

3. 由本人所在单位或社区推荐；

4. 身体健康，具有教育挽救未成年被告人和出庭担任公益代理人的时间和精力；

5. 具有较强语言表达和分析判断能力；

6. 具备一定的法律知识。

第四条　公益代理人的聘期为一年。期满后，对时间充裕、工作热情高、能力强的公益代理人，在本人自愿的前提下可予以续聘。

第五条　对聘任的公益代理人采取量化考核的办法，对参与公益代理工作一年以上、陪同接受讯问或出庭三次以上的公益代理人，表现突出的，授予优秀公益代理人称号；对无正当理由两次未按相关要求到场或出庭，或出现违法违纪行为的公益代理人，由法院决定取消其公益代理人资格。

第六条　公益代理人享有以下权利：

1. 阅卷知情权。公益代理人可以到有关机关查阅本案的有关材料，了解案情，但不包括审判委员会和合议庭记录，以及事关其他案件的线索材料。

2. 会见权、通信权。公益代理人有权在监管场所会见未成年犯罪嫌疑人、被告人或与他们通信。

3. 调查取证权。公益代理人经证人或者其他有关单位或者个人同意，可以向他们收集与本案有关的材料，也可以申请人民检察院、人民法院收集、调取证据，或者申请人民法院通知证人出庭作证。

4. 公益代理人在诉讼中享有申请回避、辩护、发问、提出新的证据、要求重新鉴定或勘验、最后陈述、提出上诉等诉讼权利。

5. 公益代理人享有《中华人民共和国刑事诉讼法》赋予法定代理人的其他相关诉讼权利。

6. 对未成年人的性格特点、家庭情况、社会交往、成长经历等情况进行社会调查的权利。

7. 享有向管理机构辞去公益代理人职务的权利。

第七条 公益代理人应当履行以下义务：

1. 学习并掌握与工作相关的法律、法规；

2. 遵守审判纪律，严守审判秘密，保护未成年被告人的隐私权和名誉权；

3. 依法保护未成年被告人的人身权利、财产权利、诉讼权利以及其他一切合法权利；

4. 积极向被代理的未成年被告人宣讲法律知识，帮助其改过自新。

第八条 公益代理的对象为犯罪时未满十八周岁，户籍地不在本市老三区，经通知其法定代理人不能到场或出庭的刑事案件被告人。

第九条 对未成年被告人实施公益代理的基本内容：

1. 在侦查阶段、审查起诉阶段陪同未成年犯罪嫌疑人接受讯问、决定是否申请回避；

2. 出庭参加庭审；

3. 为未成年人聘请律师或申请法律援助；

4. 参与法庭教育和判后延伸帮教工作。

第十条 对于不满十八周岁且无法定代理人的未成年人刑事案件，公安机关在讯问未成年犯罪嫌疑人时，应当通知公益代理人到场。

第十一条 人民检察院审查批准逮捕或审查起诉未成年人刑事案件，讯问未成年犯罪嫌疑人，应当通知法定代理人到场；法定代理人不能到场的，应当通知公益代理人到场。

第十二条　法院受理未成年人刑事案件后，对于法定代理人不能出庭的外地未成年被告人刑事案件，由法院工作人员通知公益代理人。

第十三条　公益代理人在接到通知后要及时了解案件情况，按时到场陪同接受讯问或出庭，依法维护被告人的诉讼权利。

第十四条　公益代理人因故不能到场或出庭的，应及时告知相关部门，相关部门应另行更换其他公益代理人开展工作。

第二章　程序救济二——扩大指定辩护人范围

第十五条　扩大人民法院《关于执行若干问题的解释》规定的“应当”为被告人指定辩护人的范围，对于犯罪时未满十八周岁、但开庭时已满十八周岁的未成年人一律为其指定辩护人。

第三章　实体救济——缓刑适用“同城待遇”

第十六条　人民法院推行外地未成年犯缓刑适用“同城待遇”，审理案件应当以事实为依据，以法律为准绳，严格依照缓刑适用的条件，注重缓刑适用的法律效果和社会效果。

第十七条　缓刑适用“同城待遇”的被告人须满足以下条件：

1. 被告人系年龄为25周岁以下的外地籍青少年；

2. 被告人属初犯、偶犯；

3. 犯罪事实单一、清楚，犯罪情节轻微，法定刑在三年以下；

4. 被告人必须有真诚的悔罪表现，坦白交代问题，自觉接受审判；

5. 在宁波有相对固定的工作单位或亲属，在本地有相对固定的工作、住址；（对于未成年人犯罪，其监护人在本地有相对稳定职业和固定居所的）或者虽然不具备本款所述前项条件，但其户籍所在地的公安机关愿意接收，具备相应的缓刑监管条件的。

第十八条　对外来青少年犯适用缓刑，案件承办人要审查犯罪嫌疑人是否符合《中华人民共和国刑法》所规定的条件。

第十九条　对在宁波学习、工作、生活的外地籍犯罪嫌疑人，法院要委托社会调查员去其学习、工作、生活的地方调查了解两方面的内容：一是其在当地的一贯表现；二是其相应的学校、单位、居委会是否愿意协助做好监管帮教工作。

第二十条　法院受理犯罪案件后，按两名社会调查员负责一名被告人的原则确定调查对象，将名单、调查表、起诉书等交给社会调查员。

社会调查员应在规定时间内完成调查任务，并填写好相应的调查报告表格。

第二十一条　社会调查员在接受调查任务后，因故不能实施调查任务，或涉及下列回避情形的，应及时告知人民法院，以便及时更换其他调查人员开展工作：

1. 是本案件的当事人或者是当事人的近亲属的；

2. 本人或者他的近亲属和本案有利害关系的；

3. 担任过本案的证人、鉴定人、辩护人、诉讼代理人的；

4. 与本案当事人有其他关系，可能影响公正处理案件的。

第二十二条　法院在案件判决前邀请心理咨询师对被告人进行心理测试，分析其心理健康状况：如人身危险性、再犯可能性等，作为合议庭在量刑时是否适用缓刑的参考，为个性化矫治提供依据。

第二十三条　心理测试由法院聘请具有国家职业资格的心理咨询人员进行。被聘请的评估人员应遵守国家有关的心理咨询法规、职业道德，严守审判纪律。

第二十四条　心理咨询师应向被告人或监护人介绍鉴定与评估内容，在被告人或其监护人签署《心理鉴定与评估同意书》后，方可开始鉴定。

第二十五条　心理鉴定项目的设计和工具的选用应遵循以下原则：

1. 根据犯罪的常见类型和常见影响因素，如应激状态下激情犯罪、冲动控制犯罪等选定鉴定项目。

2. 针对传统纸笔和计算机心理测试项目经常出现的掩饰、敷衍、装坏、装好、趋中等心理现象，选用投射性测试工具和生理、心理反馈评估工具。

3. 考虑到未来司法矫治的需要，鉴定工具既要有评估功能，又应兼具心理矫治、辅导和训练功能。

第二十六条　被告人参加鉴定需要由法院有关工作人员陪同，并保证鉴定过程的安全有序。被告人如需监护人陪同，监护人不得参加和干扰鉴定过程。

第二十七条　鉴定结束后，心理咨询师应在5个工作日内出具《心理鉴定与评估报告》。报告可由心理咨询师在开庭审理前或法庭事实调查阶段向合议庭提交。

第二十八条　对负有民事赔偿、补偿责任的外来青少年犯罪嫌疑人，承办法官必须督促其履行好民事赔偿、补偿义务。

第二十九条　承办案件的法官要与该外来青少年犯罪嫌疑人的亲属取得联系，并可要求其提供担保。

第三十条　对在宁波有固定单位的外来青少年犯罪嫌疑人，法院可要求其单位提供担保。

第四章　实体救济二——回访、考察与帮教

第三十一条　对外来青少年犯适用缓刑，不能“一缓了之”，必须坚持回访考察和帮教，除要求被告人一季度一次向法院汇报思想和改造情况，刑事法官要定期和不定期地走访和电话回访，了解缓刑人员情况，确保缓刑监管落到实处。

第三十二条　通过与公安、司法等单位签订三方监管协议，把监督的责任落实到当地派出所，实现法院、司法、村居委会及社区共同帮教。

第三十三条　对于外来青少年犯判处实刑的，要督促被收监服刑的未成年罪犯的父母或者其他监护人及时探视，以使未成年罪犯获得家庭和社会的关怀，增强改造的信心。

第三十四条 对于判处管制、拘役宣告缓刑或者有期徒刑宣告缓刑的外地青少年犯罪人，可以以企业、学校、社区等为依托，建立缓刑帮教基地。

第三十五条 对于判处管制、拘役宣告缓刑或者有期徒刑宣告缓刑、免予刑事处罚等的外地罪犯，可以协助公安机关及其所在学校、单位、街道、居民委员会、村民委员会、监护人等制定帮教措施。

第三十六条 可以适时走访被判处管制、拘役宣告缓刑或者有期徒刑宣告缓刑、免予刑事处罚等的外地青少年罪犯及其家庭，了解对罪犯的管理和教育情况，以引导罪犯的家庭正确承担管教责任，为罪犯改过自新创造良好的环境。

第三十七条 对于判处管制、拘役宣告缓刑或者有期徒刑宣告缓刑、免予刑事处罚等的外地青少年罪犯具备就学就业条件的，少年审判庭可以就其安置问题向有关部门提出司法建议，并且附送必要的材料。

第三十八条 判决生效后或决定作出后7个工作日内，将有关法律文书送达罪犯户籍所在地的公安局。判处管制、宣告缓刑、单处剥夺政治权利罪犯送达的文书材料包括：刑事判决书、执行通知书、结案登记表和接受社区矫正保证书等。

二〇一〇年八月十二日

宁波市海曙区人民法院公益代理人制度实施规程（试行）

第一章 总 则

第一条 为切实保障外地未成年被告人的合法权益，避免其因法定代理人空缺而产生救济盲点，根据《中华人民共和国刑事诉讼法》《最高人民法院关于审理未成年刑事案件的若干规定》等法律及司法解释的规定，结合本院未成年人刑事案件审理工作实际，特制定本规程。

第二条 公益代理人制度是指在审理外地未成年被告人刑事案件时，对于法定代理人正在服刑、藏匿、失踪、死亡或由于经济困难、路途遥远等原因无法出庭的外地未成年被告人，由法院委托热心未成年人权益保护工作的社会团体、组织、人士组成的公益代理人代为行使被告人法定代理人在刑事诉讼中的各项权利，切实保障未成年被告人合法权益。

第二章 公益代理人的聘任与管理

第三条 公益代理人的聘任采取单位推荐和社会公开招聘的方式，由法院公开进行选拔。对符合条件的，予以聘任，并发给聘任证书。

第四条 公益代理人应当具备以下条件：

1. 坚持四项基本原则，作风正派，责任心强，热心从事教育、感化、挽救失足未成年人工作；

2. 具备一定的教育管理未成年人的生活经验和知识水平；

3. 有本人所在单位或社区的推荐；

4. 身体健康，具有教育挽救未成年被告人和出庭担任公益代理人的时间和精力；

5. 具有较强语言表达和分析判断能力；

6. 具备一定的法律知识。

第五条 公益代理人的聘期为一年，期满后，对时间充裕、工作热情高、能力强的公益代理人，在本人自愿的前提下可予以续聘。

第六条 对聘任的公益代理人采取量化考核的办法，对参与公益代理工作一年以上、出庭三次以上的公益代理人，表现突出的，授予优秀公益代理人称号；对无正当理由两次未按相关要求出庭，或出现违法违纪行为的公益代理人，由法院决定取消其公益代理人资格。

第三章 公益代理人的权利和义务

第七条 公益代理人享有以下权利：

1. 阅卷知情权。公益代理人可以到有关机关查阅本案的有关材料，了解案情，但不包括审判委员会和合议庭记录。以及事关其他案件的线索材料。

2. 会见权、通信权。公益代理人有权在监管场所会见未成年犯罪嫌疑人、被告人或与他们通信。

3. 调查取证权。公益代理人经证人或者其他有关单位或者个人同意，可以向他们收集与本案有关的材料，也可以申请人民检察院、人民法院收集、调取证据，或者申请人民法院通知证人出庭作证。

4. 公益代理人在诉讼中享有申请回避、辩护、发问、提出新的证据、要求重新鉴定或勘验、最后陈述、提出上诉等诉讼权利。

5. 公益代理人享有《中华人民共和国刑事诉讼法》赋予法定代理人的其他相关诉讼权利。

6. 对未成年人的性格特点、家庭情况、社会交往、成长经历等情况进行社会调查的权利。

7. 享有向管理机构辞去公益代理人职务的权利。

第八条 公益代理人应当履行以下义务：

1. 学习并掌握与工作相关的法律、法规；

2. 遵守审判纪律，严守审判秘密，保护未成年被告人的隐私权和名誉权；

3. 依法保护未成年被告人的人身权利、财产权利、诉讼权利以及其他一切合法权利；

4. 积极向被代理的未成年被告人宣讲法律知识，帮助其改过自新。

第四章 公益代理的对象和内容

第九条 公益代理的对象为犯罪时未满十八周岁，户籍地不在本市老三区，经通知其法定代理人不能出庭的刑事案件被告人。

第十条 对未成年被告人实施公益代理的基本内容：

1. 决定是否申请回避；

2. 出庭参加庭审；

3. 为未成年人聘请律师或申请法律援助；

4. 决定是否上诉；

5. 参与法庭教育和判后延伸帮教工作。

第五章　公益代理的工作程序

第十一条　法院受理未成年犯罪案件后，对于法定代理人不能出庭的外地未成年被告人刑事案件，由法院工作人员通知公益代理人。

第十二条　公益代理人在接到出庭通知后要及时了解案件情况，按时出庭，依法维护被告人的诉讼权利。

第十三条　公益代理人因故不能出庭的，应及时告知人民法院，法院应另行更换其他公益代理人开展工作。

附　则

第十四条　本规定由宁波海曙区人民法院负责解释。

第十五条　本规定自发布之日起施行。

二〇一〇年九月十日

宁波市海曙区公益代理人参与未成年人犯罪刑事诉讼程序实施规程（试行）

第一章　总　则

第一条　为切实保障未成年犯罪嫌疑人、被告人的合法权益，避免其因法定代理人缺位而产生救济盲点，根据《中华人民共和国刑事诉讼法》《最高人民法院关于审理未成年人刑事案件的若干规定》《最高人民检察院关于人民检察院办理未成年人刑事案件的规定》《公安部关于公安机关办理未成年人违法犯罪案件的规定》等法律及司法解释的规定，结合未成年人刑事案件审理工作实际，特制定本规程。

第二条 公益代理人制度是指在侦查、审查起诉未成年犯罪嫌疑人刑事案件及在审理未成年被告人刑事案件时，对于法定代理人正在服刑、藏匿、失踪、死亡或由于经济困难、路途遥远等原因无法到场或出庭的未成年犯罪嫌疑人、被告人，由办案单位委托公益代理人代为行使犯罪嫌疑人、被告人的法定代理人在刑事诉讼中的各项权利，切实保障未成年犯罪嫌疑人、被告人的合法权益。

第二章 公益代理人的聘任与管理

第三条 公益代理人的聘任采取单位推荐和社会公开招聘的方式，由区人民法院负责进行选拔。对符合条件的，由区人民法院予以聘任，发给聘任证书。公益代理人的日常管理也由区人民法院负责。

第四条 公益代理人应当具备以下条件：

1. 坚持四项基本原则，作风正派，责任心强，热心从事教育、感化、挽救失足未成年人工作；

2. 具备一定的教育管理未成年人的生活经验和知识水平；

3. 有本人所在单位或社区的推荐；

4. 身体健康，具有教育挽救未成年人被告人和出庭担任公益代理人的时间和精力；

5. 具有较强语言表达和分析判断能力；

6. 具备一定的法律知识。

第五条 公益代理人聘期为一年，期满后，对时间充裕、工作热情高、能力强的公益代理人，在本人自愿的前提下，区人民法院可以续聘。

第六条 对聘任的公益代理人采取量化考核的办法，对参与公益代理工作一年以上、陪同接受讯问或出庭三次以上的公益代理人，表现突出的，在征得区公安分局、区人民检察院的同意，由区人民法院授予优秀公益代理人称号；对无正当理由两次未按相关要求到场或出庭，或出现违法违纪行为的公益代理人，由区人民法院决定取消其公益代理人资格。

第三章　公益代理人的权利和义务

第七条　公益代理人享有以下权利：

1. 侦查阶段，如未成年犯罪嫌疑人未委托辩护人的，经办案单位许可，公益代理人可以向区公安分局了解未成年犯罪嫌疑人涉嫌的罪名和有关案件的情况；为未成年犯罪嫌疑人提供法律咨询、代理申诉、控告；为被逮捕的未成年犯罪嫌疑人申请取保候审。

2. 审查起诉阶段，如未成年犯罪嫌疑人未委托辩护人的，经办案单位许可，公益代理人可以到区人民检察院查阅、摘抄、复制本案的诉讼文书、技术性鉴定材料；可以申请区人民检察院向未成年犯罪嫌疑人提供的证人或者其他有关单位和个人收集、调取证据。

3. 审判阶段，如未成年被告人未委托辩护人，或者已为未成年被告人指定辩护人的，公益代理人仍可以查阅、摘抄、复制本案所指控犯罪事实的材料；可以经证人或者其他有关单位和个人同意，向他们收集与本案有关的材料，也可以申请区人民法院收集、调取证据；可以申请区人民法院通知证人出庭作证。

在诉讼过程中，公益代理人享有申请回避、辩护、发问、提出新的证据、要求重新鉴定或者勘验等诉讼权利；在未成年被告人最后陈述后，经审判长许可，公益代理人可以发表意见。

4. 公益代理人可以对未成年人的性格特点、家庭情况、社会交往、成长经历等情况进行社会调查，并可以向法庭提供社会调查报告。

5. 享有向管理机构辞去公益代理人职务的权利。

第八条　公益代理人应当履行以下义务：

1. 学习并掌握与工作相关的法律、法规；

2. 遵守刑诉法及相关法律及司法解释的有关规定，切实保护未成年犯罪嫌疑人、未成年被告人的隐私权和名誉权；

3. 依法保护未成年犯罪嫌疑人、未成年被告人的人身权利、财产权利、诉讼权利以及其他一切合法权利；

4. 积极向被代理的未成年犯罪嫌疑人、未成年被告人宣讲法律知识，帮助其改过自新。

第四章　公益代理的对象和内容

第九条　公益代理的对象为各办案单位办案时，未满十八周岁，经通知其法定代理人不能到场的未成年犯罪嫌疑人或法定代理人不能出庭参与诉讼的未成年被告人。

第十条　公益代理的基本内容：

1. 在侦查阶段、审查起诉阶段陪同未成年犯罪嫌疑人接受讯问；

2. 可以申请办案人员回避；

3. 出庭参加庭审；

4. 可以为未成年人犯罪嫌疑人、未成年被告人聘请律师或申请法律援助；

5. 受委派的公益代理人可以参与对未成年被告人的法庭教育和判后延伸帮教工作。

第五章　公益代理的工作程序

第十一条　侦查机关在讯问未成年人犯罪嫌疑人时，经通知其法定代理人不能到场的情况下，可以向区人民法院申请委派公益代理人到场，区人民法院在接受申请后，应及时委派公益代理人到场陪同未成年犯罪嫌疑人接受讯问。

第十二条　区人民检察院审查批准逮捕未成年犯罪嫌疑人或审查起诉未成年人刑事案件时，应当讯问未成年人犯罪嫌疑人，法定代理人经通知不能到场陪同未成年人犯罪嫌疑人接受讯问的，可以向区人民法院申请委派公益代理人。区人民法院在接受申请后，在条件允许的情况下，应委派在侦查阶段已参与过的公益代理人到场陪同接受讯问。

第十三条　区人民法院受理未成年人刑事案件后，对于法定代理人不能出庭的未成年被告人刑事案件，在条件允许的情况下，由区人民法院委派已参与过侦查阶段、审查起诉阶段的公益代理人参与诉讼。

第十四条　公益代理人在接到通知后要及时了解案件情况，按时到场陪同接受讯问或出庭，依法维护未成年犯罪嫌疑人、未成年被告人的诉讼权利。

第十五条　公益代理人因故不能到场或出庭的，应及时告知管理部门，管理部门应另行更换其他公益代理人开展工作。

第六章　附　则

第十六条　本规程由宁波市海曙区人民法院、宁波市海曙区人民检察院、宁波市公安局海曙分局负责解释。

第十七条　本规程自发布之日起施行。

二〇一一年三月二十二日

宁波市海曙区关于缓刑青少年参加公益服务的规定（试行）

为进一步深化缓刑青少年社区矫正工作，加强审判工作与社区矫正工作的无缝对接，组织更多社会力量参与社会管理创新，增强缓刑青少年社会服务意识和社会责任感，促使其更好地回归社会，根据《中华人民共和国刑法》《中华人民共和国刑事诉讼法》《浙江省社区矫正试点工作方案（修订）》等法律法规的相关规定，结合工作实际，制定本规定。

第一条　本规定适用于被宣告缓刑的十六周岁以上二十五周岁以下、列入海曙区司法局社区矫正人员范围的青少年犯。

第二条　缓刑青少年参加公益服务，是缓刑青少年自愿以义务工作者的身份、无偿参加各种适宜青少年身心发展的公益服务。

第三条　由海曙区人民法院、海曙区司法局、宁波市城市管理义务工作者协会分管领导成立工作领导小组，负责公益服务中的相关问题的统筹、协调。工作领导小组办公室设在海曙区司法局，由海曙区人民法院、海曙区司法局、宁波市城市管理义务工作者协会的相关职能部门负责人组成，负责公益服务相关具体工作。

第四条 海曙区人民法院对符合条件的缓刑青少年，在判决生效后3个工作日内，向其发放公益服务卡。

公益服务卡应详细记录公益服务的时间、场所、内容，是记录缓刑青少年参与公益服务具体情况的有效凭证。

第五条 缓刑青少年在首次向海曙区司法局报到时，应出示公益服务卡。

海曙区司法局应对参与公益服务的缓刑青少年登记备案。

第六条 海曙区司法局根据宁波市城管义工协会所提供的服务内容进行选择，在公益活动前5个工作日完成缓刑青少年通知工作。

第七条 缓刑青少年参加的公益服务，应与其身心健康相适应，并能充分发挥其个性特长。

第八条 在公益服务期间，应做好缓刑青少年个人情况的保密工作。

第九条 公益服务期限，一般为缓刑考验期限，每月一般应完成8小时义务服务。

第十条 宁波市城市管理义务工作者协会应及时记录缓刑青少年参加公益服务的具体时间和服务内容等相关信息。

第十一条 海曙区人民法院、海曙区司法局应对缓刑青少年完成公益活动情况进行跟踪、监督和考察。

第十二条 在公益服务期满前1个月，海曙区司法局应会同宁波市城市管理义务工作者协会对缓刑青少年工作表现和思想情况作出评定，并将相关评定材料抄送海曙区人民法院。

第十三条 对于在公益服务中表现良好的缓刑青少年，可由海曙区人民法院组织召开工作领导小组会议，经会议评议决定后，给予表彰奖励。

第十四条 对于连续3个月未完成规定服务小时数的缓刑青少年，在警告后仍不改正的，海曙区司法局应将相关情况通报海曙区人民法院，由海曙区人民法院组织召开工作领导小组会议，经会议讨论决定后，按相关法律程序处理。

第十五条　本规定由发布之日起实施，由工作领导小组负责具体解释。

二〇一二年三月二十日

宁波市海曙区人民法院未成年人犯罪记录封存暂行办法

第一条　为最大限度地降低刑罚对未成年人成长的不利影响，促使有前科的未成年人更好地回归社会，实现对未成年人的特殊保护，依照《中华人民共和国刑法修正案（八）》《中华人民共和国刑事诉讼法》和《中华人民共和国未成年人保护法》等法律法规的相关规定，结合工作实际，制定本办法。

第二条　本办法规定的犯罪记录封存是指对受过宁波市海曙区人民法院有罪宣告的未成年人，在具备规定条件时，由法院封存其犯罪记录的制度。

判决依法不负法律责任、裁定终止审理的未成年人案件信息，也属于封存范围。

第三条　本办法适用于犯罪时未满十八周岁，被判处五年以下有期徒刑、拘役、管制、单处附加刑或者免予刑事处罚的被告人。

第四条　行为人分别在年满十八周岁前、后实施数个行为，构成一罪或者数罪的，不适用本办法。

被封存犯罪记录的行为人年满十八周岁后又犯新罪的，犯罪记录不再封存。

第五条　开庭审理时被告人不满十八周岁的，一律不公开审理。但是，经未成年被告人及其法定代理人同意，未成年被告人所在学校和未成年人保护组织可以派代表到场。到场代表的人数和范围，由法庭决定。到场代表经法庭同意的，可以参与对未成年被告人的法庭教育工作，但不得向外界传播或者提供案件审理情况。

对依法公开审理，但可能需要封存犯罪记录的案件，不得组织人员旁听。

第六条 对未成年人犯罪刑事案件宣告判决应当公开进行，但不得采取召开大会等形式。对依法应当封存犯罪记录的案件，宣判时不得组织人员旁听。

第七条 封存未成年被告人犯罪记录的决定应于判决生效后作出，并送达未成年被告人。决定书应同时送达公安机关、检察机关、司法局或监狱等相关单位。

第八条 法院作出封存犯罪记录决定后，应当告知未成年被告人、法定代理人、监护人犯罪记录封存制度的相关内容。

第九条 犯罪记录封存决定作出后，除现行《公务员法》《教师法》《职业医师法》等法律规定的情形外，被告人不必向单位、学校报告自己曾受过刑事处罚的情况。

第十条 犯罪记录封存的范围包括未成年人刑事案件的全部案卷材料（包括纸质档案和电子档案）、裁判文书及其他案件信息。

第十一条 对犯罪记录封存的纸质档案要单独登记造册，标注密级，并在档案上加盖“前科封存”章。网络管理员对审判流程管理系统中的案件及其电子档案设置加密查询权限。

第十二条 除公安、检察等机关为办案需要或者有关单位根据国家规定进行查询外，任何个人和单位不得借阅、复制、摘抄、泄露未成年人被封存的档案。

第十三条 公安、检察等机关或者有关单位申请查询已封存犯罪记录信息的，应当提交单位出具的申请书，写明查询的理由和依据，并提供相关证明材料。

档案室应对查询申请书进行审查，并层报分管院长决定是否同意查询。

第十四条 档案管理人员要严格管理犯罪记录封存档案，不得泄露档案内容。

对故意或因工作失误等原因泄露被封存档案内容的人员，依情节严重程度，追究行政或者刑事责任。

第十五条 依法查询已封存犯罪记录档案的单位，应当对被封存的犯罪记录信息予以保密。

查询单位故意或过失泄露被封存犯罪记录信息的，应立即返还相关犯罪记录材料，并不得再次进行犯罪记录封存档案查询。

第十六条 本办法由海曙区人民法院审判委员会负责解释。

第十七条 本办法自2013年4月8日开始施行。

二〇一三年四月八日

宁波市海曙区人民法院未成年人刑事案件心理干预工作规定（试行）

第一章 总 则

第一条 为更好地贯彻落实审理未成年人刑事案件中“教育为主、惩罚为辅”的原则，探索“寓教于审”的新模式，增强司法的教育、感化、挽救功能，根据《中华人民共和国刑法》《中华人民共和国刑事诉讼法》《中华人民共和国未成年人保护法》《中华人民共和国预防未成年人犯罪法》的有关规定，结合本院未成年人刑事审判的实际情况，制定本规定。

第二条 未成年人刑事案件心理干预是指在未成年人刑事案件审判过程中针对被告人生理、心理特点，由具有执业资格的心理咨询师或者心理学专业人士对被告人进行心理测评和心理矫治，帮助被告人认知不良行为的根源、克服心理上的障碍、调整行为方式、维护心身健康，并对被告人不良心理和不良行为的矫正提出建议。

第三条 本规定适用对象为本院受理刑事案件中的未成年被告人。

第四条 开展未成年人刑事案件心理干预工作，应当坚持当事人自愿原则。

第五条 开展未成年人刑事案件心理干预工作，应当坚持公益性原则。

第六条 开展未成年人刑事案件心理干预工作，要依法稳妥推行，注重实际效果。

第二章 工作机构

第七条 未成年人刑事案件心理干预工作坚持以法院为主导，广泛邀请教研机构、社会团体等单位共同参与，并积极协调相关国家机关、事业单位给予支持和帮助。

第八条 刑事审判庭是法院实施未成年人刑事案件心理干预工作的具体部门，工作职责如下：

（一）邀请、组织教研机构、社会团体等单位开展未成年被告人心理干预工作；

（二）协调相关国家机关、事业单位提供帮助；

（三）对本规定的执行情况进行监督、检查和指导；

（四）总结、推广未成年人刑事案件心理干预工作的经验。

第九条 未成年人刑事案件心理干预工作的参与机构应当符合以下条件：

（一）依法设立，有从事心理干预工作的资质；

（二）有符合本规定第十一条的心理咨询师；

（三）拥有良好的声誉；

（四）有健全的内部管理制度。

第十条 参与未成年人刑事案件心理干预工作机构的职责：

（一）指派符合本规定第十一条的心理咨询师完成法院委托的心理干预工作；

（二）对心理咨询师的工作进行监督、指导，确保工作质量；

（三）对法院提供的案件材料严格保密，完成心理测评工作后退回法院。

第三章　心理咨询师选任

第十一条　承担心理干预工作的心理咨询师应当符合以下条件：

（一）具有心理咨询师的执业资格，或者心理学专业博士及以上学历，或者心理学专业副教授及以上职称；

（二）作风正派，责任心强；

（三）热心从事教育、感化、挽救失足未成年人工作。

第十二条　心理咨询师从事心理干预工作应遵守以下要求：

（一）尊重求助者的人格尊严，对求助者的隐私和法院提供的案件材料严格保密；

（二）遵守工作规范，不做超越自己能力和职能范围的事情；

（三）遵循促进求助者品德、智力、体质等方面全面发展的原则。

第十三条　心理咨询师对被告人进行心理干预，应参照执行审判回避的相关规定，并接受人民法院的监督、检查。

第十四条　被告人及其法定代理人对心理咨询师提出异议的，刑事审判庭应与受委托单位联系更换心理咨询师。

第四章　心理干预工作程序

第十五条　未成年人刑事案件受理后，刑事审判庭应在送达起诉书的同时告知符合条件的被告人及法定代理人可以申请免费心理干预。

第十六条　被告人及法定代理人可以在法庭辩论结束前向法院提出心理干预申请，法院应在三日内作出是否准许的决定，决定适用心理干预程序的，由法院委托协作单位指派心理咨询师开展心理干预工作。

法院也可以依据案件的实际情况，在事先征得被告人及法定代理人的同意后，委托协作单位指派心理咨询师开展心理干预工作。

第十七条　心理干预委托书由分管院长签发。

实施心理干预需要向协作单位提供的案件材料，应当不涉及国家机密、审判和商业秘密，并由分管院长批准。

第十八条 协作单位接受委托后，应在三日内指派符合本规定第十一条的心理咨询师负责心理干预工作，并函复人民法院。

第十九条 心理咨询师认为心理测评、心理辅导过程需要被告人的法定代理人参与的，法院应通知法定代理人配合心理咨询师的心理干预工作。

心理咨询师及所在单位认为被告人不适宜作心理测评和心理辅导需退回委托的，应在退回委托材料的同时向法院提交书面说明。

第五章 心理干预的实施

第二十条 对被告人的心理干预分为庭前心理测评、庭后心理矫治、判后心理跟踪辅导三部分。

第一节 心理测评

第二十一条 心理测评报告应在运用心理咨询与测量方法，充分收集资料的基础上作出。

第二十二条 心理测评对象是未成年刑事案件被告人，有一定特殊性，心理测评应注意收集分析以下基本情况：

（一）被告人的涉案情况、现实境遇；

（二）被告人身体状况、性格特点；

（三）被告人家庭环境、成长经历和受教育程度；

（四）被告人存在的不良行为和不良心理；

（五）其他心理测评专业角度应当注意的问题。

第二十三条 心理测评报告应有以下基本内容：

（一）对被指控犯罪行为的认识，有无悔罪心理，对判决结果的心理预期；

（二）被告人涉案前后的心理状态和心理倾向；

（三）从心理与性格缺陷、成长环境等主、客观方面分析被告人涉案的原因；

（四）提出矫正被告人不良心理和不良行为的方案。

第二十四条　心理测评报告可以对被告人的人生规划、职业发展提出建议。

第二十五条　心理咨询师在对被告人完成心理测评的相关工作后，应形成书面测评报告，提交法院刑事审判庭，并帮助法院建立被告人的个人心理档案。

第二十六条　心理测评报告和个人心理档案件为法院审判参考资料，非经法院许可，不得公开。

心理测评报告一式两份，由法院刑事审判庭和作出报告的单位各执一份。

案件审结后，心理测评报告应装入副卷。

第二节　心理矫治

第二十七条　心理矫治的主要内容为：

（一）缓解心理危机和疏导心理障碍；

（二）帮助当事人正视判决结果；

（三）矫正心理冲动和悲观情绪；

（四）消除、缓解当事人的其他不良情绪。

第二十八条　心理矫治过程应制作笔录，受委托单位应将笔录或者笔录复印件加盖公章后提交法院。

案件审结后，心理矫治笔录应装入副卷。

第二十九条　对未成年人刑事案件的被害人以及被告人、被害人的法定代理人需要进行心理矫治的，也可以适用本节规定。

第三节　跟踪辅导

第三十条　对于经本院判决适用缓刑或监外执行的未成年犯，刑事审判庭应与社会矫正机构做好心理跟踪辅导的衔接工作，并可以委托协作单位安排心理咨询师对未成年犯进行心理跟踪辅导。

第六章　附　则

第三十一条　本规定由本院审判委员会负责解释。

第三十二条　本规定从 2013 年 5 月 27 日起实施。

二〇一三年五月二十七日

宁波市海曙区关于刑事案件被告人通知辩护的操作规程

为进一步加强刑事法律援助工作，细化通知指定辩护的操作流程，巩固扩大指定辩护范围的工作成效，根据《中华人民共和国刑事诉讼法》及有关法律援助法律法规的规定，结合我区实际，制定本规程。

一、区法院通知辩护的，应将通知辩护函和起诉书副本交送区法律援助中心。通知辩护函应载明被告人的姓名、涉嫌的罪名、羁押场所或者住所、通知辩护的理由、区法院办案人员姓名及联系方式。

二、区法律援助中心应自收到通知辩护函之日起 3 日内，指派承办案件的律师事务所，并将该所安排的承办律师的姓名、所属单位及联系方式函告区法院。

三、具有下列情形之一，被告人没有委托辩护人的，可以向区法律援助中心申请法律援助：

（一）有证据证明犯罪嫌疑人、被告人属于一级或者二级智力残疾的；

（二）共同犯罪案件中，其他犯罪嫌疑人、被告人已委托辩护人的；

（三）人民检察院抗诉的；

（四）案件具有重大社会影响的；

（五）审判阶段被告人作无罪辩护的；

（六）人民法院认为起诉意见和移送的案件证据材料可能影响正确定罪量刑的；

（七）被告人明确要求委托辩护人但又无经济来源，无法联系其家属或者其家属不愿为其承担辩护律师费用，并经看守所证明无人为其存钱送物的。

四、被羁押的被告人提出法律援助申请的，区法院应在收到申请后24小时内将申请书转交区法律援助中心。区法律援助中心应在收到申请7日内作出决定，并函告区法院。

五、法律援助案件承办律师持《法律援助律师会见在押被告人专用介绍信》、律师证、律师事务所介绍信会见在押被告人。

六、区法院应对承办律师复制的案件材料加盖“复印件与原件核对无误”章。

七、区法院的通知辩护函应在开庭前15日送达区法律援助中心，转交申请案件应在区法律援助中心作出决定15日后安排开庭时间。

区法院应在发现被告人不属于指定辩护范围的情形，或收到被告人及其近亲属另行委托辩护人的委托书之日起3日内函告区法律援助中心，区法律援助中心应作出终止法律援助决定，并自作出决定之日起3日内函告区法院。

八、被羁押的被告人及其近亲属直接向区法律援助中心提出法律援助申请的，区法律援助中心可以就案件相关问题向区法院发出法律援助调查函。区法院应在收到调查函之日起3日内给予回复。

九、本规程自发布之日起施行。

宁波市海曙区人民法院　宁波市海曙区司法局

二〇一四年一月六日

图书在版编目 (CIP) 数据

艰难的跋涉：未成年人司法“海曙模式”的探索与创新 / 孙卫华等主编
. —北京：中国法制出版社，2021.8
ISBN 978-7-5216-2109-9

Ⅰ. ①艰… Ⅱ. ①孙… Ⅲ. ①青少年犯罪—审判—研究—中国
Ⅳ. ① D922.183.4

中国版本图书馆 CIP 数据核字（2021）第 160862 号

策划编辑：刘 悦（editor_liuyue@163.com）
责任编辑：刘 悦（editor_liuyue@163.com） 封面设计：杨鑫宇

艰难的跋涉：未成年人司法“海曙模式”的探索与创新
JIANNAN DE BASHE：WEICHENGNIANREN SIFA “HAISHU MOSHI” DE TANSUO YU CHUANXIN
主编 / 孙卫华等
经销 / 新华书店
印刷 / 北京虎彩文化传播有限公司
开本 / 710 毫米 ×1000 毫米 16 开 印张 / 16.25 字数 / 225 千
版次 / 2021 年 8 月第 1 版 2021 年 8 月第 1 次印刷

中国法制出版社出版
书号 ISBN 978-7-5216-2109-9 定价：69.00 元

北京市西城区西便门西里甲 16 号西便门办公区 传真：010-63141852
邮政编码 100053
网址：http://www.zgfzs.com **编辑部电话：010-63141819**
市场营销部电话：010-63141612 **印务部电话：010-63141606**
（如有印装质量问题，请与本社印务部联系。）